아버님 영전에 이 책을 바칩니다.

왜 지속가능한 디지털 공동체인가

거장들의 몸, 언어, 기계에서 희망 읽기

초판 1쇄 인쇄 2023년 3월 1일
초판 1쇄 발행 2023년 3월 13일

지은이 현광일
펴낸이 김승희
펴낸곳 도서출판 살림터

기획 정광일
편집 이희연
북디자인 이순민

인쇄.제본 (주)신화프린팅
종이 (주)명동지류

주소 서울시 양천구 목동동로 293 22층 2215-1호
전화 02) 3141-6553
팩스 02) 3141-6555
출판등록 2008년 3월 18일 제313-1990-12호
이메일 gwang80@hanmail.net
블로그 https://blog.naver.com/dkffk1020

ISBN 979-11-5930-251-0 03130

거장들의 몸, 언어, 기계에서 희망 읽기

왜 지속가능한
디지털 공동체인가

현광일 지음

몸, 언어, 기계의 삼중주, 지속가능한 삶

지난 세기말에 공산주의, 민주주의, 사회 진보가 무너지면서 희망의 담론은 상당히 위축되었다. 자본주의만이 살아남았기 때문이다. 그러나 몇 차례의 금융 공황을 겪고 불안정한 노동의 시대에 생활 조건의 급속한 악화에 따라 자본주의에 대한 믿음도 상실되고 있다. 전 지구적 차원에서 사회적 상태는 사회주의적 전망이 사라진 이래로 엄청나게 악화했다. 장기적인 진화의 관점에서 그러한 퇴보는 근대 휴머니즘 그 자체를 위태롭게 하는 야만주의의 물결에 문을 열었다. 이러한 퇴보를 현실적으로 무시하기는 어렵다.

우리는 어떤 삶을 살 것인가 하는 물음을 던지지 않을 수 없다. 나의 사고는 80년대의 사회적 모순에 천착하여 사유의 응집력과 절실함으로 숨가쁘던 삶의 기억과 90년대 '왜 사회주의의 꿈은 그렇게 허망하게 무너져

버렸는가?'란 질문, 그 둘 사이에서 시작한다. 역사와 발걸음을 맞추면서, 역사와 호흡을 같이 하면서 나아가는 사유는 과거에 집착해 정체하지도 않고 또 과거와 단절하지도 않는다. 강조하자면, 우리의 과제는 현재의 현실 구성 체제에 새겨져 있는 지속가능한 삶의 층위를 식별해내는 것이다.

우리는 삶의 모습을 정확히 인식하는 것에서 출발해야 한다. 문제는 우리가 원하는 지속가능한 삶은 어떤 것인가 하는 것이다. 우리가 처한 사태와 사실들에 주목하면서 우리가 구성할 삶의 방향을 찾고자 한다. 그것은 세계사적 흐름과 단절하지 않으면서 바로 우리의 시대 그리고 다가올 시대에 대해 사유하는 것이다. 우리가 미래의 삶에서 어떤 가치를 찾으려 하고 어떤 인간이 되기를 원하는가에 따라 비전의 내용도 결정되기 마련이다. 그러한 시도는 인간 존재에 대한 보다 현실적이고 구체적인 탐구가 될 때 어느 정도의 사유 수준에 이를 수 있다.

이 책은 총 3부로 구성되어 있다. 지속가능한 삶에 대한 사유를 목표로 하여 몸, 언어, 기계라는 세 개의 주제로 나누었다. 각각의 장은 그와 관련한 거장들의 사유에 기대면서 구성하였다. 모든 것이 더불어 있다는 것, 더 나아가 더불어 있는 것만이 실존할 수 있다는 것, 그것이 우리의 출발점이다. 그것은 지속가능한 삶의 관점에서 생각하고 행동하는 것이기도 하다. 지속가능한 삶은 인간의 가장 원초적인 모습으로서의 삶, 그 삶의 일상성과 생활세계 속에서 정확하게 포착한 인간 존재론에 의해 밑받침되어야 할 것이다.

이번 글쓰기가 겨냥하는 목표는 디지털 시대를 맞이하여 지속가능한 삶의 가능성을 탐색하는 것이다. 이 목표는 전적으로 정치적이고 윤리적이지만 어떤 특정한 윤리적 패러다임도 정치적 패러다임도 제시하지 않는다. 지속가능한 삶의 잠재력은 미래의 가능성이기에 현실성으로 발전할 수도, 발전하지 않을 수도 있는 것이다. 하지만 인간의 마음속에 새겨진 미래 가능성이란 것은 지속가능한 삶의 관점에서 추적할 수 있다. 그것은 재해석이고, 재창조이고, 재발명의 과정이기도 하다.

모든 창조는 해석에서 시작되고, 모든 해석은 창조를 통해서만 의미가 있다. 지속가능한 삶이라는 미래의 존재 상태는 그것이 현재의 세계 구성 체제에 내재적이거나 그 안에 새겨져 있을 때 가능하다. 그렇기 때문에 우리가 세계에 개입하여 변화를 만들어낼 가능성을 확대하기 위해서는 어떤 정치적 쟁점들에 관여해야 하는지, 우리가 무엇을 해야 하는지, 혹은 우리가 어떤 윤리를 지지할 것인가는 규정하지 않는다. 오히려 정치적 및 윤리적 문제들이 그 속에서 사유되어야 하는 존재론적 틀을 설정할 필요가 있다. 그것은 몸, 언어, 기계를 주제로 삼아 3부로 나누어 '삶의 발생-삶의 전환-삶의 재구성'이라는 하나의 과정으로 삶을 개괄한다. 몸을 주제로 '삶의 발생'을 다룬 1부와 언어를 주제로 '삶의 전환'을 다룬 2부는 3부에서 본격적으로 다루게 될 디지털 기계 시대의 '삶의 재구성'으로서 지속가능한 삶에 대해 존재론적 배경의 역할을 한다.

인류 역사의 뿌리에 자리 잡은 것은 몸이다. 몸은 객관적인 몸도 기계적인 몸도 아닌, 체험되고 체험하는 몸이며, 살아 있는 몸이다. 몸은 우선 감각 지각, 운동성, 종의 생물학적 토대와 연결되어 있는 감각덩어리이다. 몸이 하나의 생명으로서 존재한다면 그것은 존재라기보다는 생성으로 명명하는 것이 타당할 것이다. 따라서 1부에서 몸은 '삶의 발생'이라는 차원에서 다루어진다. 스피노자에 따르면, 삶의 발생 그 자체는 존재보존활동이다. 삶은 자신의 것이며 자기-생성의 과정이 완성되는 방식과 다른 것이 아니다.

'삶의 발생'이란 우리가 생성의 세계 안에 있음을 전제한다. 생성의 세계는 끊임없이 구성되고 해체되는 관계를 긍정하기에 어떤 결정 불가능성의 필연적 도래를 암시한다. 삶의 발생은 개체발생영역에서 일어난다. 비고츠키와 메를로 퐁티에 따르면 개체발생과정은 사회적인 것에서 개인적인 것으로 이행한다. 이를테면 개인의 나라는 개별적 존재는 너와의 관계적 성격을 통해서 가능하다는 것이다. 사람들이 사는 삶이란 것이 늘 사회적 관계와 사회적 맥락 내에 놓여왔기 때문이다.

그리고 시몽동과 들뢰즈의 개체화 존재론을 통해 '삶의 발생'을 추동하는 개체화의 잠재성을 사유하는 법을 배우게 된다. 개체화 과정은 세상의 변화 원인으로서 삶을 산출하는 잠재성이 큰 지대이다. 시몽동의 개체화는 개체와 연합된 환경으로서 전(前)-개체적 실재의 퍼텐셜을 상정한다면, 들뢰즈는 개체화를 잠재적인 것과 현실적인 것 사이의 역동적인 관계로 설명한다. 특히 들뢰즈는 개체화 작용을 야기하는 잠재성의 함량으로서 정동(情動) 개념에 주목한다. 정동은 신체의 감각적 운동성으로 개체화 행위를 추동하는 것이며 몸으로 생각하기이다. 그것은 활력이나 생기의 감각, 더욱더 살아 있는 것 같은 느낌이 동반한다. 1부에서는 몸의 정동적 잠재성에 초점을 맞춰 현재의 세계에 새겨져 있는 지속가능한 '삶의 발생'을 개체화 개념을 중심으로 정리한다.

2부에서는 언어를 '삶의 전환'이라는 관점에서 이해한다. 비고츠키의 문화심리학을 참고한다면, 인간에게 산다는 것은 언어라는 문화적 수단을 통해 우리 스스로를 이해하는 자신과 세계 사이를 매개하는 것이다. 인간은 언어를 습득함으로써 자신의 삶의 경험을 진화하게 한다. 언어는 행동의 형식이자 삶의 방식이 된다. 어린 시절, 우리는 언어의 법칙으로 몸을 체계화함으로써 자신을 정신적 삶의 존재가 되도록 만든다. 동물은 사실상 시간이 결여된 세계에서 살지만, 이에 대해 인간은 시간을 의식하며 시간적인 세계에서 산다. 그리하여 삶의 의미는 이야기 속에서 만들어진다. 이때 이야기는 곧 '삶의 형식'을 규정하는 의식으로 연결된다. 이렇게 하여 자기 자신을 자기 행동의 주체로서 구성하게 되는데, 이것을 윤리적 주체의 인격 형성이라고 할 수 있다.

여기에서 하이데거의 획기적인 인간 이해는 '삶의 전환'을 존재론적 차원에서 가능하게 한다. 인간 존재는 세계의 역사성, 즉 과거, 현재, 미래의 시간적 지평 속에 있으며, 그런 의미에서 세계-내-존재로서 인간은 '이미 그곳'이 주어진 존재인 것이다. 우리는 세계에 내던져진 채로 이미 세계와 관계를 맺으며 살아간다. 하이데거의 세계-내-존재는 우리가 세계와 우리 자신을 이해하는 방식에 깊은 영향을 끼친다. 왜냐하면 인간은 자신을 둘러싸고 있는 세계가 어떻게 움직이고 있는지, 그리고 다른 사람들은 어떻게 행동하며 살아가고 있는지에 대한 '존재 이해' 속에 살고 있기 때문이다. 그러다보니 삶의 테두리는 좀 더 넓고 깊은 가능성 속에서 그려질 수밖에 없다.

문화에 대한 다양한 시각이 있지만, 문화가 인간의 의미를 만들어내는 존재 이해의 터전이라고 한다면 '삶의 전환'을 위한 문화—예를 들면 공통 문화의 형성과 문화에 대한 텍스트적 해석—등은 세계-내-존재의 삶의 방식이라고 할 수 있다. 문화는 삶의 지속가능한 환경을 제도적 차원에서 구축한다. 따라서 삶의 지속가능성은 문화의 세계-내-존재의 방식으로 접근해야 한다. 그것은 문화가 인간 삶의 총체적인 존재 이해 지평과 연관되어 있기 때문이기도 하다. 더 나아가 하이데거의 존재 사유는 그의 제자인 한나 아렌트에 의해 정치의 존재론으로 전이된다. 우리는 아렌트를 통해 지속가능한 삶을 여는 정치 행위를 이해하게 되고 또한 그것을 현재에 살도록 하는 정치적 삶으로 초대한다.

작금의 지속가능한 삶은 기계와의 관계에서부터 출발해야 한다. 마르크스에 따르면 산업혁명 이후 공장에서 기계는 생산의 '능동적 성분'이고 노동자는 거꾸로 '수동적 성분'이 되었음을 지적한다. 최근 생산의 발전은 이러한 구별 자체에 좀 더 심각하고 근본적인 의문을 제기한다. 가령 자동화된 기계의 경우 스스로 상품을 생산한다. 자동화된 공장은 인간 없이 생산이 이루어지는 곳이다. 차라리 기계 자신이 생산한다고, 따라서 기계 자신이 생산자라고 말해야 하지 않을까?

호모 사피엔스가 등장한 이래 기계장치는 늘 존재했다. 제어장치, 도청

장치, 발생장치 등 구체적인 기계나 도구를 일컫기도 하지만 오늘날 장치는 법·정치적 규약이나 서식, 군사조직, 제도나 법령은 물론이거니와 연극 무대, 영화 메커니즘, 설치미술 등에 이르기까지 두루 사용한다. 즉, 장치란 무엇보다 주체화를 생산하는 하나의 기계이다. 그리고 그런 기계이기에 비로소 통치기계이기도 하다. 음향기기인 녹음기와 핸드폰과 같은 이런 장치들은 그것이 기계적인 메커니즘으로 구현될 때조차도 이미 기록하며 감시하는 권력의 작동과 불가분하다. 기계장치는 우리의 삶 안에 들어와 관계하면서 사회의 모든 지점에 시스템적으로 배치되어 각 지점에서 그때그때의 권력효과를 발휘하는 하나의 매체라고 할 수 있다.

　3부에서는 디지털 기계 시대의 지속가능한 '삶의 재구성' 조건을 모색한다. 디지털 테크놀로지는 인간 활동 전반에서 일반화되고 있다. 이를테면 개인용 컴퓨터는 더욱 강력하고 편리해지는 한편 그 용도가 날로 다양해지며 급격한 속도로 보급되었다. 폰 노이만은 이미 1949년에 컴퓨터가 기술에 관해 우리에게 무엇을 가르치고 있는지에 대해 깨달았다. "기술은 가까운 미래 그리고 더 먼 미래에 세기, 물질, 에너지의 문제로부터 구조, 조직, 정보, 통제의 문제로 점점 전환할 것이다." 이 말이 뜻하는 것은 기계 중심적 세계의 존재이다. 다양한 공간들이 기계장치를 중심으로 조직된다. 거기서는 온갖 종류의 기계가 우리의 말과 행동, 소통을 "조절하고 욕망한다." 오늘날 기계장치는 이른바 사회문화적 환경을 구성함으로써, 우리가 말하고 듣고 보고 쓰고 느끼는 방식을 "촉진하는" 수준에까지 이르렀다.

들뢰즈와 가타리는 이러한 기술적 현상이 전면화하는 것에 주목하면서 사회를 하나의 거대한 기계로 볼 것을 제안한다. 이에 대해 그들이 만든 명칭이 '욕망하는 기계'이다. 이 기계는 의지, 의식, 목적 혹은 지향성을 갖추고 있지는 않지만 기계 자체가 무언가를 원하여 특정한 방식으로 그것을 실현하도록 기능한다. 들뢰즈와 가타리가 공유한 기계 존재론에 따르면, 모든 곳이 다 동일한 기계권인 것이다. 이를테면 테크놀로지에 기반한 기계권은 동역학적, 열역학적, 사이버네틱적, 컴퓨터적 기계 등으로 구성된다. 특히 디지털 기계 체계는 전기-컴퓨터적이며, 신경계를 포함하고, 전자적이고 신경적인 연결 네트워크로 펼쳐진다.

이제 몸은 심리적·생물학적·사회적 관계망 속에서 물질-기호 관계의 장인 것이다. 시몽동의 기술철학에 따르면, 이제야 비로소 디지털 '기계-인간 앙상블'로 구현되는 '삶의 재구성' 환경이 조성된 것이다. 즉 인간과 기계는 몸이라는 물질-기호 관계의 장에서 상호 협력적인 관계를 맺게 된 것이다. 특히 IT의 발전 양상은 IT를 통한 디지털 스페이스에서 출현하는 정보-기반, 서비스-기반의 비물질 노동을 사회적으로 전면화한다. 기술 매체, 몸, 기호의 복잡한 상호작용을 통해 생산적 노동은 정보 생산 과정으로 전환하면서 비물질 노동의 특징을 갖게 된다. 상품의 상징 내지 이미지 가치의 창출과 그와 관련된 정보 순환을 신속하게 처리할 수 있는 디지털 기술의 기호체계, 즉 각종 영상매체, 미디어, 컴퓨터 등이 현실의 중심부를 지배하게 된 것이다. 전자기술과 디지털 네트워크가 정보의 흐름을 강화하고, 그것은 기호를 감지하고 해석하는 인지 노동을 중심으로 사회적 관계와 생산의 변형 과정을 가능케 한다.

산업 문명으로부터 디지털 문명으로의 이행에서는 현대의 권력이 취하는 형식들에 대한 새로운 이해가 필요하다. 디지털 기계장치들의 기능이 사회 전역에 전파된 덕분에 개인들 사이에서, 가정의 내부에서, 교육관계에서 그리고 정치적 결사체 안에서 작용하고 있는 권력관계의 그물망을 찾아낼 수 있다. 권력은 물론 억압적이지만 디지털 기계의 체계에서 기능하는 지식, 정보, 소통 그리고 정동으로 구성되는 권력의 그물망은—푸코에 따르면, 무엇보다도 생산적이라는 특징을 지닌다. 그것은 공업에서 서비스 직업—예를 들면 건강관리, 교육에서 운동, 연예 오락, 광고에 걸친 방대한 범위의 활동들을 포괄한다. 특히 푸코의 생명권력은 한 개인의 주변 환경을 조절하며 각 개인이 '어떻게 살 것인가'에 개입한다. 그것은 생존을 위해 안전, 조절(항상성, 평균치 유지 등) 메커니즘을 설치하는 형태로 작동한다.

IT에 의한 디지털화라는 변화의 역동성 속에서는 항상 '삶의 재구성'을 향한 무엇인가가 일어날 수밖에 없다. 인간의 몸은 기술과 함께 일을 함으로써 인간의 삶을 생동적으로 살아가게 한다. 디지털 전체의 법칙하에 서 있는 비물질 노동은 모든 현실을 기호-기술의 조직적 배치로 구현되는 사이버 공간으로 수렴한다. 기호는 미디어에 의해 증식되고 수많은 경로를 통해 네트워크화하면서 탈영토화한다. 인간관계는, 서로 얽혀 있는 이질적인 공간들을 끊임없이 생산하고 변화시키고 정돈한다.

우리는 기호의 공간 속에 자신을 위치시키고, 타자를 만나고, 탐험하고, 만져보고, 변화시키는 존재가 되기도 한다. 디지털 기계들의 정보와 소통의 흐름들 속에서 인간들은 상호 마주침의 과정을 통해 새로운 정동 혹은 역능을 창발한다. 그것은 더 나은 삶에의, 또는 더 살아가려는 욕망으로 표출하기도 한다. 인간 존재의 실현과정은 디지털 기술 문화 환경하에서 거듭 발생하는 정동적 조율에 의해 인간의 실존 방식이 변하게 된다.

몸은 물질-기호와 복잡한 관계를 맺는 가운데 생명권력기술의 반복적 재현을 통해 특정 형태로 압축되기도 하지만 정동적 조율의 열려 있는 연결 속에서 융합되기도 하고, 또 그 융합의 과정에서 새로운 주체성이 형성된다. 디지털 세계에서 그물망과 같은 다층적 연결은 다중(多衆)이라는 주체성의 형상을 만들어낸다. 다중은 복잡한 연결망 속에서 각자 다른 생각과 가치관을 가지고 더불어 살아가는 사람들이다. 다중의 존재론적 특성은 이탈리아의 철학자·기호학자·활동가인 파울로 비르노의 『다중』에서 많은 영감을 받았다.

다중이라는 존재는 원초적이고 본질적인 면에서 관계적 존재이다. 하이데거를 참고한다면 다중은 이미 일상세계와 만나고 있다. 이러한 만남을 표현하고 구성하고 해석하여 자기 자신에게 방향과 의미가 제시되도록 하는 세계-내-존재이다. 그렇다면 우리는 일상의 존재 의미에 눈을 돌려야 한다. 세계-내-존재는 인간 삶의 공간성과 장소성을 전제한다. 인간은 태어나면서부터 일정한 공간을 차지하고 그곳을 장소로 만들어간다. 다중은 지속가능한 삶의 세계라는 '지평'을 갖게 되며 어떤 대상을 항상 '그 무엇'으로 이해한다. 그리하여 다중의 세계-내-존재다운 삶은 개인에게 '나는 누구인가?'라는 정체성에 대한 고민까지 품게 한다.

　사람들의 상호작용으로부터 생겨나는 '삶의 재구성' 실제는 만남의 순간에 생겼다가 이내 사라져버리는 작은 기포들처럼 덧없는 삶이 있는 반면, 보다 지속적이고 다시 시작하고, 확장되고, 강화되고 설립되는 삶들이 있다. 디지털 기계 시대 삶의 세계들은 성장하고 줄어들고 변화하고 정동의 강도를 이동시키며, 자신들의 변화 속으로 새로운 욕망의 형태를 유도한다. 지속가능성이란 끈끈한 연결 고리로 이어져 관계의 지속성을 유지하는 것이다. 우리는 언제나 지금까지 구축해놓은 기반 위에 뭔가를 짓는다.

　지속가능한 삶으로의 재구성은 자기 삶의 실존적 조건을 인식하는 것으로부터 시작한다. 아프리카 속담 "한 아이가 자라는 데 온 마을이 필요하다"라는 말은 우리가 살아가는 데에 있어서 삶을 떠받치고 있는 중력장과 같은 것이 있다는 것을 의미한다. '온 마을'의 거주하기는 공존, 공생, 공진화할 수 있는 지속가능한 삶의 윤리적 거주방식을 마련하는 하나의 프로젝트이다. 다중이 살려는 지속가능한 삶이란 불확실성과 함께 살아가는 방식이자 지혜라고 할 수 있다.

　'온 마을'은 디지털 기술의 문화 환경에서 새롭게 조명되는 미래가능성의 지평이다. 달리 말하면 과거에서 온 미래라고 할 수 있다. 그것은 단 하나의 가능성이 아니라 서로 다른 여러 가능성을 포함한다는 의미에서 '온 마을'은 원초적인 삶의 바탕이다. '온 마을'은 '삶의 재구성' 차원에서 세계를 열어가도록 새로운 집단적 관계를 창조할 수 있는 '정치적 삶'의 잠재력을 함유하고 있다. 아렌트에게 정치적 삶이란 모두에게 그 갈등을 드러내는 이야기로부터 분리될 수 없다. 단일한 원칙으로 축약될 수 없는 자유로운 개인들의 다원성이 성취되는 정치적 삶을 통하여 우리는 다시 우리 자신에게로 돌아갈 수 있는 실존의 모험을 할 수 있게 된다. '온 마을'과 같은 지속가능한 삶은 '지구적 운명 공동체'의 공통 관심사이다.

나의 글쓰기 방식은 잡식성 독서 취향에서 유래한다. 새로운 텍스트를 접할 때마다 사유를 촉발하게 하면서 나름의 관점을 기꺼이 진전시키려는 성향을 자극한다. 이러한 지적 성장 과정의 글쓰기는 지금까지 출판된 책들과 마찬가지로 또 하나의 학습노트에 불과하다. 그 속에는 내가 이해한 수준에서 여러 거장들이 사유하여 성취한 것들이며 나 자신을 포함하여 사람들이 지속가능한 삶의 의미를 품고 사는 데 도움이 될 만한 개념적 도구들을 모아 놓았다. 여러 분야를 섭렵하다 보니 제대로 정리하지 못하여 독자가 각 주제를 제대로 소화하기에는 상당하게 부족한 부분이 있을 수밖에 없다. 글의 구성과 사유의 흐름에서 자연스럽지 못한 면을 독자가 채워야 하는 어려움에 봉착하게 되어 송구스러울 뿐이다. 이 책을 기꺼이 출판해 주신 살림터 정광일 대표에게 감사할 뿐이다. 그리고 글을 쓰는 과정을 힘든 줄 모르도록 삶의 의미와 활력을 불어넣어주는 지연과 주한의 거기-있음에도 고마움을 전한다.

2023년 2월 석바위 연구실에서

현 광 일

차 례

1부

삶의 발생과
몸의 체험 구조

¯ 삶의 발생으로서 개체화 _

인간 개체성의 발견

흔히 근세 서양 사상의 핵심은 '나'라는 개체성의 발견이라고 특징되고
있다. 인간의 본질은 개체적 인간의 존재 방식에서 찾아져야 한다. 강요나
강박에 의하여 움직이는 것이 아니라 의식적인 선택에 의해 자유로이 행
동할 때, 그 사람은 비로소 개체적 존재라고 할 수 있다. 개체라는 것은 철
학이 정립된 시점부터 철학자들이 정의해왔다. 고전 철학에서는 당연히
하나의 인격이나 하나의 대상을 말하는 것이었다. 개체가 함축하는 것은
무엇보다도 구체적 존재자이다.

인간은 자신을 독립된 개체로 인식할 수 있는 존재다. 개체가 된다는
것은 자기에 대한 의식을 가진 존재가 된다는 것이다. 즉 자신의 행위를
헤아리는 가운데 자신을 아는 존재다. 그것은 자기가 행하는 행위를 의식
하고 그것을 적어도 어느 정도까지는 스스로 선택할 수 있는 행위로 생각
할 수 있고 늘 의식할 수 있어야 함을 의미한다. 그렇다면 개체성의 발견은

곧 자기 자신을 전체의 중심에 놓고 자기 자신의 관점에서부터만 사유하려는 개인주의, 나아가 나의 이익을 위해 남이 희생되어도 상관없다는 이기주의를 의미하는 걸까?

스피노자와 개체의 존재 보존 노력

〈나는 자연인이다〉라는 TV 프로그램이 있었다. 우여곡절을 겪은 도시를 떠나 산속에서 홀로 자신만의 자연인의 삶을 일구어나가는 사람들에 관한 이야기를 담고 있다. 그 프로그램은 자연인의 산속 일상을 보여주면서 산이라는 환경에 적응하고 재적응하는 한시적 활동 과정의 연속임을 꾸미지 않은 영상으로 보여준다. 우리는 유기체적 몸으로 진화해왔다. 적어도 유기체 적응의 최소 충위는 모든 인간에게 진화적 명령이다. 누군가가 도시를 떠나 산속에서 살게 된다면 기본적인 삶의 수단을 확보하기 위해 그 사람은 그 환경에서 생존을 위하여 몸을 쓰는 법과 그에 따른 기술과 기량을 익혀야 한다. 그것은 삶 전체로 확장할 수 있으며, 따라서 자신을 증대하려는 일 속에는 자기를 보존하려고 한다. 이러한 자연적인 노력이 삶 전체를 관통하는 모든 욕구에 있다.

인간이 자신의 존재를 보존하기 위해 행하는 자연적 노력 이외에 다른 어떤 출발점도 있을 수 없다. 산다는 것은 인간 존재의 자연적 노력에 관련되는데 이 노력은 다름 아닌 자기 자신을 느끼고 견디는 것이다. 우리의 신체를 사방에서 짓누르는 세계를 몸으로 겪는 것은 자신을 스스로 느끼고 견디기 때문이다. 그렇게 우리는 자신을 신체적 존재로서 발견하고 자신의 존재를 유지하려고 한다. 스피노자에 의하면 인간을 포함한 모든 개체는 자신의 실존을 지속하려는 욕망 즉 코나투스(conatus)를 본질로 한다. 코나투스는 개체의 본질 그 자체이다. "각각의 사물은 자신 안에 존재하는 한에서 자신의 존재 안에 남아 있으려고 노력한다." 세상의 그 어떤 개체도 자신의 존재를 유지하고자 노력하지 않는 것은 없게 마련이다.

어떤 개체도 외적으로 부여된 본질을 가지지 않는다. 단지 실존의 역량을 지속하고 확대하려는 욕망만이 개체의 본질이다. 삶이 끈질기게 존재하는 것은 인간 안에 작동하고 있는 '힘'이 어떤 경우에도 '무'로 기울어지지 않는 덕분이다. 인간이 존재 보존을 위해 행사하는 힘은 제한된 것이며, 외부 원인의 힘은 인간의 존재 보존력을 무한히 넘어선다. 코나투스는 개체 자신의 능력을 증대시키거나 자신에게 적합한 것과 결합하도록 만들며, 반대로 자신의 존재를 위협하거나 자신에게 부적합한 것에 대해서는 피하게 된다. 따라서 인간이 겪는 여러 변화는 외부 물체들이 인간의 육체에 가하는 영향으로부터 유래할 수밖에 없다. 하지만 그것은 스스로 존재할 수 있는 역량으로 다른 힘에 영향을 미친다는 점에서 능동적이기도 하다.

뇌과학과 진화심리학을 연구하는 다마지오(Antonio Damagio)에 따르면, 살아 있는 생명체로서 인간이 생존을 위한 필요에서 느낌과 정서를 포함하는 감정을 진화시켰다고 주장한다. 감정은 살아 있는 생명체로서 인간의 생존을 위해 필요한 감각적 사실이다. 다마지오는 스피노자의 『에티카』(Ethica)에 나타나는 '코나투스' 개념을 진화생물학적으로 정당화한다.

다마지오는 스피노자를 따라 우리의 코나투스—세계와의 관계에서 생명 유지와 평안이라는 몸 상태를 향한 우리의 방향성이나 성향, 노력—가 근본적으로 우리 삶 전체 과정에서 진전이나 자연의 관점에서 경험할 수 있다고 주장한다. 그 외에도 1970년대 인지 생물학의 새로운 발전을 주도한 칠레의 옴베르토 마투라나와 프란시스코 바렐라는 생명체의 자기보존과 항상성 유지를 위한 자기 조직적 혹은 자기 생산의 역량의 총체를 '오토포이에시스'라고 정의했다. 이 새로운 생물학적 개념 역시 코나투스의 자기 보존을 위한 노력이라는 철학적 개념과 의미론적으로 상응한다. 코나투스는 모든 개체 생명체의 생물학적인 의지 작용의 방향, 즉 오토포이에시스의 출발점인 동시에 그것이 확대되는 개체발생의 방향을 가리킨다.

개체의 관계성

개체성의 발견이란 인간이 자기 자신을 고유 가치를 지닌 독립적 인격체, 자신 이외의 다른 가치로 환원할 수 없는 시작점이다. 이렇게 함으로써 비로소 인간이 자신을 자신 이외의 다른 모든 것으로부터 해방하려는 자유의 이념이 얻어진다. 일반적으로 그것이 모든 개인의 자율적 삶을 위한 조건을 보장한다는 차원에서 정당화될 수 있다. 곧 누구든 자기 삶의 주인으로서 자기의 생각과 의견과 목적에 따라 자기가 선택한 삶을 살 수 있어야 하고, 바로 그 삶이 가능할 수 있도록 자유에 대한 권리는 절대적으로 보장되어야 한다. 그렇기에 인간에게 그 존재에 있어 문제시되는 존재는 바로 나 자신의 존재—각자성과 유일회성 그리고 고유성—인 것이다.

개인성은 개체성의 인간적 형태일 뿐이다. 그런데 유의해야 할 것은 개체성은 출발점이 아니라 도착 지점이라는 점이다. 즉 개체를 개체이게 하는 무언가가 존재한다는 말이다. 스피노자에 따르면, '개체는 그 본질뿐만 아니라 그 존재에 있어서도 다른 것에 의해 규정된다.' 이처럼 개체가 그 스스로 자기 자신이 되는 것이 아니라 자기 자신이 아닌 것을 통해서 비로소 자기 자신이 된다는 것이다. 이를테면 개체는 언제나 자신의 존재 조건인 환경과 동시에 공존한다. 환경과의 관계가 개체 자신의 존재 조건이다. 이것은 개체가 고정되고 자기 충족 같은 것으로서 다른 개체와 무관하게 단절된 것이 아님을 의미한다. 개체들은 다른 개체들과의 관계(외적 원인)에 의존(연결)하면서 무한히 인과 계열을 형성한다.

모든 개체는 다른 개체와의 합성으로 이루어진 복합적인 존재다. 개체는 더 낮은 수준 개체의 합성으로 이루어져 있으며, 자신의 지속을 위해 더 높은 수준의 개체 형성에 참여한다. 즉 인간의 신체는 다양한 개체들의 합성이다. 예를 들면 인간의 신체는 이것을 이루는 장기(臟器)들이 독자적으로 활동하면서도 전체라는 존재를 이루며 작동한다. 각각의 장기에 있어 인간이라는 개체는 전체가 되며, 각각의 장기는 인간 신체의 부분을 이루는 개체가 된다. 특히 인간의 신체는 매우 복잡한 합성이며, 이에 따라 변용의 범위가 매우 넓다. 개체들의 합성에 의한 더 높은 수준 개체의 형성은 일정한 운동과 정지의 비율로 이루어지며, 이 비율의 한계를 넘어서게 되면 합성된 개체는 분해 즉 죽음을 맞이한다. 인간의 신체들은 자신의 보존을 위해 더 높은 수준의 즉 더 역량 있는 개체 구성에 참여한다.

이를테면 인간이라는 개체의 독특성(개인성)은 이미 항상 사회성 즉 다른 개체와의 관계와 더 높은 수준의 개체 즉 사회와의 관계라는 이중적 관계를 내포한다.

비고츠키와 메를로퐁티의 개체발생

갓 태어난 포유류는 금세 걷는 법을 터득하지만, 인간의 갓난아기는 일어서거나 기어 다니지 못한다. 시간이 한참 흐른 뒤에야 아기는 혼자 기어 다니는 법을 배우는데 그래도 인간의 특징적인 활동인 서기와 걷기 동작은 어른들의 격려와 지도가 필요하다. 아이는 곧바로 보호자와 안무 형태의 의사소통적 동작을 수행하는 놀라운 능력을 지니고 있다. 우리의 사회적 본성은 이론적 시각도 아니며, 타인에 대해 갖는 반성적 태도도 아니다. 그것은 오히려 트레바튼(C. Trevarthen)이 '원시적 상호주관성'(primary intersubjectivity)이라고 부르는 것으로 보인다. 이 원시적인 교호는 공유된 지향성의 한 형태이며, 그 지향성 안에서 상호작용하는 당사자들은 서로 자신들의 의도, 즉 대상과 목표를 향한 방향성을 함께 조절한다. 이 모든 능력과 활동은 유아나 아동의 생존과 평안에 필요한 유대와 협력적 행동과 맞물려 있음을 알아야 한다.

러시아 문화심리학자 비고츠키에게 있어 아동은 태어나는 순간부터 사회적인 총체의 일부이며, 발달하면서 타인의 행동과 언어(기호와 상징)를 내면화함으로써 점차적으로 '개별화' 성장을 하는 존재인 것이다. 비고츠키에게 개체발생의 본질은 개인 간의 사회적 과정에서 개인의 내면화 과정으로 나아가는 것으로 이루어져 있다. "아이의 사고가 발전해나가는 과정의 실제 운동은 개체적인 것이 사회화된 것으로 실행되는 것이 아니라, 사회적인 것이 개체적인 것으로 변화하면서 실행된다." 우리의 개성이 사회적으로 형성된다는 점은 이제 보편적으로 받아들여지는 진실이다. 그러나 그 진실의 이면은 여전히 끊임없이 되새길 필요가 있다. 우리의 사회성의 형태, 우리가 공유하는 사회의 형태는 '개인화'라는 과제가 어떤 틀 속에서 어떻게 반응되는지에 따라 달라진다는 점이다.

비고츠키의 개체발생

인간의 삶은 이중적이다. 왜냐하면 '나'의 개체적 삶이기도 하나 나아가 생각하면 또한 '사람들'의 삶이기도 하다. 즉, 개체 이전에 '사람들'의 실재 세계가 먼저 존재한다. 그리하여 우리는 '사람들'에서 '그 자신'으로 나아갈 수 있다. 이때 개체는 자기 존재의 그 어떤 때에도 결코 알지 못했던 주체의 지위를 향해 나가야만 한다. 스스로 주체를 구성하려고 한다면, 바로 이때 여기에 사람들이라는 타자가 개입하는 것이다. 개별적 인간의 주체성은 이런 '사람들'로부터 개체화된 역량이라고 할 수 있다. 개체성이 출발점이 아니라 도착 지점이라면 개체화가 사람들로부터 일어난다는 점에 유념할 필요가 있다.

개인은 전 생애에 걸쳐 개체발생적 변화가 일어나는 존재이다. 비고츠키가 개념화하는 개체발생적 변화는 서로 뚜렷하게 구별되는 단계 간의 전이보다는 복수의 경로와 가능성을 향해 열려 있는 역동적인 면모를 보여준다.[1] 그 과정을 간략하게 살펴보면, 사회 속 타인과의 연속적이고 점증적인 상호교환의 과정에서 먼저 발생하여 점차 개인적 차원으로 전이된다. 즉, 처음에는 사람들 간의 협력의 형태로, 집단 속에서, 심리 간 범주로서 나타나고, 다음에는 개별 행동의 수단으로, 심리 내 범주로서 발생한다. 이러한 과정은 통합되었던 것이 분화되는 과정이며, 공유되었던 것이 차이를 만들고 점차로 개별화되어가는 과정을 반영한다. 사회적 존재는 개체발생적 변화의 초기형태이며, 그것이 진행됨에 따라 사회적으로 수행되었던 것이 개인 안에서 분화되어 각자의 개성과 인격이 된다.

인간은 더불어 살아야 하는 존재이다. 인간(人間)이라는 말이 사람과 사람 '사이(間)'를 가리키는데, 인간은 혼자가 아니라는 것을 뜻한다. 이 '사이'는 사람과 사람을 심적으로 연결 짓는 끈인 동시에 거리를 설정한다는 의미도 내포한다. 예컨대 어느 첼로 연주가가 다른 연주자들과 함께 현악 4중주를 하는 가운데 상호작용하면서 그때까지 자신이 알지 못했던 악보의 어떤 것을 발견하게 된다. '사람들은 연주한다'와 '나는 연주한다'는 더불어 이루어지는 것이다. 연주자들은 완전히 몰입하여 서로의 연주를 듣

---

1 비고츠키의 문화심리학에서 인간존재의 개체화는 4개의 발생적 영역, 즉 계통발생적 진화, 사회·문화의 진보, 개체발생적 성장, 미소발생적 변화 등 발생 영역들의 관계 속에서 일어나는 복잡한 변증법적 과정이다. 특히 개체발생은 그 자체로 본질을 규정할 수 없는 발생적 실체라는 점이 중요하다. 특히 이것은 시간 속에서, 흐름 속에서, 과정에서 변화하는 것을 추적하는 것이기에, 양적·평면적·정태적 변화뿐만 아니라 질적·입체적·동태적 변화를 추적해야만 한다. 졸저(2015), 『경쟁을 넘어 발달교육으로』, 살림터, 60~85쪽 참고.

는다. 이것이 푸코가 말하는 '자기배려'이다. 푸코에게 자기배려는 자기를 배려하는 것인 동시에 자기로부터 벗어나는 것이었음을 지적하는 말이다. 즉, 주체화 과정으로서의 자기실천이 아니라 자기로부터 벗어나는 과정에서만 자신의 정체성을 찾을 수 있는 자기실천의 열쇠이다. 이때 집중과 자각, 맥락에 대한 이해, 그리고 모든 연주자의 연주를 듣는 태도가 중요하다.

첼로 연주가의 삶을 산다는 것은 비인격적/비인칭적인 사람들과 인격적인 개인(나)의 뒤섞임의 과정이다. 연주자의 주체성 개념은 이중적이다. 주체는 의식을 가진 주체도 비인격적/비인칭적 역량도 아니며 그 둘 사이에 매달려 있는 것일 테다. 최상의 첼로 연주자의 존재 상태에서 보여주듯이 주체는 여럿으로 이루어진 하나이다. 그리하여 주체는 개체의 단독화된 '나'로 환원할 수가 없다.

그렇다면 인간 존재의 개체화[2]는 무엇에 기반하여 이루어지는가? 그러한 물음은 존재론적 접근이 필요하다. 요컨대 비고츠키에 따르면 개체의 존재 발생은 두 국면에서 이루어진다. 첫 번째 국면은 개인 간 상호과정으

---

2 개체화는 말의 뜻으로부터 본다면 개체가 발생하는 과정을 말한다. 이는 생물학의 발생학 분야에서 '개체 발생'이라는 용어를 떠올리게 하지만 시몽동(Gilbert Simondon)은 개체화라는 말을 훨씬 더 넓은 의미로 사용한다. 개체가 함축하는 것은 무엇보다도 구체적 존재자이다. 이것은 개체적 존재자가 어떻게 시간 속에서 자기 동일성을 형성해 가는가를 보여주는 문제로 귀결된다. 그것은 개별적 생명체의 개체발생과 같은 기초적인 사례에서 출발하는 발생적 존재론으로 확장된다. 시몽동은 개체화를 통하여 철학의 전문 분야에서도 가장 야심적인 분야인 존재론의 문제를 직접 공략하고 있다. 황수영 지음(2017), 『시몽동, 개체화 이론의 이해』, 그린비, 40~44쪽 참고.

로서—예를 들면, 사람들은 지각한다, 사람들은 말한다 등—이 개체적 존재발생의 첫 번째 국면이다. 그리고 두 번째 국면에서는 사람들 개개인의 내적 과정으로 개체화가 전개된다. 이때 주목해야 할 점은 개별적 개체가 첫 번째 국면에서의 유적(類的) 역량을 개체화의 환경으로 구성한다는 것이다. 비고츠키가 보는 환경은 개인에게 부과되어 결정론적인 영향을 미치는 존재가 아니라 개인의 개별화된 의식을 형성하게 하는 토대로서 기능한다.

개체화는 근본적인 존재적 전환을 설정하기에 개체의 존재 발생은 개체화의 환경에 기반하여 일어난다. 개체화의 환경은 개별 생명체가 아니라 유적 존재의 생물학적 역량이기도 하다. 프랑스에서는 익명의 대명사 '옹(On, 사람들)'으로 이 존재를 표현한다. 즉 '내가 말하다'가 아니라 '사람들이 말하다', '내가 지각하는 것'이 아니라 '사람들이 지각하다' 등으로 표현된다. 개체는 일차적이고 근본적인 존재 양상이라기보다 그러한 개체를 발생시킨 개체화 과정의 산물, 즉 첫 번째 국면으로부터 변환 작동에 의해 개체화된 것으로서 이차적이고 부분적인 존재 양상이다. 개체는 일정하게 특권적인 영역을 차지하고 있는 실체가 아니라 사람들의 유적 역량이 발생하는 개체화의 환경에 기반하여 모든 지점에서 구성되는 것이다.

그런 점에서 보면 개체는 그 본질 및 존재 근거를 자체 내에 지니는 실체가 아니라, 자기가 아닌 것과의 관계 안에서 비로소 그것으로 생성되고 또 자기가 아닌 것으로 소멸해 가는 유기체적 존재다. 유기체가 살아가는 환경은 살아 있는 존재가 어떤 방향으로 기능할지 적극적으로 영향을 미

치는 조건들의 총합이다. 개체는 다른 개체에 대해 단절되고 폐쇄된 것이
아니라 상호작용 관계에 있으며, 각 개체는 그 상호작용 안에서 비로소 자
기 자신으로 존재하는 것이다. 내가 실체로 있어서 상호작용하는 것이 아
니라, 그 상호작용 안에서 비로소 내가 출현하는 것이다. 그래서 개체화
의 개념에 대한 이해가 필요하다. 즉 독특한 개체의 발생과정과 발생 조건
들을 통해 존재자가 바로 그것이 되게끔 하는 구체적 과정으로 파악하는
것이다. 이 점이 자유주의 사상과 근본적으로 거리를 두는 것이다.

메를로퐁티의 상호신체성과 실존

현실에서 인간의 삶과 존재 방식은 홀로 이루어지는 것이 아니다. 나 혼
자 주체가 될 수 없고 반드시 타자와 함께 세계를 공유한다. 나와 너의 관
계 속에서 삶의 방식이 형성되는 것이다. 인간은 홀로 살아갈 수 없는 존
재로서 타자와 관계를 형성해 나간다. 우리는 외부 세계에서 다른 타자들
과의 관계를 통해 자신과 타자의 삶을 표현할 수 있다. 타자는 늘 나와 연
결 고리로 끈끈하게 이어져 관계의 지속성을 유지한다. 예를 들면 텅 빈
운동장이 축구장이 되는 것은 사람들이 등장하여 게임을 하여야 한다.
게임이라는 현상은 우선 우리 편과 상대편이 있어야 한다. 그리고 위치를
정해야 한다. 나의 위치는 상대의 위치에 따라 정해진다. 위치를 정한다는
것은 나의 시야를 확보하는 것이다. 즉 지각의 구조화가 일어난다. 즉 지
각은 언제나 타자가 있어야 한다. 그리고 우리 편이 이기기 위해서 골을 넣
어야 하는 상대방 골문이 하나의 대상으로 구별된다. 상대편이 없다면 나

와 골문의 대상이 구별되지 않는다. 그냥 나와 골문이 있는 것이다.

메를로퐁티는 지각에서 언어로의 이행을 통해서 자연적인 내 몸이 사회적인 몸짓이 된다는 것에 주목한다. 왜냐하면 문화 세계에서 내 몸은 익명의 타인의 신체와 하나의 시스템을 이루기 때문이다. 입말의 표현성은 내 중심에서 벗어나 누군가에게 말을 걸기 때문에 타인의 존재를 상정할 수밖에 없다. 즉, 말하는 자와 듣는 자의 역할은 호환적이므로, 대화를 진행하는 경우 '지금, 여기, 나'라는 중심이 다음 순간에는 '아까, 거기, 너'라는 비중심으로 전환되는 것을 항상 의식하고 있어야 한다. 따라서 감각적이고 자연적인 몸은 입말을 통해 타인과 소통하려는 사회적인 몸기호가 된다.

그렇다면 세계에 대해 발언하는 내 몸짓의 의미가 어떻게 내 몸과 별개인 타인에게 전달될 수 있는가? 메를로퐁티는 몸짓의 이해가 무엇보다 말하는 자와 듣는 자의 상호 지향적인 몸짓 같은 행위로, 즉 상호신체성에 의해 가능하다고 본다. 무엇인가를 의미하는 몸짓의 말은 내 몸을 향해 개방하고 내 몸을 받아들이는 타인의 몸 작용을 통해 이해될 수 있다는 것이다. 따라서 말하는 행위를 통해 나와 타인은 단순히 바라보는 관계에서 벗어나 서로의 몸으로 전이되면서 비로소 소통을 함께하는 사회 문화적인 몸이 될 수 있다. 즉 말하는 몸짓의 의미는 반성하는 의식에 앞서 내 몸과 외부의 타자가 겹치는 운동감각적인 체험으로 이해될 수 있다. 요컨대 반성하기 전에 몸짓으로 소통하려는 입말이야말로 보편적인 공동 세계를 상정할 수 있다. 우리의 육체와 육체의 작용은 우리가 스스로에 대해 어떻게 느끼는지, 우리가 무엇을 할 수 있는지, 우리가 타인들에게 어떻게 보이는가를 결정한다. 각각의 '여기'에서부터 다른 모든 신체가 각각 특수한 간격을 두고 '저기'에 집단화되는 것이다.

감각적 지각은 세계와 결합해야만 하고 이것은 사회의 익명적 층위에서의 일반적인 실존, 즉 비개인적 실존을 이룬다. 이런 의미에서 메를로퐁티의 주체는 세계를 관조하거나 세계를 의식으로 정립하는 주체가 아니라 세계에 몸담은 주체, 육화된 주체이다. 실존은 이렇듯 세계에 참여하며 세계의 의미를 주체에 담아내는 것이기에 몸의 활동이다. 반면에 개인의 실존적 층위에서는 반드시 우리 몸의 특성, 구조, 필요 등에 의해 만들어진 어떤 분위기에서 펼쳐진다. 다시 말해 나의 몸에서 구체적으로 결합이 실현될 때는 개인적 실존을 이룬다. 예를 들면 한 개인이 먹고 마시고, 잠자는 것은 어떤 누구에게도 환원될 수 없는 개별적 행위다. 먹을 것을 가져다줄 수 있고, 잠을 잘 수 있도록 배려해줄 수 있지만 아무도 남을 대신해서 먹어둘 수 없고, 잠을 자줄 수도 없다. 이것은 모두 한 개인의 신체를 통해서 가능하다. 이러한 존재 방식을 레비나스(Emmanual Lévinas)는 '향유(jouissance)'라고 부르고 향유, 즉 즐김과 누림을 통해 하나의 개체가 개체로서 자기성을 공고히 확보한다고 주장한다.

향유는 인간이 세계와 접촉하는 가장 근원적인 방식이다. 지적인 측면보다 감성적, 신체적 측면이 여기서 강조된다. 인간은 감성적인 느낌을 통해, 즉 세계 내에서 편안하게 아무런 걱정 없이 존재한다는 느낌을 통해 세계와 관계한다는 것이다. 주변 환경을 즐기고 향유하는 가운데 인간은 자기 자신이 존재함을 확인한다. 물을 마시고, 공기를 들이마시는 것은 누구도 대신할 수 없다. 그러므로 이 즐김 가운데서 자기성, 또는 개인적 실존의 모습이 최초로 드러난다고 레비나스는 본다.

그런데 개인적 실존은 비개인적 실존으로부터 떠오른다. 물론 두 실존은 실제로 경계 지어 구분할 수 없고, 뒤섞여 통일된 채 원초적 '우리'가 실현된다. 그러므로 실존은 애매하다. 이때 비개인적 실존과 나의 몸의 개인적 실존의 공존을 매개하는 것은 정서다. 살아 있는 생물은 서로 다른 사물과 사건에 정서적으로 반응하는 능력을 갖추도록 설계되어 있으며, 느낌의 패턴이 이 반응을 따르고, 쾌락과 통증 및 그 변이체들이 느낌의 필수 요소라는 것이다. 즉 정서는 몸이라는 무대 위에서 연기한다면 느낌의 무대는 마음이다. 느낌은 밖으로 나타나는 정서의 그림자와 같다. 느낌은 자동적인 반응인 정서를 어느 정도 의지로서 조절할 방향을 열어준다. 느낌은 이롭거나 해로운 상황에 대한 심적 경계를 발하고 주의 및 기억, 상상, 추론 등의 풍요로운 조합 덕택에 느낌은 궁극적으로 통찰을 낳고 새롭고 독특한 반응을 만들어낼 가능성에 도달하도록 한다.

하나의 사건이 일어나는 상황을 받아들이는 나에 대해 생각해 보자. 원고를 쓰는 내가 잠시 휴식을 위해 내리는 커피는 내게 그 어떤 휴식보다 달콤하다. 커피를 내리기 위해 일어서는 순간부터 커피의 향을 맡고 커피를 마시는 때까지는 내게 전체적 상황으로 지각된다. 메를로퐁티는 여기에서 스타일의 중요성을 언급한다. 개인은 하나의 스타일을 가지며, 그 스타일은 각각의 스타일과 함께 새로운 스타일을 만들어낸다. 비슷한 종류의 일을 하는 사람들은 늘 원고 마감일에 시달리며 원고지나 컴퓨터 앞을 떠나지 못할 것이며, 많은 경우 커피를 즐겨 마시며 일을 할 것이다. 그러나 그 커피를 내리는 방법, 마시는 커피의 종류, 좋아하는 컵, 작업하면서 입고 있는 옷 등은 같지 않다. 사람은 저마다의 스타일이 있으며, 그 스타일이 한 사람의 정체성을 표현하기도 한다. 또한, 스타일은 한 개인의 다양한 모습을 하나로 통일시켜준다. 특정 시대를 살아가는 사람들의 라이프스타일은 비슷하다. 각 개인이 개별적이고 구체적인 존재임에도 서로를 이해하는 것은 특정 시대의 특정 스타일로 묶일 수 있기 때문이다. 그래서 우리는 같은 일을 두고도, 또는 같은 상황 속에서도 무수히 많은 이야기를 할 수 있다. 이렇게 스타일이 드러나는 방식을 메를로퐁티는 몸짓이라 한다. 나와 세계는 이와 같은 방식으로 만나며 서로를 탄생시킨다.

¯삶의 존재론적 개체화 _

시몽동의 개체화론

개체들이 발생하는 독특한 과정을 고려한다면 개체를 개체로 여기게 하는 무언가가 존재한다고 볼 수 있다. 시몽동의 문제 인식은 개체화의 과정이 어떤 바탕에서 어떻게 출현하는가 하는 문제에 주목하게 한다. 그러면서 하나의 개체를 개체로 만드는 원리에 대한 생성의 존재론적 문제 인식이 등장한다. 특히 **시몽동의 개체화론은 기존에 서양 철학사에서 이루어진 개체화의 논의들이 결과적으로 주어진 실체에만 주목했다는 사실을 비판하며, 실체 아닌 관계에 집중할 수 있는 새로운 개체화 등장의 필요성을 제시한다.**

새로운 개체화는 각 실체 사이에서 발생하는 관계를 다루며 발생과 생성이 가진 중요성에 대해 주목한다. 시몽동이 의도하는 것은 생성이나 존재의 어느 한 편에서 다른 편을 비판하거나 무화하는 것이 아니라 생성이 곧 존재의 '구성적(constitutif) 원리'임을 보여주는 것이다. 따라서 존재의 실상과 개체의 본질을 이해하기 위해서는 이미 결과적으로 주어진 개체에 집중하기보다는 그러한 개체를 발생시킨 생성 작용에 대해 집중적으로 탐구해야 하며, 이런 발생적 작용을 통해 개체화된 존재를 바라보아야 한다.

'원팀'의 개체초월성

개체라는 것은 근본적인 존재양상이라고 말하기보다 아직 개체화되지 못한 실재의 전체로부터 각 영역으로 분화되며 산출되는 것이다. 개체성이 출발점이 아니라 도착 지점이라면 개체화의 선행을 정립하기 위해서 전(前)-개체적 실재라는 개념을 도입할 필요가 있다. 개체들의 발생적 근원인 전-개체적 실재는 여전히 개체들의 저변을 공통으로 관통하며 소진되지 않는 준안정적인 실재이다. 이것은 계속적인 개체화 작용 안에서 마르지 않는 우물처럼 소진되지 않고 존속하며 새로운 개체화의 산출동력이 되는 '에너지 퍼텐셜'에 해당한다. 인간 삶에서 개체화되지 않는 전-개체적 상태는 양립 불가능한 긴장들로 이루어진 에너지 퍼텐셜이고 이 에너지가 삶의 본성 자체에서 솟아 나온다. 그것은 삶으로서 존재의 본래적 에너지다. 전-개체적 상태의 에너지 퍼텐셜은 삶의 움직임 안에 있다. 이 삶의 움직임이 바로 개체가 발생하는 환경이자 바탕, 준안정적 시스템의 장인 것이다.

시몽동에 따르면 개체화의 과정은 완결되지 않으며, 존재는 전-개체적인 것과 개체적인 것의 혼합이자 그 운동과정으로 개념화된다. 한 개체의 생성은 규정이 불가능한 전(前)-개체적 상태가 개체화를 통해 스스로 규정가능한 존재자로 되는 '자기구성적 과정'이다. 전-개체적인 것과 개체화된 것 사이의 차이는, 마치 하이데거의 존재와 존재자의 차이 또는 스피노자의 능산적 자연과 소산적 자연의 차이를 상기시키는데, 존재가 자기 자신과 달라지는 이 존재론적 차이를 개체화의 존재론적 발생과정으로 이해할 수 있다.

'원팀'의 예를 들어보자. "올림픽 개막 전엔 누구도 예상하지 못했지만 우리는 하나의 팀이 돼 4강 무대를 밟았다." 한국 여자배구 대표팀 '캡틴' 김연경이 2020 도쿄올림픽 때 터키와 8강전에서 풀세트 접전 끝에 이기고 4강 진출 이룬 뒤 한 말이다. 그리고 한국 여자배구 대표팀은 동메달 결정전에서 세르비아에 0-3으로 패해 메달 획득에 실패했다. 한국 선수들은 눈물을 흘리긴 했지만, 고개를 떨구진 않았다. 팀 전체가 하나가 돼 모든 것을 쏟아 부었기에 후회는 없었을 것이다. 선수 한 명, 한 명이 하나의 팀으로 개체화하면서 누구도 예상하지 못한 잠재력을 보여준 것이다. 펜싱 대표팀 역시 '원팀'의 위대함을 확실히 보여줬다. 올림픽이라는 무대에서 펜싱 대표팀은 개인전에선 기대만큼 성과를 거두지 못했다. 하지만 단체전에선 팀원들끼리 의지하고 격려하면서 고공 행진을 이어갔다. 개인전에서의 성과는 동메달 1개뿐이었지만 단체전은 출전한 3종목에서 모두 메달을 따내는 쾌거를 일궈냈다.

개체화에 대한 이해를 돕기 위해서라도 올림픽 여자 배구팀과 펜싱 대표팀이 보여준 한 개체로서의 '원팀'이라는 실재에 대한 완전한 시각을 탐색하는 실험적 방법이 필요하다. 이에 대해 스피노자의 철학은 우리에게 어떤 시사점을 준다. 스피노자에 따르면 개체란 개체화의 결과물이다. 개체성은 항상 하위의 개체, 동일 수준의 다른 개체, 상위의 개체와의 관계로부터 생산된다. (관계체성, trans-individuality) 즉 개체성은 교통에 의해 생산되며, 이들의 활동은 교통 활동 그 자체이다. 개체화는 하나의 상호세계의 관계적 만남으로부터 생겨난다. 개체화는 이렇게 이루어진다. 개별적 개체는 상호세계라는 더 큰 개체의 관계구성요소이다.

올림픽 국가대표 여자배구 '원팀'은 하나의 심리적-집단적 개체화로 단일화한 것으로서 개체초월적 차원에서 더 큰 개체로 개체화된 것이다. 요컨대 출발점이 아니라 도착점으로서의 '원팀'이며 이들은 개체초월적인 집단적 수준에서 자신들의 한계를 뛰어넘은 것이다. 개체는 자신을 구성하는 주변 환경이나 조건 등의 세계의 요소와 분리될 수 없는 관계를 지닌다. 그러면서 양립불가능하고 불일치한 것들과의 소통과 공존을 통해 개체 수준에서 해결되지 않던 문제들을 개체초월적 차원에서 해결하려고 한다. 즉, 개체들의 수준을 넘어서는 상위 차원에서 현실화되는 것이다.

시몽동의 개체화는 규정이 불가능한 전-개체적 상태가 개체화를 통해 스스로 규정가능한 존재자가 되는 과정이다. 개체화는 전-개체적 상태의 퍼텐셜을 고갈시키면서 그것들의 양립불가능성을 해소한다. 개체화는 전-개체적 퍼텐셜을 단번에 모두 써 버리지 않는다. 개체화 이후에도 전-개체적 퍼텐셜의 잔재가 개체 안에 남아 있다. 그리하여 개체화는 언제나 개체와 환경을 낳는다. 개체는 아직 개체화되지 않은 퍼텐셜 에너지의 저장고(환경) 안에 잠겨 있으면서 새로운 개체화를 촉발할 수 있는 씨앗으로 작동하며, 자신에게 연합되어 있는 환경의 잠재력(전-개체적 실재성)을 다른 수준으로 운반한다.

예를 들면 정신적 개체화는 순수한 정신성만을 이야기하는 것이 아니다. 시몽동이 지각과 정념이라는 원초적 문제에서 출발할 때 전-개체적 실재성에 준거를 두는 것은 인간과 환경 사이의 양립불가능성과 불일치를 새로운 개체초월적 차원에서 해결하려는 것이다. 개체중심주의를 벗어나서 새로운 주체화의 가능성을 산출할 수 있는 조건이 바로 여기서 주어진다. 시몽동에게 개체화의 원리를 관통하는 중요한 영감은 전-개체성의 존재 그리고 그것이 개체화 이후에도 잔존하여 연속적인 개체화를 추동하는 힘으로 작용할 수 있다는 것이다.

존재론적 전환으로서 개체화

시몽동 철학의 중심 주제인 '개체화'는 물질과 생명, 정신, 집단의 생성 과정에 대해 차례로 다루고 있다. 개체화는 근본적인 존재적 전환을 설정한다. 결론부터 말한다면 개체화는 개체(individual)를 앞선다는 것이다. 개체는 일차적이고 근본적인 존재 양상이 아닌 그러한 개체를 발생시킨 개체화 과정의 산물, 즉 개체화되지 않은 실재 전체로부터 변환 작동으로 개체화되며 이차적이고 부분적인 존재 양상이다.

개체란 분리된 질료와 형상의 단순한 결합으로 이루어지는 것이 아니다. 질료형상도식으로는 이미 개체화되어 있는 질료와 형상에 주의할 뿐, 실제로 개체가 발생하는 과정에서 질료와 형상이 구체적으로 어떻게 만나게 되는지, 즉 양자 사이에서 일어나는 역동적인 상호작용 과정에 대해 해명하지 않고 '불투명한 지대'로 남겨둔다. 시몽동에 의해서 질료는 '퍼텐셜 에너지'로 가득 찬 준안정적인 전-개체적 실재로 대체된다. 이는 개체화된 형상이나 구조를 발생시킬 수 있는 잠재적 역량의 환경이자 바탕에 해당한다.

개체는 전-개체적인 실재로부터 양립불가능성을 해결하기 위한 하나의 해(解)로서 발생한다. 전-개체적 실재는 하나의 준(準)안정적 실체로서 차이를 함축하며(스스로의 내부에 접어놓고 있으며) 개체화의 과정을 통해서 펼친다. 개체화는 무엇보다 먼저 어떤 준안정적인 상태, 다시 말해서 어떤 '불균등화'의 현존을 가정한다. 불균등성 자체, 준안정적인 상태가 바로 개체화 과정이다. 그래서 개체는 언제나 그 자체로는 불완전하며, 이러한 개체는 어떤 전-개체적인 반쪽에 묶여 있다.

어떤 형태의 개체가 존재한다는 것은, 그것이 물리적인 것이든 생물학적인 것이든 사회적인 것이든 기술적인 것이든 간에, 해당 영역의 준안정적인 계(환경이나 장(場)) 안에서 양립불가능하고 불일치하는 것들 사이의 갈등을 해결하는 소통의 '관계'가 그런 개체의 형태로 구조화되었다는 것이다. 그리하여 개체화는 곧 정보 발생과정이기도 하다. 양립불가능하고 불일치하는 것들이 서로 소통적 관계를 맺을 때 정보가 성립하며 개체가 발생한다. **정보는 개체화 이전에 정해져 있는 것이 아니라, 개체화와 동시에, 개체화를 촉발하면서 성립한다. 즉, 개체의 발생으로 서로 관계를 맺을 때 비로소 소통으로서의 정보가 성립한다.**

시몽동의 사유는 전체에 대한 통찰과 양립불가능하고 불일치하며 격차가 있는 것들 사이의 소통과 공존을 가능하게 하는 '관계'의 포착이 특징적이다. 대립과 차이에서 새로운 합을 도출해내는 정반합의 개념과는 달리 대립과 차이의 공존으로 인한 상호 협력의 관계 맺음에 주목한다. 전-개체적 장은 불균등한 힘들이 공존하는 준안정적 상태이기 때문에 자기동일적이지 않다. 개체화는 이 힘들을 양립가능한 관계로 만드는 것이다.

개체화 과정에서는 그 이전(전-개체적 실재)과 이후의 모습이 개체와 연합환경의 관계로 동시에 존재한다.[3] 그러므로 구체적인 형태나 구조로 개체화된 실재는 그 자체로 독립적인 개체가 아니라 항상 주어진 환경이나 조건들과의 관계 속에서 그러한 방식으로 존재할 수 있는 것이다. 즉 개체화는 개체의 발생, 진화와 더불어 이 과정에서 고유한 진화적 환경, 조건(milieu)이 형성, 강화된다는 것이다. 인간에 대해서도 개체란 바로 생물학적(biological), 정신적(psychological), 그리고 동반한 사회적(social) 구성 및 개체화 과정(process)을 의미한다.

....

3 개체는 언제나 자신의 존재 조건인 연합환경과 동시에 공존한다. 개체는 '개체-연합환경'의 쌍으로, 다시 말해 '개체화된 것-전-개체적인 것'의 쌍으로 존재한다. 환경과의 관계가 개체 자신의 존재 조건이다. 또한 개체의 발생 자체가 준안정적인 전체 시스템 안에 내재하는 양립불가능하고 불일치하는 것들 사이에 공명과 소통을 가능하게 하는 해(解)로서 일어나는 것이다. 개체는 불일치한 것들 사이의 양립불가능성을 표현하는 관계의 실재성을 실증하는 것이지, 관계 안의 한 항으로서 관계보다 먼저 존재하는 것이 아니다. 개체의 형상은 개체화 작용의 발생적 결과물로서 자신에 연합된 환경과 분리되지 않으며, 크기와 등급이 다른 불일치한 것들을 관계 짓고 있는 준안정적인 것이다. 시몽동은 "개체는 관계의 존재이지, 관계 안의 존재가 아니다."라고 말한다. 김재희 지음(2017), 『시몽동의 기술철학』, 아카넷, 32~36쪽 참고.

들뢰즈의 개체화론

들뢰즈는 개체의 독특성을 절대적으로 존중하는 개체화의 존재론을 전개한다. 개체화는 그야말로 개체를 개체일 수 있도록 하는 존재론적 원리이다. 들뢰즈는 자신의 존재론에서 잠재적 차원과 현실적(경험적) 차원의 두 세계를 전제한다. 들뢰즈의 존재에서 현실성의 세계란 우리가 일상적으로 경험하면서 살아가는 세계이며, 잠재성의 세계란 현실성의 세계 이면에 존재하면서 특정한 현실성의 세계가 와해되고 생성되는 과정이 발생하는 세계이다. 잠재적인 것과 현실적인 것은 서로 관련이 있으며 서로의 내부에서 변화를 일으킨다. 들뢰즈에게 사물은 잠재적인 것과 현실적인 것의 비대칭적 구조이며, 현실적인 것의 생산 근거를 잠재적인 것에서 찾는 과정을 가진다. 이러한 발상은 사물을 정태적인 측면이 아니라 동태적인 측면, 즉 생성의 측면에서 개체화를 파악한다는 것이다.

개체화, 잠재성의 현실화

들뢰즈의 개체화 방식을 결정짓는 핵심적인 원리는 '이것임(thisness)'에 놓여 있음은 의심의 여지가 없다. '이것임'은 개인, 주체, 사물, 혹은 실체와는 아주 다른 개체화의 양식으로서 개별자를 일컫는다. 그것은 어떤 것과의 차이에서 포획될 수 없으며, 단지 그것의 '이것임'에서만 정의된다. 예를 들면 어느 계절, 하루의 시간, 지금 불고 있는 바람 등을 가리키는 것이다. 개별자의 '이것임'은 일반화될 수 없는 '하나의 삶'을 의미한다. '하나의 삶'

은 '이하 같음'이라는 방식으로 나타나는 균질화된 삶의 방식이 아니다.

'하나의 삶'에서는 존재자들 각자의 사유와 행동과 감각이 매번 다르다는 것을 설명하기 위해서 들뢰즈는 개별자의 존재 의미를 현실성과 잠재성의 차원으로 나누어 설명한다. 이들은 서로 분리된 독립적인 세계라기보다는 긴밀하게 연계된 한 세계의 두 측면이라고 할 수 있다. 개별자는 잠재적인 것과 현실적인 것 사이에 유지되는 관계의 구조이다. 개별자로의 개체화는 잠재적인 것을 현실화하는 메커니즘에서 발생한다. 그렇기 때문에 '이것임'은 본질을 직시하면서 즉각 의미화할 수 있는 대안을 추구하는 것이 아니라, 왜? 왜? 왜?라고 던지면서도 이에 대해 단정하지 않고 서로 연결하여 '어떻게'를 찾아 나가는 실존의 양상에 주목하게 한다. 들뢰즈는 개별자의 '이것임'을 통해 일반적으로 형태 혹은 주체라 불리는 것과 '전혀 다른' 개체화 방식에 대해 사유할 것을 제안한다.

들뢰즈 존재론의 가장 특징적인 점은 현실적 차원과 잠재적 차원 두 가지 모두 실재(reality)라는 점이다. 들뢰즈에게 실재는 우리가 경험하거나 의식할 수 있는 현실적 차원뿐만 아니라 현실적인 존재들의 발생조건이 되는 잠재성까지 포괄한다. 실재는 경험 가능한 '현실적 차원'과 현실적 차원을 발생시키는 '잠재적 차원', 또 이 둘 사이에서 이들을 연결하는 '강도적 차원'의 세 가지로 구성된다. 들뢰즈는 존재가 끊임없이 새롭게 생성되고 있다는 사실을 강도적 차원을 통해서 보여주고 있다. 잠재로부터 현실로의 이행에 영향을 끼치는 것이 강도이다.

좋은 예가 기상 현상이다. 허리케인, 뇌우, 구름층, 바람의 흐름 등 이러한 외연적인 기상학 현상은 우리 의식에 현실성으로 존재하지만, 우리는 대개 온도, 압력 혹은 속도의 발생에 책임이 있는 강도에서의 차이들은 지각할 수 없다. 그것들은 강도의 차이들에 의해 지배받으며 눈에 보이지 않는 과정들에 의해서 생겨난다. 잘 알려진 예는 매일 밤 TV 화면에 나오는 저기압과 고기압, 한랭전선과 온난전선, 느리게 혹은 빠르게 흘러가는 공기 덩어리를 표시하는 기상도이다. 간단히 말해 현상학적 경험으로 우리에게 주어지는 다양성은 그 존재에 대해 주어지지 않은 것에 의존한다. 즉 발생하는 모든 것과 나타나는 모든 것은 층위, 온도, 압력, 긴장, 잠재력의 차이들, 강도의 차이들에 의해 조절된다.

강도의 본질적인 활동은 개체화의 활동이다. 새로 글씨를 배우려면, 손가락 근육 각 부분의 강도들을, 강도의 분포를 변화시켜야 한다. 서예의 붓은 손의 힘 조절에 따라 그 두께를 조절할 수 있다고 한다. 모든 발생의 원천에 있는 강도는 어떤 힘이 되는 복합적인 힘(역량)이다. 서로 다른 이질적인 힘들이 묶여서 하나의 계열이나 체계를 이룰 때 이를 강도라 한다. 강도란 서로 동등하지 않은 힘들의 차이에서 오는 어떤 역량이다. 따라서 개체화란 이미 어떤 차이를 전제하는 강도적 현상을 말한다.

그래서 개체화는 차이가 스스로를 차이화하는 과정이다. 하나의 준안정적 실재는 차이를 함축하며(스스로 내부에 함축하고 있으며) 개체화의 과정을 통해서 그 차이를 펼친다. 그래서 우리가 음악을 할 때 같은 악보를 보며 연주하지만 잘하는 연주가 있고 못하는 연주가 있을 수 있음을 생각하면 이해된다. 들뢰즈의 강도적 차원은 개체화 과정에서 존재의 깊이를 이루고 있는 물질성의 심층적인 면을 강조한다. 그것은 개체화가 물질적이고 감성적인 층위에서 그 깊이를 지니는 것으로 보게 한다.

또한 잠재성은 애매함 속에 수많은 규정가능성을 함축한다. 모든 삶의 규정가능성이 순수한 잠재성의 이념으로 자리 잡고 있다. 일본에서 개발한 것으로 비가 오면 무늬가 나타나는 우산이 있어서 화제였던 적이 있다. 마른 상태에서는 무늬가 보이지 않지만, 비나 눈이 와서 물에 젖으면 무늬가 나타난다. 마른 상태에서 무늬의 규정성을 우산 밑에 숨겨 놓은 상태가 바로 순수 잠재성이라고 할 수 있다. 존재가 발생하기 위해서는 잠재적 이념이 강도로 표현되어야만 한다. 즉, 이념은 감성적인 것을 발생시키는 퍼텐셜로 변형되어야 한다. 이러한 이념의 강도화를 들뢰즈는 개체화라고 규정한다.

강도와 이념 두 개념은 존재를 생성하기 위해 어느 하나라도 없어서는 안 되는, 존재 발생의 필수적인 메커니즘이다. 개체화에서의 존재의 생성과 변화는 강도 개념을 통해 물질성이나 감각성과 관련되며, 이념 개념을 통해 비물질성과 관념성에 관계한다. 이러한 이중화의 해명을 통해 존재가 끊임없이 새롭게 생성되고 변이한다는 사실을 보여준다. 마치 잉크가 퍼져나감에 따라 물의 색깔이 변하는 것처럼 우리의 삶은 일반성 안에서 반복되지도 않으며 동일하게 반복되지도 않는다. 즉 다시 시작할 수 없는 독특한 삶의 반복이다. 반복을 통하여, 다시 말해서 무엇을 반복할 것인가를 선별함으로써 새로운 창조를 하는 방식을 통하여, 어떠한 개별자도 잠재적인 강도와 이념을 표현할 뿐만 아니라, 그 강도와 이념을 변경하는 사건이 된다. 이것은 서로 다른 강도들이 현실적인 개별자들 속에서 표현될 때 하나의 이념 속에서 관계를 맺는 방식을 지시한다.

'한 사람'은 유일무이한 문제-장으로서의 지위, 즉 이념이 추구해야 할 궁극적 영역이 된다. 당신이 다른 인간들과 차이점이 있는 것이 이러저러한 현실적인 성격이 달라서라기보다는 당신의 사유와 감각, 그리고 당신이 변화하는 방식이 강도와 이념의 관계를 다르게 표현할 수밖에 없다. 들뢰즈의 이념/관념으로 제기된 문제-장은 끊임없이 변이하는 다양체이자 차이의 체계라고 할 수 있다. 다양체는 다양한 변이 차원을 함축하면서, 그 무엇보다도 '차이 생성' 또는 '다르게 됨'에 최고의 의의를 부여한다. 그것은 이전과는 다른 특이한 것이며, 그 어떤 것과도 같지 않은 유일무이한 것이기 때문에 동일한 것 또는 유사한 것의 반복을 통해서는 다시 시작할 수 없다. 철학은 필연적으로 개별자들에 초점을 맞출 수밖에 없다. 개별자만이 특수한 방식으로 표현되는 감각과 강도 그리고 이념들의 관계이기 때문이다.

개체화의 강도, 정동

일상생활에서 다른 인간과의 마주침은 정서의 진폭을 크게 한다. 이런 경우 각자의 정서가 유발하는 느낌의 강도는 어떤 차이에서 온다. 거기에는 서로 짝을 맺는 존재 사이의 일대일 갈등만이 아닌, 그들 모두가 서로 꿈틀거리고 관계나 어울림 그 자체에 관심과 주의를 기울이게 한다. 정서는 일정한 수위를 오르내리는 운동이다. 수많은 우발적 마주침에 의해 발생하는 이전과 이후 상태의 비교를 통한 편차에 의해 발생하는 운동이다.

개체화는 타자들을 통해서, 타자들과 함께 관계로만 표현 가능하다. 그 것은 결코 개체적인 선택이나 결정으로 접근할 수 없기 때문이다. 우리의 삶을 타인과 접속할 수 있는 방식에서 나오는 잠재태라고 생각한다면, 잠재력은 다른 사람들과 그리고 다른 움직임들과 어떻게 접속될 수 있는가, 그리고 그러한 접속들을 증대하고 강렬함을 주기 위해 어떻게 변조할 수 있는가의 문제이다. **즉 나의 잠재력은, 내가 따로 떨어져서 혼자서 결정할 수 있는 능력이 아니라, 궁극적으로 나의 '접속되어 있음', 즉 내가 어떤 방식으로 접속되어 있느냐, 얼마나 강렬하게 접속되어 있느냐에 의해 규정된다.**

타인과의 접속에서 문제가 되는 것은 몸이다. 문제가 되는 몸은 결국 보이는 몸이 아니다. 보이는 몸이 보이지 않는 형태로 변형되어 몸을 매개로 전파되는 보이지 않는 몸, 그 몸은 오감의 감각기관들의 구체적·생물학적 몸과 무관하지 않지만, '온몸으로 느낀다'라고 말할 때의 몸에 주목할 필요가 있다. 그 몸은 타인의 몸과 접촉하고, 그 안에서 공명을 가져오며 게다가 몸과 몸의 교차, 어떠한 관념이나 사유보다도 더 보이지 않고 더 내적인 정념의 교호(交互)가 발생하고 있다.

우리 정신의 무의식적이고 감각되지 않는 부분, 즉 비밀스러운 주체가 바로 '우리의 정념'이다. 그것은 우리의 신체이자 신체의 충동, '우리의 충동적인 삶의 조화'이다. 이러한 충동은 의식을 구성한다. 알고 판단하고, 혹은 결론짓는 행위는 서로를 향한 특정한 충동들의 행위의 결과와 다르지 않다. 니체에게 있어 신체의 여러 충동을 대하며 살아내는 무의식적 주체는 '힘의 의지'이다. 인간들 사이의 갈등과 자기 자신과의 갈등은 정념의 전개 과정이 만들어내는 피할 수 없는 결과들이다. 스피노자는 모든 정념들을, 어떤 사물이 육체의 행동력을 증대시키거나 감소시킬 때, 혹은 촉진시키거나 마비시킬 때, 정념은 그 이행에 대해 기쁨 또는 슬픔으로 표현한다. 이 모든 것은 마주침의 범주 안에 존재한다. 그것도 우연한 마주침 속에서, 그리고 그 자신의 신체에 가해지는 다른 신체들의 작용 안에서만 존재해야 한다. 우리와 마주치게 될 대상이 기쁨을 줄 것인지, 아니면 슬픔을 줄 것인지는 미리 결정되지 않는다.

최근에는 '정동(情動)적 전환'이 대두되면서 신체들 사이의 만남이 낳는 강도적 분포에서 보이는 효과가 더욱 부각되고 있다. 정동은 개별 신체들의 만남과 상호작용의 결과이며, 결코 개별 신체의 한 부분이 아니라 항상 신체들 사이의 만남의 한 부분인 것이다. 정동은 신체가 외부 신체와 만나면서 의식을 통하지 않으며 즉각적이고 자동적으로 신체에서 일어나는 느낌 혹은 감각과 관련된 것이라고 할 수 있다.

정동은 신체들 사이에 흘러 다니는 관계적 힘이다. 정동은 개별 인간이 아니라 세상의 속성으로 이해되어야 한다. 다시 말해서 정동은 본래 초개인적(transpersonal)이고 관계적인 현상으로 이해된다. 그것은 "느낌이나 경험이라는 차원에서가 아니라, (증대하거나 감소함으로써) 신체의 행동 잠재성에 영향을 주는 관계의 강도라는 차원에서 가장 잘 표현되는, 신체들 사이의 자율적 힘"이다. 정동의 바로 이러한 관계적 성격 때문에, 그것은 신체의 상태

그 자체보다는 상태들의 이행과 운동에 집중하는 개념이라 할 수 있다.

이때 강도로 포착한다 함은 대상이 무엇인지를 포착하는 것이 아니라 그 대상을 둘러싼 어떤 힘들을 강도적 차이의 분포로 포착함을 뜻한다. 즉 대상의 세계에서 벗어나 감응의 세계에 들어가게 된다. 이것은 예술에서는 특히 중요하다. 대상을 정확히 재현하는 게 아니라 대상을 둘러싼 힘들의 분포를, 그 분포가 만드는 강도적 분위기를 표현하는 것이 예술가의 능력이다. 누군가의 얼굴을 정확히 재현하는 것은 그려진 대상이 누구인지를 설명하는 것이다. 그건 예술에 속하지 않는다.

예술가는 그 사람을 둘러싼 분위기를 표현하기 위해 그 얼굴에서 배어 나오는 어떤 힘들을 표현하기 위해 얼굴 속에 강도들을 집어넣는다. 렘브란트의 좌상이 훌륭한 것은 자기 얼굴을 정확히 그려서가 아니라 그 얼굴 인근에 그의 삶을 관통한 힘들을 탁월하게 접어 넣었기 때문이다. 이런 경우에 대해서 들뢰즈는 주체 대신 개별자라는 존재 개념을 채택하고 이를 새로이 정의한다. 주체가 아닌 개별자로부터 존재자들을 바라볼 때, 개별자들의 관계는 주체와 대상의 대립적 관계와는 다른 관계의 양상을 띠게 된다. 개별자란 실재 전체에 대한 하나의 테이크(take)며, 여기에서 실재는 우리가 세계에서 보여주거나 동일화할 수 있는 현실적인 것들로 제한되지 않는다.

정동은 몸과 몸(인간, 비인간, 부분-신체, 그리고 다른 것들)을 지나는 강도들에서 발견되며, 또 신체와 세계들 주위나 사이를 순환하거나 때로 그것들에 달라붙어 있는 울림에서 발견된다. 그것은 상황 속에서 활성화되고, 그 마주침의 발생을 통해 특이하게 표현된다. 마주침의 대상은 오로지 감각될 수밖에 없다. 마주침의 대상은 "감탄, 사랑, 증오, 고통 등 여러 가지 정서적 음조들로 신체에 감각된다. 이로 인해 우리는 보이는 대상을 판에 박힌 방식으로 재인하지 않고, 대상을 낯설게 느끼는 새로운 감각들을 생성하면서 대상에 감응하고 이것을 이해하는 새로운 의미를 창조하게 된다.

몸으로 체험하는 개체화

감각, 감정, 정동의 존재론

어렸을 적에 놀이터에서 우리는 서로를 못살게 굴고, 약 올리거나 화를 북돋웠다. 화(anger)와 웃음 같은 몸짓은 육체의 강력한 경험이자 순간적 강렬함의 소리이다. 화를 내는 경우는 지금 일어나고 있는 정상적인 관계나 상호작용 그리고 실행되고 있는 기능들을 깨버리는 상황을 연출한다. 몸짓들과 행동이 변하게 된다. 그것은 정동[4]의 문제이다. 아주 짧은 시간인 순식간에 일어나는 몸의 갑작스러운 변용의 표현이 정동이다. 어떤 상황에 이르면 나도 모르게 화가 순간적으로 치밀어 오르듯이 정동은 우

---

4 정동은 순수한 상태나 어떤 근원적 상태가 있는 것은 아니다. 정동은 많은 점에서 힘(force) 또는 힘들의 마주침과 동의어다. 그리하여 정동은 몸이 마주침의 세계에 속함을 표시하거나, 또는 세계가 마주침으로 이루어진 몸에 속함을 표시한다. 세계는 뒤섞인 힘들의 마주침이 있게 마련인데, 즉 잠재력으로서의 정동은 몸의 능력이다. 몸은 과연 어떻게 그것의 감응들을 행위로 바꿀 수 있는가? 이러함 물음은 정동을 단번에 윤리적이면서 미학적이고 정치적인 과제로 요청된다. 멜리사 그레그·그레고리 시그워스 편저(2015), 최성희·김지영·박혜정 옮김, 『정동 이론』, 갈무리, 14~21쪽 참고.

리의 경험이 의식이나 의지로 번역되기 이전에 이미 우리의 신체를 흘러다니며 자동적 행위를 촉발하는 요소이다.

정동은 몸이 하나의 존재의 힘에서 다른 존재의 힘으로 이동함에 따라 느껴지는 이행의 감정이다. 예를 들면 연극을 준비하고 공연을 올릴 때, 연기자의 감정은 자신의 역할을 수행하기 위한 이행의 감정을 집중적으로 작용하여 활용한다. 이 경우에 연기자는 상대 배우와의 협력을 통해 새로 탄생하는 화자, 무대에서는 새로 나타나는 등장인물로 변화할 수 있다. 이처럼 정동적 경험은 이미 개별 주체의 지각을 토대로 하는 자기감정의 체험으로서 상대 배우와의 신체적 공명을 일으키는 상호주관적 요소이다. 왜냐하면 정동은 감각들이 서로 참여하고 있음을 함축하는 공감각이기 때문이다. 시선이나 몸짓처럼 다른 감각적 자극도 가치가 있어 말을 충분히 대신할 수 있다. 그렇더라도 사람들 사이에 오가는 말로 하는 대화는 신뢰와 우정을 쌓고 신망을 퍼트리며 좋은 감정을 불러일으킨다. 그리고 이런 대화의 핵심은 과연 무엇일까? 바로 사람들 간의 공평한 교류와 교감이다.

감각적 존재의 정동적 경험

산길을 걸을 때 어떠한가? 가파른 곳을 지날 때는 당연히 숨이 가쁘다. 하지만 땅바닥을 보고 바닥에 신발이 부딪치는 소리가 들리기도 하고 그 소리의 주체처럼 나 자신도 바닥의 감촉을 느끼며 몸을 움직인다. 중량감, 촉각적 감각, 거리감, 리듬감, 따뜻함과 차가움을 몸이 동시에 경험하는 것이다. 몸과 산길은 복잡 미묘한 방식으로 서로를 구성한다. 이것은 평상시의 습성과는 잘 맞지 않는 산행의 새로운 감각적 세계에 당신의 감각기관을 끊임없이 맞추도록 하는 형태를 취한다. 촉각과 시각이 가장 두드러지기는 하지만 몸의 감각들이 서로 참여하고 있다. 비로소 정념의 움직임이 발생한다. 그 정념의 파동은 안과 밖의 경계가 무너지는 주객미분리의 상황을 연출해낸다. 이때 정동(affect)은 '느껴지는 것'이다. 몸의 갑작스러운 변용(affection)의 표현이 정동이다. 예를 들면 뱀처럼 생긴 물체를 보고 그것을 차마 의식하지 못한 상태에서도 몸은 섬뜩하다는 반응을 먼저 보인다. 즉, 정신적인 매개 없이 직접적으로 느껴지는 것이다. 특히 산행은 자연의 무한한 아름다움과 고요함을 마주하게 하며, 이 만남은 분명히 우리에게 유익하게 작용한다. 이처럼 정동은 하나의 감각 형식의 결과들을 다른 감각 형식의 결과들로 변형시키는 능력이라고 할 수 있다. 여기에서 감각과 정동은 서로에게 흘러들어간다.

내가 놀라면 왜 나는 심장박동이나 떨림 등의 단순한 유기체적 감각이 아니라 공포의 느낌을 체험하는가? 제임스가 말했듯 "떨리니까 무서운 것이지" "빨라진 심장박동, 얕은 호흡, 떨리는 입술, 힘 빠진 손발, 소름, 내장의 동요, 이 어떤 느낌이 없다면" 우리는 어떤 감정이나 정서도 느낄 수 없다. 정동은 비-의식적(non-conscious)이고 선-언어적(pre-linguistic) 공간에 존재한다. 클로흐에 따르면, 동공 확장, 창자 수축, 샘 분비, 전기피부반응 등과 같은 정동의 경험적 양상들은 지각의 의식 상태를 넘어서며, 지각에 선행하는 내장 지각(visceral perception)의 작동을 보여준다. 최근 신경과학과 신경생물학은 유기체가 신체의 내장 및 자율신경 체계의 화학 매질 변화, 즉 정동을 통해 환경에 적응하는 과정에 주목한다.

감각, 감정, 정동 사이에는 연결 고리가 존재한다. 분명 단순하게 대상화됨으로써 우리 앞에 와닿았다 그냥 사라졌을 수 있는 감각들이 어떤 경우 내 안으로 파고드는 동시에 나 자신을 외부로 내모는 정념의 움직임을 추진하는 것이다. 예를 들면 피부 속으로, 뼛속으로 차갑게 스며드는 바람은 끔찍한 추위가 올 것을 예감하게 하는데, 이 추위는 곧 고립과 향수, 소외, 절망의 감정이기도 하다. 더위와 추위, 온기와 냉기, 열정과 냉정을 알아차리는 것은 감정적이며 정동적으로 알아차리는 것이다. 이는 또한 즉각적으로 연상될 수 있듯, 감각적 인지이며 감각적 표현이다.

정동과 감정, 그리로 잠재성과 현실화한 상황, 그 각 양쪽의 사이에는 본질적인 차이가 존재한다. 그동안 객관적이고 과학적인 사유에서 배제되어온 주관적인 성질들, 이를테면 느낌, 감각, 감성 등이 정동적 경험을 통해 새롭게 그 존재성을 획득하게 된다. 타인의 몸은 단순히 현실에 대한 감각 뭉치가 아니다. 일상에서 정동적인 경험을 하고 나서 우리는 감정에 의해 마음이 움직여 감동하게 되며, 역으로 감정이 상한다고도 표현한다. 특히 감정은 외부 대상에 의해 생겨나는 신체의 흔적이라고 할 수 있는데, 스피노자에 따르면 "감정이란 신체의 변용인 동시에 그 변용에 대한 느낌이다." 감정은 정동의 힘을 경험 가능한 것으로 인식하게 해준다. 그리하여 감정은 힘의 인식 문제로 전환되며 존재론적 차이를 만들어내는 인간학적 조건으로서 역할을 한다. 만약 자신의 삶에 고유한 자기감정을 가질 수 없다는 것은 자신 안에 내재된 힘과 의지를 삶의 실존적 변화를 위해 발현할 수 없는 상황이라는 것을 의미한다.

예컨대 어느 신자가 부흥회에서 반복적인 기도를 마쳤을 때, 뱃속이 비었다는 허탈함과 함께 예기치 못한 지루함이 갑자기 찾아왔을 때, 실존은 본질의 곁에 서식하면서 자신의 유한한 신체, 욕망, 삶의 영역을 드러낸다. 그리고 나서 본질의 초과잉여분인 실존은 갑자기 도래하여 발언하고 말하고 먹고 마시고 놀고 꿈을 꾸는 생활을 한다. 그것은 힘을 방사하듯 내 마음을 잡아끈다. 그렇게 휘말려 특이성의 장에 끌려 들어갈 때 우리는 다시 특이성의 표현이 되어 다른 이들을 끌어당기게 된다. 특이성이란 그것은 바로 매혹과 휘말림의 힘이 작용하는 장의 이름이다.

그뿐만 아니라 자기 자신은 정신적 혼돈의 느낌으로 인해 타자보다도 더 타자 같은 느낌을 가질 수 있다. 그것은 현재의 혼돈된 사회적 마음의 진동에서 나오는 진화 노선을 볼 수 있도록 한다. 이것은 무규정적인 혼돈이 아니라 어떤 완결된 규정성을 만들어가는 변화다. 그것은 이 순간이 인생에 단 한 번밖에 없는 순간이라는 유일무이한 시간의 좌표와 관련된 사건의 의미이다. 실존은 하나의 문제설정이다. 문제설정 그 자체가 던지는 흐름과 에너지에 따라 일관성의 구도를 그리면서 매끄럽게 삶을 변용시키는 방향으로 실존의 궤적을 그릴 수도 있다.

개별적 삶으로의 개체화

우리는 매일 반복되는 일상생활이 습관을 형성한다고 막연히 생각한다. 하지만 반복은 매번 새롭게 차이를 동반하고 있다. 반복되는 것은 하나하나 완전히 다르다. 완전히 동일한 행동이 반복되는 것은 아니며, 완전히 동일한 사태가 나타나는 것도 아니다. 삶과 세계는 같음을 재생산하기보다 차이를 반복적으로 생성하면서 끊임없이 새로워진다. 그렇다면 무엇이 사유를 개별적인 것으로 만드는가? 즉 우리는 생각하기보다는 감각한다는 것, 그리고 서로 다르며 화해 불가능한 사유가 있다는 것이 그것이다. 이것은 주-객관 탄생 이전의 수동적 의식을 참조하고 있다. 들뢰즈는 의식의 능동성이 일차적인 것이 아니며 주체와 자유의지가 허구라는 점, 의식의 지배하에 있지 않은 수동성과 그 차원에서의 과정인 차이와 반복이 존재의 근본이라는 점을 보여주고자 한다. 즉 오로지 차이만이 반복되는 것이다.

개별적인 삶이라는 것이 일련의 느낌들과 정서들, 완성태로서의 느낌들, 강도적 양들의 소비 이상의 것은 아니다. 우리는 사물들과 우리 자신을 즉자적 차이와 순수 강도의 표현으로 받아들이고 이를 배워나가야 한다. 만약 우리가 우리의 삶을 강렬하고 개별적인 것으로 만들 수 있는 방식으로 행위하고 싶다면, 그리고 환경의 강도를 이해하고 또 이에 반응해야 한다면, 우리는 우리의 사유와 몸을 강도와 즉자적 차이로 나아가도록 해야 한다는 것이다. 그것에 대한 사유는 같은 것의 재생으로서는 행해지지 않고 기호에 대한 응답 및 '다른 것'과의 만남으로 행해진다. 기호는 매번 새로운 것이고 다른 것이므로 '다른 것', 즉 차이를 포함하면서, 해독한다는 몸짓이 반복 가능하도록 해야만 한다. 그리하여 자신 나름의 "기호와의 만남의 공간"을 만들어낸다. 프루스트의 『잃어버린 시간을 찾아서』에서 보여주고 있듯이— 권태로운 사교생활에 젖어든 한 젊은이가 어느 날, 마들렌 과자를 홍차에 찍어 먹다가 불현듯 그 맛에 의해 연상된 과거의 추억들을 하나하나 더듬어가듯이—감각 경험의 기호들의 해석과 창조의 형성을 이루는 과정에서는 기호의 힘이 사유를 사로잡는다.[5] 주체에게 이렇게 사유하도록 하는 것은 어떤 기호와의 우발적인 만남이다. 이때 기호의 이끌림을 통해 사유하고 차이를 생성하도록 해야 한다.

사유로 하여금 사유하도록 하는 것은 기호이다. 잠재적인 것은 이념들과 강도들로 이루어져 있으며, 현실적인 것은 현실적인 사물들 혹은 현실성들로 이루어져 있다. 그리고 이는 이념과 강도들의 관계 그리고 현실적인 것들로 이루어져 있다. 이러한 것들이 개별자이자 기호이며, 여기에서 기호는 개별자의 진화를 자극한다. 현실적인 것이 이미 잠재적인 것을 전제하고 그것을 '표현'하고 있지만, 현실적인 것을 기호로 인식하고 이 표현을 이해하지 못한다면, 우리가 관찰하는 것은 오로지 현실적인 것의 연쇄일 뿐이다.

---

5 특히 비자발적 기억의 경험들은 그것이 순수 과거의 존재를 잠깐 동안이나마 드러내 준다는 점에서 시간 이해에 중요하다. 그들은 본질들과 순수 시간의 영역이 존재한다는 것을 잠깐이나마 보여주기 때문이다. 비자발적인 기억은 관념들의 단순한 연합 이상의 그 무엇이다. 왜냐하면 과거와 현재의 경험들은 단지 서로를 닮는 것이 아니라, 상이한 두 시간 속에서 스스로와 공존하는 것으로 보이는 하나의 동일한 성질을 공유하기 때문이다. 현재의 각 순간이 과거의 한순간과 공존한다면, 전체로서의 과거는 현재와 공존해야 한다. 그러한 순수 과거는 실재한다. 베르그송의 용어에 따르면, 그것은 '현실적(actual)'이기보다는 '잠재적(virtual)'이다. 로널드 보그 지음(2010), 이정우 옮김, 『들뢰즈 & 가타리』, 중원문화, 63~77쪽 참고.

어떤 날카로운 소리가 들릴 때 나의 고막은 공기의 진동과 공명하고, 그와 동시에 머릿속에서는 어떤 관념이 생긴다. 그 관념이 완전한 것이든(엄마의 목소리다) 불완전한 것이든(사람의 목소리인지 뭔지 불분명하다), 항상 무언가의 느낌의 파동 혹은 강도의 파생을 수반한다. 존재가 발생하기 위해서는 이념이 강도로 표현되어야만 한다. 형식적인 측면에서 보자면 강도는 이념의 '관념성'을 감성의 물질성으로 표현한다. 그리고 이념은 감성적인 것을 발생시키는 퍼텐셜로 변형되어야 한다. 개체화는 이념과 강도의 조합으로서 이념들을 강도의 장에 구체화시키는 것이다. **이념은 하나의 형식이지만 강도의 장은 무형적이다. 만약 모든 것이 제대로 작동한다면 이념들이 감성으로 돌아갈 때 이념들은 그것에 자신의 형식을 부여하는 한편, 강도들에 접속되어 개체들을 발생시키게 될 것이다. 이것이 바로 이 과정을 '개체화'라고 부르는 이유이다.**

개체화는 사태들이 반복적으로 일어나는 방식을 원인과 결과의 현실적인 관계에 근거하여 사고하지 않으며 개별자들과 잠재적인 것 사이의 연결에 근거하여 사고하여야 한다. 그것은 현실적인 사물들이 우리에게 생생한 중요성을 느끼게 하는 감각적이고 이념적인 변주들에 주목한다. 이러한 변주가 삶의 방식을 풍요롭게 한다. 이것은 진실을 논리적 유효성이나 정합성에 연합시키려는 시도에 저항하는 것이기도 하다. 또 사물에 상투적인 개념을 부여하면서 재인을 강조하기보다 사물을 다르게 보고 이것에 대한 새로운 개념을 창출하도록 촉구해야 한다. 그것은 미래가 세계의 현재 구성 체제 안에 필연적으로 잠재적으로 새겨져 있다는 것을 가정하는 것이다. 즉, 하나의 사건을 뻔하게 여기는 것이 아니라, 하나의 사건에 내재된 색다른 면이 과거의 역사적인 기억과 주름, 특이성의 원천에 따라 끊임없이 생성될 수 있음을 의미하기 때문이다.

결국 정동은 문제설정에 대해 대답을 할당하는 방식이 아니라, 문제설정과 문제설정 사이를 횡단적으로 연결하고 접속시키고 배열하는 메타-문제설정의 지도 제작 방법론으로 귀결된다. 지도화는 지혜와 정동이 발휘되는 모든 경로와 지절, 매듭, 연결망 등에 대한 탐색의 과정에서 생겨난다. 잠재성으로 가득 찬 지도 제작의 과정에서 실존은 개별자의 문제설정인 것이다. 문제설정은 그것이 갖고 있는 힘과 에너지 자체를 가지고 미세적인 정동과 욕망을 작동시켜나가는 삶의 작동방식이다. 이를 위해 신체가 엄청난 생성의 역량을 지니고 있다는 점에 주목해야 한다. 신체는 타자적 대상이 빚어내는 감성적 자기장 속에서 차이적인 감각을 끊임없이 발생하는, 차이생성의 토양이다. 또 신체는 이것에서 움 틔운 새로운 감각들이 새로운 관점, 스타일들로 전이되도록 하는 차이 생성의 도화선이다. 잠재적인 것은 아직 현실화되지 않은 실재로서 무한한 현실화 가능성을 담지하고 있는 무엇이다. "모든 것이 가능하다"라는 언명은 이와 같은 맥락에서 이해될 수 있으며 이것은 결정론과 대비되는 자유와 양립한다고 볼 수 있다.

정동적 실천의 정치적 함의

정동은 몸이 마주침의 세계에 속함을 표시하거나, 또는 세계가 마주침들로 이뤄진 몸에 속함을 표시한다. 특별히 흥미로운 것은 관찰자의 표정에 응답하여 모방 충동이 표정을 활성화하면서 동일한 정동을 끌어낸다는 점이다. 타인의 자발적인 미소에 자신의 자발적인 미소로 응답하지 않기란 어려운 일이며, 스스로의 자발적인 미소는 우리 자신의 몸에 피드백하여 기쁨의 생리학적이고 신경학적인 정동을 활성화한다. 이처럼 신체적이고 관계적인 정동은 동시에 전염적(contagious)이다. 신경과학이론을 빌어, 샘선(Sampson)은 우리 두뇌의 '거울 신경(mirror neurons)' 때문에 인간은 다른 사람들과 느낌과 기분을 공유하고 그들을 모방하는 성향을 지닌다고 주장한다. 그에 따르면, 거울 신경은 다른 사람의 의도를 파악하고자 할 때나 대면 만남에서 효과적으로 활성화되는데, 즐거움, 슬픔, 괴로움과 같은 감정의 자동적 모방을 낳거나 놀람, 충격, 예기치 않음과 같은 감정을 따라 활성화된다. 다시 말하면 "인간 사이의 '무선통신'에 상응하는 것"인 셈이다.

얼굴은 정동의 표현과 소통에 중요한 역할을 한다. 이는 미소 짓거나 울거나 상을 찌푸리거나 다른 식으로 정동을 표현하면서 상대편에게 외부로 알리듯 공개되는 동시에 그 표정을 창조해낸 자신 쪽으로 되돌아와서 소통하고 자극한다. 의사소통은 눈으로도 충분히 시작할 수 있다. 심지어 갓 태어난 후 엄마는 단순히 눈을 움직이는 것만으로도 아기의 시선에 영향을 줄 수 있다. 몇 미터 떨어진 곳에서도 상대방의 눈 움직임을 알아차릴 수도 있다. 실제로 시선의 마주침은 인간의 사회 인지와 자아의식에서 대단히 중요한 역할을 하므로 어린이들은 시선을 마주치지 않는 사람의 의중을 이해하기 어려워한다. 어린아이들이야말로 시선이 마주치는 상호작용의 영향에 대해 정확히 알고 있다. 인간이 구분된 개체로 인정받기 위해서는 상호작용이 필요하다.

정동은 그 지각과 인식에 잠재해 있는 것으로써 이런 식으로 정동으로부터 출발하는 것은 주체의 발생, 그 최초의 구성이면서 그것의 재발생과 재구성의 지대가 출현하는 것이다. 정동이 경험의 직접적인 토대라면 정동에 근거한 느낌, 감각, 감성은 몸체 안에서 자신의 변화를 설명할 수 있는 적절한 관념이 될 수 있다. 그것은 이행을 실질적으로 직접 포착하는 것으로 간주할 수 있다. 게다가 실질적 이행을 구체적으로 보고 느끼는 근거이기 때문에 우리의 행위에 정동적인 영향을 미친다. 우리는 그로부터 특정한 가능성을 추출하고 현실화한다.

공감능력 역시 몸의 정동적 경험을 통해서 가능하다. 이것은 우리의 신체가 다가온 감각을 통해서 외부에 있는 것들을 지각하고 세계와 교류하며 관계를 맺기 때문이다. 이렇게 신체적 교감에 의해 촉발된 진정한 공감은 응축된 힘이 분출되는 순간을 맞이한다. 이럴 때가 되어야지만 자신만의 꿈속에 갇혀 있던 우리 이성은 각성을 통해 깨어난다. 이렇게 마주침을 통한 신체적 교감은 이성을 긴 잠에서 깨우고, 그 이성은 서로의 영혼에 공통적으로 담겨 있는 공감의 울림을 만들어낸다. 다시 말해 공감은 은근슬쩍 뜨뜻미지근하게 스며드는 것이 아니다. 당신의 육체를 강타하는 낙뢰 같은 전율이 아니라면 결코 참된 공감을 불러올 수 없다.

편견과 선입견의 뿌리는 너무도 깊기 때문에 웬만한 피상적인 앎, 피상적인 만남으로는 도저히 떨쳐낼 수 없다. 온몸을 전율케 하는 마주침, 전신이 부들부들 떨려오는 느낌과 교감만이 우리 영혼에 진드기처럼 딱 달라붙어 있는 편견과 선입견을 떨쳐낼 수 있다. 만나 보기도 전에 우리가 가졌던 선입견은 신체적 교감을 통해 촉발된 영혼의 공감을 통해 산산이 깨어지면서 비로소 우리는 아무런 편견 없이 상대에 대한 이해 단계로 넘어가게 된다. 즉 공감능력은 지금껏 가져온 온갖 '오해'를 드디어 '이해'로 바꿔나가는 촉매역할을 한다. 이러한 정서의 공감능력을 드높이기 위해서는 원초적이고 감성적인 세계로 시선을 돌려야 한다. 그리하여 감성적 삶의 의미를 새로이 깨달아야 하고 그것은 충분히 가능하다.

모든 존재는 마주침이라는 '교란'과 '소통적 사건'에 열려 있고, 차이를 차이로 연결하는 역동적인 관계에 놓여 있다. 마주침은 하나의 순수경험이다. 왜냐하면 순수경험은 일상의 경험을 넘어서며 끊임없이 도전하기 때문이다. 그래서 급진적인 경험주의라고 할 수 있다. 순수경험은 마주침의 모든 움직임과 아울러, 모든 변화와 아울러, 세상에는 뭔가 새로운 것, 즉 첨가된 실재가 탄생하게 한다. 순수경험은 의식의 바깥에 있는 주체가 없는 경험의 일종을 가리키기 때문에 이때의 정동은 순수 능력이라고 할 수 있다.

마주침에서 촉발되는 이 정동은 하나의 몸과 다른 하나의 몸이 부대껴 만들어내는 힘·마찰·갈등에서부터, 개별 존재의 몸과 사회, 정치의 몸들이 만나 부대끼는 여러 지점까지, 그리고 이런 현존하는 갈등 너머를 지향하는 '대안 공동체'를 관통하면서 발생한다. 우리가 경험하는 마주침을 교란과 사건으로 다시 보는 이러한 정동적 실천의 관점은 불가해한 세계에서 매번 새로운 연결의 원리를 만들어내는 창조적인 과정이다. 몸과 관계망, 배치가 지니고 있는 생명에너지와 활력의 미시정치를 통해 공동체를 다시 구성하고 재건할 것이다. 그리고 모든 경우의 수를 따지고 비교하면서 사랑, 욕망, 정동, 돌봄, 살림 등을 발휘하며 열심히 정동의 지도를 그린다. 이에 따라 '나서는 자'보다 더욱 다양한 경우의 수의 잠재력에 대해서 주목하며, 매번 판과 구도를 바꾸어가면서 민감하게 정동의 지도를 그릴 수밖에 없는 사람이 보이는데 그들이 바로 '판을 짜는 자'이다. 정동정치는, 구성원 모두가 판을 짜는 자가 되는 상태에 이르는 공동체적인 배치의 상황에서 웅성거림, 밀도, 속도, 온도, 강도에 감응하는 정동의 미시정치를 타진한다.

정동정치(affective politics)가 일종의 미시정치이자, 생활정치이며, 소수자정치인 이유는, 정동(affect) 자체가 갖고 있는 강도, 속도, 온도, 밀도 등 이행의 구성요소들이 우리가 살림, 돌봄, 모심, 보살핌 등을 하는 과정에서 끊임없이 발생되기 때문이다. 우리 안의 소수성은 사실상 정동의 실존 차원이다. 자신 내부에 명확하고 엄밀한 구분이나 경계를 지을 수 없는 비표상적인 흐름이 있다는 것은 우리 안의 광기, 바보, 생명, 식물, 미생물 등의 실존을 의미하는 것이기 때문이다.

세계의 척도(ratio)였던 이성은 더 이상 현대 인간관계의 네트워크의 과잉 복잡성을 지배할 수 없다. 외부와의 우발적인 마주침 속에서 발생되는 정서, 표상, 감정 등과 같은 것에 따라 반응하는 자기와 사랑, 욕망, 정동의 자기 원인을 가진 자기 자신이 조우하여 서로의 관계를 이루는 삶의 내재적 구도를 설립한다. 내재성의 구도는 자기가 자기 자신과 관계를 맺는 과정으로도 묘사된다. 우리는 모두 끊임없이 이행하고 변용되는 존재로, 그리고 불안과 위기가 투과되는 몸들로 언제나 연결 (불)가능성에 대한 감각을 부여잡고 고민할 수밖에 없다. 그것은 '감각될 수 있는 것'의 가능성 속에서 초월적 감성에 직접 부여하는 '감각될 수밖에 없는 것'이라는 필연적 요소에 직면시키는 것이다. 감성의 초월적 실행은 현상을 뛰어넘은 '초감성적인 것'에 의한 촉발을 조금도 의미하지 않는다. 거의 모든 철학이 암묵적으로 전제로 하는 감성, 단순한 '수용기'로서의 감성, 즉 다른 능력들의 경험적 사용에 의해 편입된 감성은 다른 능력들에 의해 상기하거나 상상하거나 사유되는 것만 수용된다. 이에 반해 초월적으로 실행되는 감성은 그 경험적 사용 속에서는 결코 '감각될 수 없는 것', 즉, 결코 다른 능력의 대상이 될 수 없는 '감각되어야 할 것'을 감각하는 것이다.

개체화의 체험 구조

우리는 몸의 존재이며, 따라서 세계의 일부다. 그러기에 우리의 의식이 몸에 명령을 내리고 몸이 그것을 수행함으로써 체험이 이루어지는 것이 아니다. 그것은 우리의 지각이 움직이는 몸의 지향 활동을 통해 이루어지는 것이다. 그것은 누군가의 생명력의 지각, 생동의, 변화 가능성의 감각에 다름 아니다. 비유하자면 몸은 마치 빛이 매체를 지나면서 굴절되듯이 사물이나 대상의 투명함이 신체의 감각기관을 통해 색과 소리 그리고 촉감을 지니고 현상하는 새로운 사물이나 대상으로 변형될 수 있다.

몸은 궁극적으로는 물질적이거나 기계적인 몸도, 해부학적인 몸도 아니며, 어쨌든 유물론적인 몸은 아니다. 외부와 '나' 자신의 통로가 되는 몸이다. 외부에서 본다면 '나' 자신 안으로 들어와 있고, '나' 자신을 기준으로 본다면 외부로 향해 있는 몸, 의식과 관념의 외부로 나가 있는 동시에 그 외부가 리듬으로 변형되어 울리는 몸, 그것은 가리킬 수 없는 곳이며, 사실상 내 안의 어디에도 없는 곳이다. 장소 없는 장소인 그곳은 가리킬 수 있기에는 너무 깊은 곳이고, 보일 수 있기에는 너무 깊이 숨겨진 곳이다. 그곳은 바깥이자 안, 외부이자 내부, 곧 통로이다. 우리는 몸을 통해 세계를 바라보고 구체적인 상황에 몸담은 채로 세계를 포착하고자 한다. 몸을 통해 우리가 경험하고 해석하며, 그동안 잊고 지내왔던 우리를 둘러싼 '세계' 내에서 살아가는 방식을 몸의 존재 구조를 통해서 비로소 깨닫게 된다. 그러므로 객관적 세계에 앞서는 체험의 세계에 주목할 필요가 있다.

체험은 우리가 '살아 있음'을 실천하는 것이어야 한다. 우리는 신체적이고 운동 감각에 근거한 지향성 개념에서 출발한다. 즉 우리에게 운동 감각적 지향이 가능하다면, 신체가 발 딛고 서 있는 대지, 더 나아가 타인과 신체적으로 접촉할 수 있는 근거가 마련될 수 있을 것이다. 그것은 개체적 생존을 위한 신체적 삶으로서의 진정한 체험의 근간이다. 그리하여 몸의 유기체성과 그것에 기반한 운동 감각적 지향은 세계의 의미를 새롭게 이해하게 만든다.

감각의 인터페이스, 몸

생후 6개월 정도 되어가는 아기는 자기 곁에 있는 아기 도우미가 관심을 두는 것과 똑같은 물건과 사건을 보면서 주의를 집중한다. 아기는 도우미와 시선을 함께하면서 그들의 문화에서 배워야 할 것들에 대해서 공유할 수 있게 된다. 특히 어떤 대상을 보고 있으면서 아기에게는 그 말이 의미하는 바를 배울 기회가 있다. 시선을 함께하면서 따라가거나 따라잡는 행위는 상호 간의 이해를 증진시키거나 주변 사람으로부터 배울 수 있는 학습력에 탁월한 적응력을 갖게 한다. 요컨대 동물과는 달리 어떤 자세에서도 고개를 돌려 함께 보는 시선의 동작을 취함으로써 아기는 말을 배울 수 있게 된다는 점이 중요하다. 따라서 몸짓을 이성 또는 앎의 모형으로 삼을 수 있을 것이다. 몸은 정신보다 더 원초적이고 의존적인 인지 양태로 여겨진다.

인간은 의사소통에 대한 강렬한 욕망도 지닌다. 인간이 두 발로 서서 걷게 되면서 두 손을 자유롭게 사용할 수 있게 되었고 다른 동물이 할 수 없는 손짓과 몸짓이 가능해졌다. 특별하게 오직 인간만 손가락을 들어 무언가를 가리킬 수 있다. 아기가 손가락질의 적절한 사용을 이해하는 데는 몇 개월의 시간이 걸린다. 대략 생후 12개월 무렵부터는 스스로 손가락을 사용해 첫 번째 '대화'를 시작한다. 손가락으로 무언가를 가리키는 행위는 사실 놀라울 정도로 복잡하고 특별하며 독특한 인간만의 행동이다. 이를 위해서는 다른 사람이 무슨 생각을 하는지 이해해야 하는 복잡한 능력이 필요하다. 이 못지않게 강렬한 호기심도 가지고 있어야 한다.

아이들은 손가락을 움직여 무언가 특별한 의미를 전달할 수 있다. 명령하는 듯한 손짓으로 바나나를 가리키면 바나나를 달라는 뜻이고 의자를 향해 손짓하면 의자를 사용해도 된다는 설명이나 정보 전달이 될 수도 있다. 무언가를 결정한 듯한 손짓으로 풍선을 가리킨다면 풍선을 함께 바라보자는 권유도 될 수 있다. 특히 마지막 예시처럼 경험의 공유에 대한 권유는 협동에 대한 인간의 내적 욕망에서 비롯된 것이며 인간이 한 종으로서 협력해가는 방식의 뿌리가 된다.

특히 눈은 인간이 직립보행을 하게 되면서 인간의 몸 중 가장 커다란 변화를 보인 감각기관이다. 시야의 확대는 단순히 보기 차원의 확대를 의미하는 것은 아니다. 시야의 확대로 인해 인간은 보이는 모든 것에 닿고 싶고, 그것을 소유하고 싶어 한다. 즉 욕망의 확장으로 이어지는 것이다. 이러한 욕망은 그것에 직접 이르고 싶다는 실질적인 행동을 유발케 한다. 이제 막 걸음마를 시작한 유아들은 시야가 트이면서 움직이려는 욕구가 발동하여 한 자리에 진득하게 붙어 있지 않고 들썩들썩 몸을 움직여 어디론가 가려고 한다. 움직임은 몸의 존재성을 드러내는 가장 중요한 지표 중의 하나이다. 움직임이 없는 몸은 곧 죽음을 의미한다.

신체는 감각의 인터페이스(interface)다. 감각이 없으면 세계도 없다. 인간에게는 오관(五管)이라 불리는 감각기관이 있다. 보기 위한 눈, 듣기 위한 귀, 냄새를 맡기 위한 코, 맛을 보기 위한 혀, 접촉으로 이물(異物)을 알기 위한 피부, 이렇게 다섯이다. 오관을 통해 감지하는 감각을 시각·청각·후각·미각·촉각이라 한다. 이 감각기관으로 우리는 신체 바깥을 지각한다.

그 지각으로 집적한 것이 경험이다.

사람은 감각기관을 통해 시간이 흐르고 있음을 느끼고, 빛과 그림자를 보며, 사물의 색채나 질감을 파악한다. 예술의 학문인 미학은 감각성과 연관이 있고 몸의 본성에 의존한다. 순수예술의 영역은 감각적 장의 한계들과 일치한다. 게다가 예술의 위계와 예술의 발달이 감각의 발달을 재생산한다는 사실도 분명하게 확인된다. 예컨대 시각과 청각은 감각적 상상력이 추가되어 예술로의 길을 열어준다면 촉각과 미각과 후각은 자연성의 표현에 고정된 채 남아 있다. 회화, 조각, 건축, 무용, 음악은 특히 눈과 귀를 끌어들이고, 눈과 귀의 우위를 확고하게 한다. 게다가 인간에게서 시각과 청각은 특권적 기능들인바, 인식 능력의 묘사를 위한 모델로서 사용된다. 예를 들면, 정신이 대상들을 관조하는 지적 직관(intuition)이나 정신이 대상들을 이해하는 오성(entendement)은 두 가지 능력이라고 할 수 있는데, 이 능력들은 시각적 모델과 청각적 모델의 흔적을 포함한다.[6] 오로지 이성적이고 감각적인 창조물만이 예술적 감정을 경험할 수 있다.

모든 인간은 유사한 감각기관을 지녔으나 능력을 발휘하고 계발하는 방법은 어린 시절에 분화하기 시작한다. 결과적으로 환경을 대하는 태도뿐만 아니라 실현된 감각 역량도 달라서, 어느 문화권 사람들이 후각을 발달시키는 반면 다른 문화권 사람들은 심도 있는 입체적 시각을 획득하는 것이다. 두 세계에서는 모두 시각이 우선시된다. 다만 한쪽이 향기 덕분에 풍성해진다면 다른 쪽은 대상과 공간을 인식하는 예민한 삼차원 감각으로 풍성해질 것이다.

사람은 몸을 매개로 끊임없이 주위 세계와 상호 작용하는 존재이다. 사람은 어떤 것을 체험하는 동안만큼은 몸과 결합하여 공간 속에 존재하며, 몸을 움직여 물건을 지각한다. 그는 물건을 보기 위해 안구를 움직이고, 보다 더 잘 보기 위해서는 가까이 다가가야 하며, 촉감을 느끼기 위해 손으로 만져보아야 한다. 그는 공간에서 움직이고 거기에 앉고 쉬며, 또 옆 사람과 담소한다. 자연인은 몸을 의도하는 대로 움직여 주위 세계의 사물들에게 영향을 미치고 또는 영향을 받는 행위를 반복한다.

주관적 공간의 구성

삶의 공간은 움직이는 몸의 신체적 공간과 몸이 움직이는 장소로서의 공간으로 나뉜다. 특히 신체적 공간은 정지 상태의 공간과 운동 상태의 공

---

6 시각과 청각은 대상들과 이론적 관계를 제공하며, 대상들을 변형시키지 않은 채 독립적인 대상들을 관조한다. 시각과 청각은 물질 안에서 비(非)물질성을 포착하며, 자유로운 아름다움을 향해 정신을 고양한다. 시각은 몸들이 형태와 색으로 자신을 표명하는 한에서, 그런 몸들의 물질적 존재를 파악한다. 시각은 아름다움을 지각하게 만들기에 적합한데, 이는 대상들과의 공간적 거리를 존중하는 눈에 내재적인 이유들 때문만이 아니라, 시지각의 가능성의 조건, 즉 빛과 연관된 외적 이유들 때문이기도 하다. 대상들을 만지고 대상들을 변형시키지 않으면서 그 형태를 보도록 하는 빛의 아름다움, 자연과 정신 사이에 있으면서 빛은 존재가 나타날 수 있게 한다.
청각은 소리의 본성 덕분에, 즉 대상을 변형시키지 않고 손상시키지 않는 소리의 본성 덕분에 미적 향유를 불러일으킬 수 있는 특권을 시각과 공유한다. 빛처럼 소리는 순수하게 물질적인 실재는 아니지만, 이론적 관조에 어떤 포착물을 제공한다. 그런 점에서 청각은 가장 지성적인 감각인데, 청각이 공간 안에 배치된 몸들의 외적 형태들로 접근할 수 있게 해줄 뿐만 아니라, 몸들의 내면, 몸들의 내밀한 본질, 몸들의 일종의 영혼에 접근할 수 있게 해주기 때문이다. 소리는 대상의 심장에서 흘러나오지, 그 표면에서 흘러나오지 않기 때문이다. 따라서 몸이 정신과 가장 단단히 결합하는 것은 청각에 의해서다. 상탈 자케 지음(2021), 정지은·김종갑 옮김, 『몸』, 그린비, 343~351쪽 참고.

간으로 나뉜다.[7] 이 둘은 서로의 존재에 의해 형태를 갖추게 되는 공생관계에 있다. 마치 서로 감싸 안고 안기는 빛과 그림자와 같은 존재로 말이다. 이 몸은 공간 속의 움직이는 또 하나의 공간인 것이다. 몸에 의해 채워지고 움직여지는 공간에서 비로소 삶은 시작한다. 이때 나처럼 타인도 그의 삶을 사는 하나의 몸이다. 타인은 나를 중심이 되지 못하게 하면서 나에게 가능한 다수의 시각을 생각하도록 이끄는 어떤 거처를 구성한다. 이러한 관점에서 장소로서의 공간은 타자와의 만남에 열려 있는 공간이다.

사람은 어떤 경우에나 공간에 자리를 잡거나 움직이며 가고 살아가야 한다. 그러기 위해서 공간은 일정한 질서로 조직되어야 한다. 아직 어릴 때 인간의 공간적 능력은 천천히 발달한다. 인간의 정신은 신체가 행동을 통해 공간적 관계에 숙달되고 나서야 그 관계를 해결하는 법을 배운다. 하지만 인간의 정신은 일단 탐구의 길로 들어서면 한 개인이 직접적인 경험을 통해 성취할 수 있는 것보다 훨씬 더 크고 복잡한 공간적 도식을 만들어낸다. 이런 정신의 도움을 받아 인간은 민첩성을 제외한 공간적 능력에서 다른 모든 종을 능가할 수 있다. 이때 공간적 능력은 움직임과 위치의 변화를 예상할 수 있게 되면서 공간적 지식이 된다.

비로소 몸은 자리를 얻는다. 몸은 세계 안에 위치하고 세계에 통합된다. 이러한 몸에 의해 지각되는 주관적 공간은 고유수용감각적 알아차림을 암묵적으로 수반한다.[8] 내 왼쪽 부분이 어디에 있고 내 오른쪽 부분이 어디에 있는지 고유수용감각을 가짐으로써만, 내 오른손과 나의 왼손을 식별하고 내 오른발과 나의 왼발을 '식별함(knowing)'으로써만, 나는 어떤 것이 나의 왼쪽에 있다든가 나의 오른쪽에 있다는 것을 지각한다. 고유수용감각은 우리의 명시적인 알아차림이 없이 자동적으로 신체 도식의 암묵적인 기여가 있음을 전제한다. 그런데 우리가 몸의 중요성을 깨달을 때는 이것이 더 이상 원활하게 기능하지 않을 때이다. 특히 고통스러운 상태에서 몸이 귀찮아질 때라든지 병이 났을 때 갑자기 몸의 감각기관과 상태에 대해 지금까지 전혀 해보지 못했던 경험을 할 때가 그렇다. 그때의 나의 몸은 몸 그 자체로서 나의 의도와는 생경한 어떤 것이 되어버린다. 몸이 질병으로 낯설어진 후에야 우리의 관심권 안에 들어온다는 사실을 우리는 항상 주목해야 한다.

....

7 스피노자는 '운동과 정지의 관계'로부터 개체의 발생 원리를 설명한다. "연장에는 운동과 정지 외에 다른 변용도 없다. 모든 물체는 운동과 정지의 일정한 비율일 뿐이다." 데카르트에게서 물체들은 정지상태에 놓여 있고, 초월적 신의 개입에 의해서만 운동이 가능했다. 하지만 스피노자에게서 물체들은 그 자체 안에 운동과 정지의 역동적인 힘을 지니고 있다. 즉, 운동과 정지가 모든 개별 물체의 발생과 변화를 설명하는 내적 원리로 자리하게 된 것이며, 자연 만물은 제각기 특정한 운동과 정지의 비율에 따라 필연적으로 산출된다. 이로부터 개체가 갖는 매우 중요한 특성이 제시된다. 즉, 개체들은 특정한 운동과 정지의 비율에 따라 구분된다는 점이다. 개체들은 운동과 정지의 비율이 유지되는 동안에 자신의 실존을 유지할 수 있겠지만, 그 비율이 바뀐다면 더는 실존을 유지할 수 없게 된다. 손기태 지음(2016), 『고요한 폭풍, 스피노자』, 글항아리, 81-85쪽 참고.

8 인간 개체성의 공간 경험은 먼저 생명의 유지 또는 생활의 필요라는 목적연관 속에 그 근거를 가진다. 이것은 신체라는 절대적인 중심을 가지고 있으며 신체의 운동에 밀접하게 연관되어 있기 때문인데 상하, 좌우, 전후방, 수직 수평 등의 범주들은 우선하여 신체의 공간 경험을 나타낸다. 이것은 공간 속에 있는 인간의 직립 자세를 통해 자연스럽게 이루어지는 방향이다. 이러한 신체적 공간의 준거틀을 고유수용감각적인(proprioceptive) 준거틀이라고 한다. 그리하여 나는 언제든지 나침반을 사용하지 않아도 내 팔꿈치가 어디에 있는지 알 수 있다. 브라이언 오서프네시(Brian O'Shaughnessy)는 고유수용감각은 오로지 몸 그 자체에 의해서만 틀이 짜이고 몸 그 자체에만 적용된다는 점에서 유일무이한 공간적 질서 부여의 체계라고 말한다. 이를테면 인간이 공간을 파악하기 위해서는, 그리고 어떤 공간적 틀의 활용 능력을 갖추기 위해서는, 최소한 주변 환경과의 특징과 관련해서 자신의 위치인 '여기'를 알 수 있어야 한다. 주위의 사물은 그곳을 원점으로 상하, 좌우, 원근이라는 운동 능력에 근거한 좌표축에 따라 위치가 부여되어 편성된다.

'여기'의 고유수용감각은 의식의 추가물이 아니라 의식의 가능 조건이다. 고유수용감각은 주체의 자아 중심적 준거틀을 위해 필요한 신체화된 기반이다. 신체는 의식 이전의 의미 부여의 기초 또는 바탕이 된다. 주관적 공간 혹은 자아 중심적 준거틀은 '주체가 행위를 지휘하는 데 바로 사용하는' 틀 인데 일반적 차원에서 감각, 인지, 운동 능력 자체와의 관계에서 규정된다. 주관적 공간이 인간의 경험 공간으로 구조화되는 한, 이는 '신체에' 집중된다.

주관적 공간은 인간이 '거주하는' 공간이다. 자아중심적 준거틀은 대상의 조건이다. 그 조건 덕분에 대상은 우리에게 주어질 수 있다. 따라서 그 조건으로 우리는 대상과 관계할 수 있으며, 대상을 경험할 수 있다. 대상과 관계하고 대상에 이르고자 대상을 향해 자신을 넘어서는 그 가능성이 후설 현상학에서는 바로 '지향성'이다. 우리의 주의, 우리의 지향적 초점은 보통은 수행되어야 할 과제, 완수되어야 할 목적, 또는 우리의 행위와 관계 있다고 보이는 어떤 세계의 사건에 놓인다. 그리하여 '나는 할 수 있다'라는 신체화된 역량을 이룬다. 물론 이때의 신체적 움직임은 기능하고 있는 내 지향성의 일부이고, 직접적으로 또 전반성적인 고유수용감각적 알아차림으로 느껴진다. 자기 자신을 느끼고 깨닫는 모든 것은 이러저러한 방식으로뿐 아니라 또한 이것이나 저것으로서, 따라서 유일한 경험을 가진 모습으로 반드시 자기를 느끼고 깨닫는다. 그 경험은 또한 본성에서 개별적인 경험이다.

인간은 공간 속의 특정한 위치에 존재한다. 우리는 이 위치를 공간에 주어진 모든 것들과 거리와 방향을 통해 관계를 맺는 특정한 '그곳'이나 '저곳'과 연관되는 여기의 '이곳'으로 파악한다. 즉 내가 몸을 어떻게 움직이는가에 따라 몸으로부터의 물체의 거리가 체험되는 작용이라고 할 수 있겠다. 공간 조직에서 '중심'과 '주변'이라는 관념은 보편적으로 찾아볼 수 있다. 사람들은 지상의 공간이든 우주공간이든 어디서나 자신을 중심에 놓고 파장처럼 멀리 퍼져나갈수록 가치가 줄어드는 동심원 지대를 경계가 뚜렷하게 구성하는 경향이 있다. 인간은 그가 처한 공간의 영원한 중심이고, 사물의 연관 체계인 공간은 인간이 움직이면 함께 따라다닌다.

내가 눈을 뜨면서 잠자리에 들기 전까지 내 앞에 놓여 있는 공간, 즉 집을 나서면 늘 보는 거리, 출근해서 동료들과 함께 일하는 사무실, 점심시간에 사무실에서 나가 자주 가는 식당으로 가기 위해 건너가야 하는 차도 등. 내 앞에 놓여 있는 이 공간 일반은 외부의 익숙한 것이 아니라, 차라리 나에게 들러붙어 있거나 내 안에 자리 잡은 나 자신의 일부처럼 보인다. 그럴 때 우리는 눈 감고도 알 수 있다고 말하곤 한다. 메를로퐁티가 이미 지적했듯이, 몸은 현상적으로 경험되는 공간성의 기원이다. 내 몸은 나에게 공간의 조각에 불과한 것이 아니다. 내가 몸을 갖고 있지 않다면 나에게 어떠한 공간도 없을 것이다. 그러니 나는 너와 다르다. 우리는 각자라는 말이다. 몸은 일반적인 몸, 보편적인 몸이 아니라 고유성을 전제로 한 몸이어야 한다. 우리는 몸이 전혀 없는 공간을 체험할 수 없으며 그 반대도 마찬가지다. 도심에서 휠체어를 탄 사람은 공간을 헤쳐 나가려 할 때 매우 '실질적인' 물질적 도전에 직면하기 쉽다. 몸은 단순히 공간 내에서뿐만 아니라 공간을 통해서 행동하고, 저항하고, 훈육되고, 억압받는다. 내가 공간을 체험할 때 내 몸으로써 체험할 수밖에 없고, 내 몸은 단 한 순간도 빠짐없이 나를 따라다니기 때문이다.

정황과 정동, 정경의 체험 구조

우리의 의식은 몸이 무엇을 할 수 있는지 제대로 알지 못한다. 몸의 차원에서 직접 관찰하고 실험하고 그로부터 몸 안에서 일어나는 힘들의 존재를 파악할 필요가 있다. 우리의 모든 경험은 세계로부터 분리된 관찰자의 경험이 아니라 세계에 직접 속해 있는 참여자의 경험이다. 원초적인 공간의 관념은 모름지기 몸의 체험으로 형성된다. 이 공간은 바로 지각의 공간, 지향적 공간, 의미의 공간 외에 다른 것이 아니다. 후설과 쉬츠(Schütz)의 현상학에 따라 우리는 공간적 관념이 인간 자신의 신체성에 대한 경험에서 나오며 그럼으로써 결국엔 신체와 결부된 세계 경험, 즉 자신의 신체와 다른 물질적 사물들과의 상관화를 가리킨다고 말할 수 있다. 따라서 신체는 공간 속에서 개인이 정향(定向)을 하기 위해 기준이 될 수 있는 출발점을 제공한다. 공간적 지평은 항상 어떤 '정박점'을 통해서 가능하다. 몸은 어떤 방식으로든 공간에 정박되는 것이며, 공간은 몸이 정박해 있는 질서의 표현인 셈이다. 마치 몸이 모든 것의 중심적인 척도인 것처럼 중요한 비중을 차지한다. 정박점은 땅 지형으로는 자리이다. 정박점은 지금 나의 몸이 어디에 있는지를 확인하며, 정황(情況)에 따라 정위가 달라진다는 것을 뜻한다.

장소는 정황을 지닌 자리라고 할 수 있다. 몸은 정황 속에서 연출되는 사건과 함께 공간적 지평 즉, 장소에 놓인다. 결국 장소에 대한 정의는 자리와 척도, 그리고 공간으로 화(化)할 수 있는 서로 간의 관계가 조화를 이룰 때 도출할 수 있는 것이다. 그러므로 몸은 미리 주어진 공간에 정박하는 것이 아니다. 오히려 우리가 거주하는 공간은 몸이 정박하고 있는 방식대로 만들어지는 것임을 메를로퐁티는 밝히고 있다. 예를 들어 강의 중에 교단에 두 손을 기대어 적당히 구부린 자세를 취한다고 하자. 그 자세는 맞은편에 앉아 있는 다른 사람과 긴밀한 대화를 하기 위한 준비 동작일 수 있다. 정황이 어떠하냐에 따라 내 몸의 자세가 달라지듯이 몸 자체의 공간에서 형성되는 정황이 바깥으로 이관되어 몸이 활동하면서 놓여 있는 장소로서의 정황이 성립한다. 몸이 활동하면서 놓여 있는 장소로서의 정황에는 몸 외에 다른 많은 대상이 있을 수 있다. 거기에 몸이 들어서서 이미 활동함으로써 그 대상들 역시 그저 서로 외적인 관계를 맺는 것은 아니다. 마치 몸의 부분들처럼, 그것들은 정황에 따라 중첩되면서 각자의 힘들을 주고받으면서 역동적인 장을 형성한다.

모든 행위는 각각의 정황에 따라 특유의 방식으로 힘이 작용하는 것이면서 존재의 역량을 표현하고 또 그것을 다양화한다. 어떤 정황에 따른 정서적 반응이나 행동들은 그 경험의 폭과 깊이를 가늠한다. 특히 몸의 움직임과 힘들의 마주침 역시 지칭할 수 있는 사물이 아니기에 정동(情動)은 정황에 따라 밀물과 썰물처럼 서서히 오르락내리락하거나, 파도처럼 폭풍과 물마루를 이룰 수도 있고, 때로는 그냥 밑바닥에 가라앉아 버리기도 한다. 그 이유는 몸의 움직임에 따라 일어나기 때문이다. 정동은 우리를 움직이게끔, 잠재적인 층위에 위치한, 감정이 담긴, 그리고 행위적인 것이다. 정동은 존재의 역량—행위하고, 생각하고 느끼는 역량—과 관련이 있다. 정동은 관계, 다양, 이행, 변화, 표면의 효과 같은 유동적인 것이기 때문에, 그 유동성이 느껴져야 하고, 어렴풋하긴 하지만 가능하다면 시각적으로 드러내야 할 것이다. 정동과 속도의 관점에서 볼 때, 모든 신체는 무수히 많은 입자의 거대한 운동, 합성, 해체로서 나타난다.

예컨대 화가 난입하면 그것으로 인해 몸짓들은 서로 엉키기도 하고 정황은 그 자체로 새배열되어 다른 분위기로 재설정되고 만다. 누군가가 화를 냈다면 그 자체가 하나의 몸짓인 것이다. 그로 인해 화해의 손을 내밀 수도 있고 폭력에 조치할 수도 있고, 관계가 끊어질 수도 있고, 모든 가능성이 현재의 순간에 한꺼번에 밀려들어 올 수 있다. 화의 예에서 보았듯이, 몸짓 혹은 몸의 움직임은 일종의 "~으로의 힘"이다. 기쁨이나 희망, 절망과 같은 정서를 생각해도 사정은 모두 비슷하다. 정서는 분명히 경험적이다. 정서는 경험을 변화시키고 강화시키는 힘을 가지고 있다. 그것은 우리가 어떤 마주침에서 발생하는 다양한 정보와 정서를 적합한 원인에 따라 이해할 수 있는 능력을 갖출 수 있다는 것이고 정서의 수동성을 극복하고 능동으로 나아갈 수 있다는 것이다. 능동은 수동을 낳고, 수동은 다시 능동을 향한다. 정서는 어떤 상태에 고착되어 있지 않다. 고착된 것은 그 정서의 '관념'뿐이다. 정서는 늘 유동하고 이행하고 있으며, 넓게 보면 이 또한 정동이라 할 수 있겠다.

한편 사건은 정황을 만들어내는데, 이러한 정황이 나와 나를 둘러싼 물리적 사물의 관계인 경(景)과 합칠 때 나타나는 것이 '정경(情景)'이다. 물방울과 빛과 내가 만나 무지개가 생기듯이, 정경은 언제나 사람들의 행위와 사물 사이에서 나타난다. 정경은 물체와 공간과 장소와 사람의 행위가 하나로 엮이는 상태다. 사람의 행위는 공간의 상태를 결정하는 중요한 요인이며, 바닥과 벽과 기둥 같은 건축의 사물들은 오직 사람에 의해서만 특정한 상태를 부여받을 수 있다. 이를테면 어떤 학교가 기하학적으로 매우 아름답게 시공되었다고 하더라도 활기에 가득 찬 학생들의 움직임을 제대로 담아내지 못하였다면, 학교 공간의 상태라는 측면에서 학생들이 마음껏 뛰어놀고 있는 광장의 정경을 기대할 수 없으며 존재이유에도 부합하지 못한다.

이미 잘 알려졌지만 "도시의 공기는 인간을 자유롭게 한다"라는 말은 중세 도시의 정경을 두고 한 말이다. 중세 도시 정경의 가장 큰 매력은 인간을 자유롭게 하는 공기였다. 도시의 공기란 수많은 사람이 모여 사는 가운데 무수한 것들이 겹치고 공존하고 충돌하는, 때로는 불편함까지도 포함된 도시의 복잡한 다양성을 말하는 것이다. 이렇게 끊임없이 움직이고 변하고 덧씌워지는 것이 도시의 공기다. '공기', '대기', '분위기'의 뜻을 지닌 'atmosphere'는 지어진 형태나 색깔 또는 빛에 관한 것이 아니다. 벽돌의 재질이나 찻잔의 형태가 자아내는 것도 아니다. 그것은 오래 사용되어온 건물이 풍기는 재료의 냄새, 오래된 벽돌 벽 틈새로 흘러들어오는 나지막한 소리, 데크 위에서 가족과 함께 마시는 차의 향기 등이 합쳐진 것이다.

대개 장소는 지인들뿐 아니라 생판 모르는 낯선 사람들도 일상적으로 마주치도록 자연스럽게 유도한다. 냉장고도 TV도, 인터넷도 없던 시절에도 지금과 같이 사람들은 매일 거리에서 다른 사람들과 교역하고, 정보를 교환하고, 얘기를 나누고, 사귀었다. 이것이 장소에서 성취되는 공공 생활의 의의다. 건축가 얀 겔(Jan Gehl)에 따르면, "사람들의 발길과 눈길을 가장 많이 끄는 가장 매력적인 구경거리는 필연적으로 타인이다. 시민들의 일상 활동이 도시의 최대 매력이다."

조금만 생각해 보면 이러한 대중의 성향은 쉽게 이해할 수 있는 부분이다. 레스토랑에서 다른 사람들을 볼 수 있는 좌석과 다른 사람들을 볼 수 없는 좌석이 있다면, 거의 모든 사람이 전자를 선택할 것이다. 사회학자 어빙 고프먼(Erving Goffman)은 인생을 타인에게 주는 인상을 계속 관리하면서 생긴 일련의 성과들이라고 정의했다. 어빙 고프만의 정의대로라면, 공공 공간은 집과 거실과 마찬가지로 인생의 무대다. 무대의 건축, 풍경, 차원, 그리고 주변에 있는 다른 배우들이 우리가 어떻게 행동하고 타인을 대해야 하는지 알려주는 그 신호를 따르는가에 대한 선택은 또 다른 문제이다.

나가며: 세계-내에 있는 몸

우리는 언제나 어떤 장소 가운데 있다. 또한 우리에게는 너무나 일상적이고 익숙한 장소들이 있다. 우리가 어떠한 행동을 하든, 어떠한 생각을 하든, 누구와 만나든 우리는 이미 한 장소 가운데 있다. 몸의 움직임은 장소를 차지하고 장소라는 공간과 더불어 몸의 공간도 존재한다. 움직임을 통해서 우리는 우리 안에서, 그리고 우리 바깥에서 세계에 도달한다. 예컨대 우리는 감각을 통해 받아들인 정보를 토대로 한 장소에 대한 이미지를 만들어낸다. 말하자면 장소가 정신을 자극하는 것이다. 그리고 어떻게든, 어디선가 그 장소에 대한 느낌을 만들어낸다. 장소에 대한 느낌은 또한 끊임없이 이루어지는 과정이다.

월터(Walter)는 장소를 총체적으로 아는 일차적 관련 방식은 '촉각 지각'을 통한 것이라고 한다. 촉각 지각은 청각이 귀에 근거하듯이 특정한 기관이 아니라 온몸에 바탕을 둔 것이다. 온몸으로 장소의 특징들, 곧 그 리듬·가장자리·크기·덩어리·완결성·방향성을 느낌으로 얻는다. 온몸은 기하학·중력·장력 등과 관련되는 자체의 내부 마디(articulation)들을 통해서 사물을 느낀다.

예컨대 북극에서는 지평선이 땅과 하늘을 분리하지 않는 시간대에는 눈앞이 완전히 흐릿해진다. 그런데도 에스키모인은 그토록 황량한 지역을 100마일 너머까지 돌아다닐 수 있다. 에스키모인은 시각보다는 청각, 후각, 촉각 단서를 더 많이 사용하며 바람의 방향과 냄새, 발아래 얼음과 눈의 느낌에 따라 나아간다. 이처럼 삶은 그것이 존재의 차원과 확고하게 관계할 때에 이르러야 비로소 삶의 자기변화와 관계하게 된다. 그때 공간으로의 열림을 매개하는 것은 개체적인 생존이다. 그것은 삶이 자기 변화하고 자기 성취하는 멈추지 않는 움직임을 만들어낸다. 움직임은 이 움직임을 통해 삶은 지칠 줄 모르고 자기에 이르고 자기보존과 증대 속에서 공간의 열림이 자신에게 일어난다.

박목월의 「무제無題」라는 시는 다음과 같은 구절로 시작한다. "앉은 자리가 나의 자리다 / 자갈밭이건 모래톱이건". 우리는 앉으면서 "자리를 잡는다"라고 할 때, 그것은 언제나 인간의 세계조성 행위라고 할 수 있다. 유사시에는 우리는 무언가를 치워내면서 자리를 만들어야 한다. 지금 시인은 외딴 바닷가에 홀로 앉아 있다. 만약에 사막이나 고산지대 또는 황무지에서는 경우에 따라 사람이 서로 만날 수 있는 위치는 있을지 몰라도 자리는 없다.

자리에 비해 공간이 훨씬 포괄적인 개념이다. 자리라는 말로는 우주공간 같은 표현을 만들 수 없다. 공간이 펼침이나 확장을 위해 주어진 터전이라면 자리는 항상 인간이 만든 한정된 자리, 인간이 자신의 목적을 위해 조성한 자리이다. 따라서 자리와 공간 사이에 다음과 같은 구분도 가능하다. 사물에도 자리가 필요할 수 있지만, 공간이 필요한 존재는 원래 인간뿐이다. 자리는 세계 속에서 이용 가능하지만, 공간은 인간의 초월적인 구성틀에 속한다. 메를로퐁티는 인간이 공간에 거주하거나 혹은 공간 '으로 향해' 있다고 한다. 그래서 이제 공간은 결코 점(點)적으로 혹은 선(線)적으로 혹은 입체적으로 구획되고 연결되는 곳이 아니다. 이런 의미에서 공간은 공간 속의 곳이나 위치나 자리보다 근본적으로 우위에 있다. 이때의 공간은 삶의 공간, 즉 인간이 자신의 삶을 펼칠 가능성을 말한다. 어느 곳이든 처음 가보는 긴장되는 장소에 가면 내 몸의 공간은 한없이 줄어든 것처럼 느껴지고, 아주 친숙한 곳에 가면 내 몸의 공간은 대단히 넓은 것처럼 느껴진다. **공간은 모든 것이 제자리, 제 장소, 제 위치가 있는 포괄적인 것이다. 그**

래서 우리는 누군가에게 자리를 만들어주거나 그의 자리를 빼앗는다.

의식적 자아로서의 나는 신체라는 장소를 기체로 하지 않고서는 실제로 존재할 수 없으며, 더구나 거기에 성립하는 신체적 실존에 의해서 공간적 장소가 의미를 지닐 수 있고 분절화된다. 또한 유의미한 공간은 종종 기체적(基體的) 신체의 확장이라고 이해할 수 있기 때문이다. 그렇다면 장소를 신체로서 새롭게 이해할 경우, 장소는 어떤 모습으로 나타날까?

'장소로서의 신체'는 동물이 지각하고 조작하는 세계의 총체인 '환경세계'(Umwelt)와 거의 대응하는 개념이다. 즉 이것은 두 종류의 지각행위—하나는 물체에서 특징을 잡아내는 시각 내지 촉각의 감각작용이고 또 다른 하나는 물체의 위치와 내 몸의 운동을 감지하는 작용—에 속하며 주위의 환경세계가 일차적으로 분절화되는 레벨을 나타낸다. 이러한 지향적 지각활동으로 인해 환경세계는 낯선 타자가 아닐뿐더러 이 세계가 어떤 의미를 지니는지 암묵적으로 이해하고 있다. 이를테면 이제 공간은 친숙하거나 낯설고, 안전하거나 위험하고, 가깝거나 멀고, 자연스럽거나 어색하고, 열려 있거나 차단되어 있고, 풍부한 느낌으로 휘감고 오거나 낌새가 이상하다는 등의 성격을 띠게 된다. 그것은 세계-내-존재라는 개념을 통하여 세계에 대한 철저한 경험을 지향하는 것으로 구체화된다. 이렇게 함으로써 우리 주위의 세계를 보고, 느끼고, 만들어가는 다양한 방식을 포괄하는 더욱 확장적인 개념이 된다.

우리는 몸이 무엇인가를 수행하고 있을 때 몸에 대한 감각[느낌, sense]을 갖고 있다. 이 느낌, 감각, 감성 등의 주관적인 성질을 가진 질료들은 모두 개념화되기 이전의 정서(情緒) 영역에서 성립되는 것들이다. 이것은 다시 말하면 몸이 언어로 개념화되기 전에 이미 존재한다는 것을 의미한다. 몸은 세계에 거주하고, 자신에게 개방된 공간에 대해서 점유와 구성의 관계 속에 있다. 나의 몸은 세계에 대한 확실한 관점을 가지고 있다. 그래서 하나의 세계가 존재한다는 것은 내가 하나의 몸을 갖고 있다고 말하는 것과 동일하다. 몸은 세계를 구성하는 생산력들 중에서 언어와 생각보다도 더 근원적인 원소이다. 몸은 말이나 언어에 비해 세계를 좀 더 직접적으로 드러낼 수 있기 때문이다. 몸은 자아와 세계 사이에서 오관을 모두 열어놓고 있기 때문에 추상화되고 개념화된 말이나 언어보다는 더욱 구체적이고 살아 있는 세계를 함축하고 있는 존재라고 할 수 있다.

각자의 몸은 탈취가 불가능한 요새와 유사하며, 그 무엇도 타인의 벽을 뚫는 자는 없다. 고유한 몸은 객관적 공간으로 환원불가능한, 정향된 공간의 중심에 있다. 몸 각각은 그런 공간을 짊어지고 가지고 다니기 때문이다. 우리가 어떤 장소를 떠날 수 있다고 할지라도 우리 자신의 몸을 떠날 수 없다. 고유한 몸의 공간, 그러한 정향된 공간은 지각과 감각성의 토대다. 내가 객관적으로 세계의 중심이 아니라고 할지라도, 내가 있는 그 거처에서 출발해서 늘 세계가 이해된다는 사실을 막을 수는 없다. 세계 속에서 우리는 몸을 움직여 어떤 일을 처리하고 난 후에야 그것을 인지할 때가 있다. 또한 자각하지 않은 상태에서 몸의 느낌을 알게 될 때도 있다. 몸은 이미 세계-내에 있고, 세계는 우리에게 신체적으로 드러난 것으로 주어져 있다는 것을 생각해야 한다.

2부

언어와 삶의
존재론적 전환

⁻언어와 삶의 발생과정 ⁻

언어와 몸의 개체발생

인간은 어린 시절부터 말의 힘이 만든 울타리 속에서 자라나게 되고 일생을 통해서 그 울타리의 보호를 벗어나지 못한다. 우리는 사람이 어떤 조건들 아래서 말을 배우고 그것을 익히고 사용하며, 이 모든 것이 한 사람의 삶을 위해서 어떤 의미를 갖는가에 대해 알아보아야 한다. 다시 말해 사람의 언어생활이 어떻게 이루어져나가며, 그것이 그의 삶과 일을 위해서 무엇을 의미하는지 탐구해야 한다.

말을 배우는 과정은 이미 의식적 생활이 시작되었음을 알리는 것이며 그것의 결정적 시기는 말을 하는 것보다는 말을 듣는 쪽의 시기가 먼저라고 한다. 이것은 이미 존재하는 역사적이고 사회적 문화재로서의 언어를 받아들이고 이해하는 것이 앞선다는 의미다. 어린이는 언어생활의 울타리 속에 태어나서 거기에서 자라난다. 출생 후 8개월쯤 지나면서 처음에는 뜻 없는 소리를 놀이로 내뱉다가 주위에서 들려오는 말을 흉내 내게 된다. 이것으로 인간이 말을 배우고 그것을 익히고 그것을 사용할 수 있는 가장 중요한 전제조건이 이루어진 것이다. 그러다가 어린이가 두 살 무렵이 되면 그를 둘러싼 세계를 이해하기 위해서 의식적으로 올바른 말을 배우려는 태도가 뚜렷해진다. 여기서 그 어린이의 정신세계는 그가 배우는 말로 이루어져 간다. 이렇게 해서 언어생활의 가장 중요한 기초는 마련되고 어린이의 언어습득 과정은 그의 정신세계의 발전과 더불어 급속히 성장한다.

어린이는 나날이 느끼고 생각하고 말하고 다른 사람과 교제하면서 자기 경험을 전달하고 기록하고 자연을 체험하는 가운데 자기 삶을 구성해 간다. '나'라는 의식적인 자아의 구성은 언어적 지형 위에서 일어나는 것이지 지각적 지형 위에서 일어나는 것이 아니다. 그래서 중요한 것은 개인간 상호과정만이 이루어지는 지각영역과 개인 내로의 개체화, 즉 정신적 개체화가 별도로 발생하는 언어영역 사이의 간극을 설정하는 것이다. 자아는 오로지 언어와 역할 담당을 통해서 나타나기 때문에, 그 본질상 사회적이다. 사회적인 수단을 통해서만이, 즉 자신에 대한 다른 사람들의 태도를 얻게 됨으로써 자신은 대상이 될 수 있는 것이다. 개인들이 자기 자신을 대상으로 보게 되는 것은 의미 있는 상징들을 사용하게 되고 역할 담당을 하게 되면서부터이다. 다른 사람들의 역할을 가정할 때만 개인에게 자아는 존재할 수 있게 된다. 다른 사람들이 우리에게 취하는 태도를 알게 될 때만 한정해 우리의 자아는 나타난다.

몸짓과 언어 그리고 사고

우리의 정신적 삶은 인간의 경험을 형성하는 생리학과 몸적 행동에 깊이 뿌리내리고 있다. 인간은 알 수 없는 세계에 살고 있다고 느끼고 그것을 아는 공간으로 바꾸고자 한다. 이것은 추상적이고 이론적이면서도 몸에 느껴지는 갈망이다. 또한 이것은 유기체와 환경의 상호작용이 순회하는 것이다. 듀이는 정신적 삶에서의 생물학적 시도가 핵심적으로 마음의 사회적 본성을 암시한다는 것을 인식하였다. 왜냐하면 이것은 기관의 생존이 환경과의 상호작용에 달려 있기 때문이며, 인간의 기관의 환경의 핵심적인 부분은 다른 사람들이기 때문이다. 그것 없이는 새로 태어난 사람의 기관이 생존하거나 자신의 가장 사적인 생각을 형성하는 완전한 인간의 동일성을 결코 얻을 수 없다. 이는 또한 사회적으로 공유하는 언어의 숙달을 포함하게 된다.

아울러 상태와 움직임을 감지하는 것은 물론 욕구, 욕정, 고통, 더위와 추위, 어지러움과 혐오감, 가벼움과 무거움을 느끼는 전형적인 신체 감각이 모두 포함된다. 그것뿐만이 아니다. 우리가 오감으로 느끼는 것들, 즉 보고 듣고 냄새 맡고 맛보고 손끝으로 느끼는 것들도 들어간다. 그 감각으로부터 일회적으로 수행되는 실제 세계가 모습을 드러내기 시작한다. 움직임, 소리, 리듬은 모든 상징적 언어 소통보다 앞서며 언어 소통에 원형을 제공한다. 언어적 대화는, 그것이 전적으로 대신할 수도, 대체할 수도 없는 비언어적 행동의 리듬에 공식적으로 입각해 있다. 움직임, 소리, 리듬 등 비구화적 요소는 언어의 퇴화 흔적도 아니고 무조직의 부속물도 아니다. 아감벤에게 몸짓은 언어에서 "강력한 현존"이다. 몸짓은 사고와 말을 용이하게 하며, 개념이 휩쓸고 가는 곳에 형식을 빌려주며, 개념을 끄집어내는 것을 도와준다. 몸짓은 의미가 존재하게끔 도와주는 물질적 운반책이라고 할 수 있다.

발달심리학자에 따르면, 젖먹이들은 발달심리학자들이 '사회적 참조'라 부르는 행동을 하는 것으로 알려져 있다. 뭔가 생소한 것에 마주칠 때, 말하자면 쇠톱을 향해 기어가고 있을 때 젖먹이나 어린아이는 많은 경우 방안의 엄마 혹은 다른 어른을 쳐다보고 정서적 반응을 확인하려 한다. 같이 있는 어른이 긍정적인 표정을 보이면, 흔히 생소한 물건을 자세히 살펴보러 나아간다. 어른이 두려움이나 걱정을 보이면, 뒤로 물러난다. 이 일은 같이 있는 어른이 낯선 사람이라도 일어난다.

젖먹이와 어린아이도 다른 사람을 주의 깊게 주목한 뒤 많은 경우 자신의 정신화 기량을 사용해 그를 본받는 것에 전적으로 의존하는 경향이 급속히 발달한다. 남들이 누구를 주시하고, 경청하고, 공경하고, 어울리고, 모방하는지 관찰함으로써, 누구를 본받을지를 더 효과적으로 알아낸다. 그러므로 모방은 아동이 스스로 자신의 행동을 조절하고 통제하는 자율적 행위자가 되도록 돕는 행위를 의미한다. 어느 정도 성장한 이후에도 누구를 본받을지를 알아내기 위해 성공이나 명망 같은 단서를 받아들여 자신의 용어로 사용하기 시작한다. 인간은 이전에 존재하던 것 혹은 다른 사람을 모방하고 이러한 모방은 사회적 유대를 강화한다.

소통에 있어서 공감의 정동적 양식들은 언어적 양식들과 함께 존속할 뿐 아니라 거기에 깃들어 적극적으로 그것들을 구성한다. 오히려 언어적 소통의 본질적 필요조건이라고 할 수 있다. 이것이 정동되고 정동되는 몸의 능력을 말한다. 정동은 근본적으로 타자들과 또는 다른 상황들과 연결되는 방식을 함축한다. 정동은 우리가 어떤 각도에서 외부에 참여하는지를 말해준다. 정동이 영향 관계라면 그것이 강렬해질수록 우리는 더 크고 넓은 생명의 장 속에 접속해 있다는 감각을 가질 것이며, 그에 따라 귀속감은 고조될 것이다. 이런 점에서 정동은 비개인적이다. 정동은 고립된 개인의 감정이나 의식으로 포섭하거나 환원할 수 없으며, 개체를 초과해 있다. 정동은 몸들 사이에서 일어나는 힘의 효과이자 특정 상태 안에서의 이행의 효과이다. 그 경험은 감각들이 서로 참여하고 있음을 함축한다. 촉감과 시각이 가장 두드러진 경우이긴 하지만 유일하다고 말하기는 어렵다.

어린아이일수록 정동의 반응에 민첩한데 그것은 "나"라는 인식이 부족하여 수월하게 다른 사람이 될 수 있기 때문이다. 유아기는 "나" 이전의 시기이기도 하고 "나는 안다" 이전의 시기이기도 하다. 어쨌든, 우리는 옹알이하는 아기가 어떤 역할을 수행한다고 말하지는 않는다. 엄마와 마주 보는 아기의 옹알이는 얼굴 근육이나 이목구비의 움직임을 통해 나오는 특유한 정동이다. 그것은 물질도 정신도 아닌, 존재라고 말할 수도 없는 제3의 양태이다. 옹알이하는 얼굴에서 느껴지는 '표정'은 그것을 떠올리기 위해 언어나 다른 수단이 필요치 않은 그 자체로서 느껴지는 표현된 실체이다. 어떤 사람의 행위나 말과 달리, 옹알이하는 표정에서 우리는 그 아기의 실체를 직접 느낀다.

어린아이는 적당한 나이가 될 때까지 사회적 언어 구사는 하지 못하지만, 특정한 의미의 사고를 한다. 즉, 감각적 형상을 동물보다 훨씬 더 완전하게 수용하며, 그것을 회상하고 부분적으로 종합하기도 한다. 이후 언어를 습득하고 나면, 직접적인 감각적 지각은 말과 결합할 때까지 남아 있거나 결코 결합하지 못하기도 한다. 농인도 지속적으로 사고를 하는데, 화가처럼 형상으로 사고할 뿐 아니라 음성 언어 없이 추상적인 대상에 대해서도 사고한다. 형식적인 면에서 가장 완벽한 학문인 수학에서도 말을 할 줄 아는 사람도 말을 하지 않고 임의적인 기호들만의 도움으로 가장 복잡한 판단을 한다.

이와 같이 언어의 영역과 사고의 영역은 모든 면에서 전혀 일치하지 않는다. 사고는 인간 발전의 중간 단계에서 언어와 연관될 수 있지만, 초기 단계에서는 아직 사고가 언어에 도달할 만큼 성숙하지 못하며, 높은 추상적 단계에서는 사고가 자신의 요구에 부응하지 못하는 언어를 버리고 임의적인 기호들에서만 외적인 발판을 찾는데, 그것은 사고가 감각에서 완전히 벗어날 수 없어서인 듯하다. 이처럼 사고와 언어는 동일하지 않다.

언어는 사유의 필수적인 완성(보충)이자 인간만이 가진 능력의 자연스러운 발전이다. 언어는 직접적인 인식도, 자유도 아니지만, 의식과 자유를 부여받은 존재에게만 속할 수 있다. 언어는 그 존재 내부에서 그의 개별성의 깊은 심연으로부터 흘러나온다. 따라서 언어는 인간이 어느 정도의 힘과 어떤 형태로 자신의 모든 정신적인 개별성을 무의식적으로 끌어올려 작동시키느냐에 달려 있다고 할 수 있다.

신체의 변용과 자기 형성

동물은 몇 개월이 지나고 나면 일생을 지낼 형태를 만들게 되는 것이라면 그것과 달리 인간은 스스로를 완성하는 능력을 갖춘 미완성적 존재이다. 갖가지 양상의 창조물인 인간의 몸은 카멜레온처럼 자신의 환경의 색들과 결합하고 정황들에 맞게 자신을 변형시키고 적응시킬 수 있는 놀라운 능력에 의해 정의된다. 인간 몸의 본성은 고정적이고 부동적인 본성을 갖지 않는다는 것이다. 인간의 몸은 자신이 외부 세계와 맺고 있는 관계들을 통해 구성하고 시공간적으로 다양하게 변화한다. 우리는 누구나 어디에서든지 확대된 신체의 구석구석까지 자신의 감각을 전달하면서 활동한다. 그리고 확대된 신체를 통해, 외부 공간도 새로 파악하고 내면화한다.

개체성이 자아의 고유한 본질을 의미하는 것이라면, 이러한 개체성은 인간의 보편성과는 어떤 관계에 있는가? 우리가 확인할 수 있는 것은 신체적 자연으로서의 인간은 누구나 다 마찬가지라는 점이다. 각 신체가 다른 공간을 차지하고 있다는 점을 제외한다면, 신체적 자연성에 있어서는 누구나 다 같다. 즉 누구나 자기보존의 원리에 따르는 욕구와 의지를 지니고 활동한다. 배가 고프면 먹고, 졸리면 자고, 추우면 따뜻함을 찾는 점에서는 서로 구분될 바가 없다는 것이다. **그러므로 자연으로서의 인간은 개체적 특징 즉 개성을 가지지 못한다. 한 인간의 개성을 형성하는 것은 신체가 아니라 오히려 정신적 활동이다.**

그런데 정신은 몸의 관념 외에 다른 것이 아니다. 정신은 몸을 사유하는 방식, 몸의 관념이 만들어지는 방식일 뿐이다. 다시 말해 생각하는 몸의 살아 있는 움직임이 곧 정신이다. 결국 인간이 자신의 변한 모습을 이해하고 변한 모습을 자각할 때, 그것이 정신이라는 것이다. 그리고 이러한 신체의 변한 모습을 작용 혹은 기능 면에서 살펴보면, 활동하는 신체의 자기의식이 정신이다. 즉 정신은 실체도 아니고 능력도 아니고 사유들의 기체도 아니다. 그런 것이 아니라 말하자면 의식 혹은 정신이란—스피노자(Benedict de Spinoza)에 따르면, '신체의 변용의 관념'이다. 이 신체의 변용이란 세계 속에서 외계 사물로부터 받는 작용에 의해 우리들의 신체가 받는 변용(수동에 의한 변화)이다. 그러나 반응적인 힘만이 아니라 작용하려는 힘인 능동적인 변용도 발생한다. 따라서 신체의 변용은 작용을 가하고, 이러한 작용을 받아 변용될 수 있는 능력의 발생과 연관된다.

들뢰즈에 따르면 작용하고 작용 받는 행위능력으로 실현되는 변용능력의 변화가 정동으로 나타난다. 정동을 통해서 다른 존재들과의 마주침으로 인해 생성되는 신체의 변화, 그 마주침에 의한 결합과 해체로 인해 변화하는 신체의 새로운 조성을 알 수 있는 것이다. 그래서 정동은 신체 변화의 즉각성을 드러내는 지표가 될 수 있다. 한편 톰킨스는 즐거움, 기쁨, 분노, 혐오 등과 같은 정동이 우리 신체에 내재하며, 이러한 신경학적이고 생물학적인 정동의 반복적 표출을 통해 우리의 감정과 인성이 형성된다고 보았다. 이데올로기적 신념의 확산이라는 것도 사실은 관념의 그것이기 이전에 사람들 사이의 깊은 두려움, 걱정, 공포, 불안을 촉발하는 거의 지각 불가능하고 무의식적인 반응의 동원과 긴밀하게 결부된 현상이라는 차원에서 재규정될 수 있다.

우리는 외부의 몸들이 우리를 변용시키는 것을 지각한다. 인간의 몸은 질적으로 그리고 양적으로 잡다하고 다양한 방식으로 외부의 몸들을 변용하고 그 몸들에 의해 변용될 수 있는 커다란 능력에 의해 특징된다. 인간의 몸은 사물들을 변형시키기에 적합하고 사물들에 의해 변형되기에 적합하다. 그리하여 그것은 자신의 본성과 외부 자연을 수없이 바꿀 준비가 되어 있다. 스피노자가 이야기했듯이 인간이 자기 자신의 변용을 파악하고 변용을 자각할 때 그것이 정신이다. 그래서 욕망과 신체의 능력이 상승하면 이성의 능력도 상승하는 것이다. 스피노자의 코나투스, 즉 존재보존 노력에서 능동적 행동도 정념도 유래하는 것이며, 이성에 의해 인도된 삶도, 감각과 상상에 의해 이끌린 삶도 유래하는 것이다. 그런 정신은 몸의 관념에 주어진 명칭 외에 다른 것이 아니다.

스피노자는 도덕적 가치들의 발생을 분석할 때 몸이 선과 악의 개념 형성에 직접적으로 연루되어 있다는 점을 보여준다. 선과 악은 우리의 몸이 다른 몸에 의해 변용되는 방식을 묘사하는 사유의 양태들이다. 도덕적 가치들은 지성의 세계에서 유래하는 것도 아니고 신적 계시에서 유래하는 것도 아니다. 선과 악은 인간과 관계하고 있으며 인간의 몸에 뿌리를 내리고 있다. 스피노자가 확언하듯이, 정신이 몸의 관념 및 몸의 변용들의 관념이 아닌 다른 것이 아니라면, 정신의 모든 양태들이 몸적 상관물을 가진다는 점은 명백하다. 도덕 규칙들은 몸의 속성들의 지성적 표현이며, 몸의 속성과 분리될 수 없다.

도덕적 가치들의 형성은 몸의 구조와 몸의 감각성에 의존한다. 정신의 윤리적 역량을 표현하는 이성의 명령들은 몸의 능력 및 그 덕목들과 일치한다. 우리는 고통이나 쾌락을 체험하고, 그것들을 우리가 우리의 몸이라고 부르는 정확하고 규정된 몸과 관계 맺게 한다. 따라서 정신은 실로 현행적으로 실존하는 몸의 관념이며, 유일무이하게 실존하는 몸의 관념이다. 왜냐하면 경험은 우리가 몸들, 연장의 형태들, 사유의 형태들 이외에 다른 어떤 것도 느끼지 못하고 지각하지 못한다는 것을 보여주기 때문이다.

처음부터 동아시아 철학은 자기인식(self-knowledge)과 자기도야(self-cultivation)의 몸의 차원에 대해 주장해 왔다. 공자의 『논어』가 자기 발전 탐구에 있어 자신의 인품(person)에 대해 매일 검토하기를 주장할 때, '인품(person)'으로 번역된 단어는 실제 중국어로는 몸(shen 身)이다. 몸의 돌봄을 주장하는 것은 근본적인 과업이자 책임이며, 그것 없이는 성공적으로 우리의 모든 과업과 의무들을 행할 수 없다. 이를테면 군자의 배움은 귀를 통해 마음에 담긴다. 그것은 사지에 퍼지고 그의 활동과 휴식에서 모인다. 군자의 잔잔한 말과 미묘한 움직임은 하나부터 열까지 타의 모범과 귀감이 될 수 있다. 소인의 배움은 귀로 들어가 입으로 나온다. 입과 귀의 거리가 네 치도 안 되니 어떻게 일곱 자 사람의 몸에 충분할 수 있는가! 옛사람들은 배움을 자신의 발전을 위해 받아들였는데 요즘 사람들은 다른 이에게 잘나 보이기 위해 배운다. 군자의 배움은 그의 인품, 몸, 성격을 수양하기 위해 쓰이지만 소인의 배움은 새나 송아지를 시장에서 파는 것과 같은 것을 위해 쓰인다.

스피노자의 정신은 살아 있는 몸의 움직임이기에 모든 것과 분리되어 단지 관념들의 유희에 불과한 의식이 아니라 삶 자체를 의식하는 삶의 정신이다. 정신은 부적합한 관념들로 구성되는 한에서 상상력이고, 적합한 관념들로 구성되는 한에서 지성이다. 그리고 이 정신의 변용이라는 것을 작용 혹은 기능의 면에서 파악하면 활동하는 신체의 자기의식이 정신이 되는 것이다. 신체적 자기의식은 마음이 몸을 대상으로서 지니는 단순히 의식이 아니라 살아 있는, 느낄 수 있는 몸이 세계와 스스로의 경험을 지휘하는 구현화(embodyment)된 의식을 포함한다. 그러한 의식을 통해 몸은 사실상 스스로를 주체이면서 대상으로서 경험한다. 신체적 의식은 항상 사물과 마주치면서 세계와 교섭하고 있으며 의식의 실존론적 본질을 개시하려고 한다. 의식은 신체를 통해서 이 세계 내에 닻을 내리고 있고, 결코 끝나는 일이 없는 교섭을 통해서 세계 내에 입주하고 있다.

자기 형성은 스스로를 변용시킨다. 그것은 여러 계기를 통해 사물을 보는 새로운 관점, 생각으로의 이행과 같이한다. 그러한 시도가 성공을 거둘 것이라는 어떠한 보증도 없지만 그렇다고 처음부터 안 된다고 속단해버리는 것도 바람직한 태도는 아니다. 바람에 끌려가듯이 거기에 가보지 않으면 모를 수밖에 없다. **타자를 변용시키고 변용을 추동하기 위해서는 내가 변용하는 것도 필요하다. 내가 변용하기 위해서는 그에 앞서 주위의 환경이나 사회가 변용하는 것을 전제로 할지 모른다.** 무언가가 변용하면 다른 것도 함께 변용한다. 자기 변용은 어디에서부터 말하고 시작할 수도 있지만 절대적인 시작도 끝도 없다.

이야기 행위와 인격 형성

유인원과 달리 사람의 아기는 성장 초기 단계(서너 살 무렵)에 일정한 주제를 설정해 놀이를 하기 시작한다. 아이가 혼자서 웅얼거리던 이야기의 맥락에서 주제가 나타난다. 이는 어른이 지배하는 세계에서 아이들이 했던 경험, 어른들이 들려준 이야기와 아이가 엿들은 대화의 조각을 다른 유형으로 변형하는 것이다. 어린이들이 자아로서의 명백한 관점을 지니기 위해서는 그들은 다른 사람들의 역할을 담당할 필요가 있으며 비로소 자기 자신을 객체, 대상으로 바라볼 수 있게 되는 것이다.

어린아이들에게 삶의 세계에 대한 이해의 통로를 열어주는 것은 바로 언어이다. 어린아이들은 말을 만드는 것이 아니고 말을 배우면서 주어져 있는 언어의 세계 속으로 자라난다. 언어를 습득하면서 그 언어를 통해서 명칭을 배우며 사물의 세계를 이해하기 시작한다. 낱말들에서 사물을 배우고 언어에서 세계를 인식하게 된다. 어떤 의미에서 사물과 언어의 관계에서 언어가 더 우위성을 갖는다. 한 사람의 언어의 모습에 따라 그 사람이 이해하는 세계의 모습이 형성된다고 해도 과언이 아니다.

인간이 자신의 얼굴을 보기 위해서 다른 물질 즉 거울이 필요하듯이, 인간이 자신의 정신을 발견하기 위해서는 다른 정신이 필요하다. 그러므로 타인의 정신을 보고 이해할 수 있게 해주는 언어의 보편성은 내가 나 자신을 발견하기 위해서, 내가 나 자신이 되기 위해서, 한마디로 내가 나의 개체성과 고유성을 확립하기 위해서 전제되어야 한다. 인간의 정신은 언어의 보편적 매개를 통해 서로의 사고와 정신을 이해할 수 있고 배울 수 있다.

어린아이들은 한번 말을 배우기 시작하고 나면 하나하나의 사물과 대조하면서 낱말들을 배우기보다 이야기 줄거리 속에서 낱말들을 익히고 알게 된다. 최초의 상상 놀이는 아이가 두 돌쯤 되었을 때 파편적인 이야기의 형태로 나타날 수 있다. 놀이학자 브라이언 수톤 스미스(Brian Sutton-Smith)에 따르면, 이러한 시도는 기승전결 같은 짜임새가 없고 말이 안 되는 엉터리 이야기 조각일 뿐이다. 그러나 발달 단계가 높아짐에 따라 점점 통일성 있는 이야기를 만들어낼 수 있다. 이렇듯 놀이는 자기표현의 성격이 강하다. 이야기를 만들어내는 아이는 줄거리를 전개시켜 나갈수록 말을 하는 재미에 빠져 몹시 즐거워한다. 이야기로 표현되는 상상놀이는 언제나 표현하는 것이므로 인간의 놀이는 표현하는 것 자체에서 놀이의 과제를 찾을 수 있다. 그렇게 되면 아이는 점점 더 자주 상상 놀이를 하며 자연스럽게 또 의욕적으로 현실과 가상세계를 자유자재로 왕래한다.

이렇게 이야기의 줄거리를 통해서 알게 된 낱말들은 어린아이가 이해하는 세계를 점점 넓혀간다. 언어를 통해서 외부적인 삶의 세계가 구성되는 것처럼 내부적인 정신세계도 언어적인 표현을 통해서 분명하게 형성되며 언어습득과 더불어 자라난다. 기쁨과 슬픔, 사랑과 미움, 인내와 권태, 희망과 절망 그리고 정직, 절제, 그리움, 불안 등 이러한 인간의 정신세계는 이러한 언어에 의해서 이룩된다. 언어가 이렇게 인간의 정신세계에 크게 영향을 미치는 것이라면 동요나 시조, 서정시와 소설뿐만 아니라 격언과 속담, 표어 등이 자라나는 어린아이들의 성품뿐만 아니라 성인들의 인격 형성에도 크게 작용할 것은 명백한 사실이다.

삶의 의미는 이야기 속에서 만들어진다. 말로 표현하는 행위가 없이는 어떤 삶의 경험도 이야기로 만들어질 수 없다. 말로 표현한다는 것은 우리 모두 이래저래 끊임없이 관여하고 있는 행위이다. 말로 표현하는 행위는 어떤 가능성은 열어주고 또 어떤 가능성은 닫아 버린다. 그렇기 때문에 말로 표현하는 행위 그 자체가 경험을 획득하는 하나의 시험을 통과하는 과정이라고 할 수 있다. 그것이 가장 큰 영향을 초래하는 경우는 일생을 이야기로 말할 때이다.

이야기 행위와 관련하여 언어의 중요한 두 가지 기능이 있다. 하나는 상징기능으로서 대상을 분류하고 질서를 부여해주는 범주화하는 작용으로, 우리는 그 작용에 의해 대상을 유형적으로 파악할 수 있다. 우리가 알고 있는 그리스어인 로고스는 본래 사물을 수집해서 질서를 부여하는 작용을 뜻하는 단어였다. 즉 상징기능을 말한다. 상징기능은 후설이 말하는 초월론적 의식의 '구성' 기능과 상응하는 것으로 볼 수 있다. 상징의 초월론적 기능은 언어를 통해 대상에 의미를 부여하고 조정(措定)하는 작용이다. 이것은 우리가 환경세계 속에서 만나는 여러 사물을 언어의 그물로 건져 올려 분절(分節)화하는 기능을 말한다.

또 다른 기능은 언어의 지시기능이다. 이 기능은 언어가 언어 이외의 대상을 향해 초월하는 작용을 뜻한다. 지시기능은 언어 지향성의 상관영역으로서의 '세계'를 형성한다. 이를테면 생명의 유지 또는 생활의 필요라는 목적연관의 세계, 상징화 능력이나 언어 사용을 통해 새롭게 창출된 문화적 욕망의 세계 등을 말한다. 언어의 지시행위는 언제나 무언가에 대해 이야기하는 작용이다. 이야기를 통해 삶의 구성적 질서 속으로 편입된다. 물론 이 '구성'은 독립된 개인적 행동이 아니라 언어적 커뮤니케이션을 통해서 이루어지는 간주관적인 행동이다.

언어의 지향성과 지시행위의 구성으로 그것의 상관영역인 세계는 시공간적으로 비약적인 확대를 가져온다. 예컨대 영화감독 봉준호는 '기생충'이라는 단어를 사용해서 일종의 지시행위를 수행함으로써 그 지시의 상관영역인 영화적 텍스트 공간을 하나의 세계로 구성한다. 우리는 처음으로 이야기를 가지고 타인과 경험을 공유했고 그 타인은 또 다른 타인에게 미래의 행동에 관한 추론에 도움이 될 만한 것을 전했다. 하지만 언어의 지시기능은 언제나 앞에서 언급한 상징의 초월론적 기능을 전제로 하고 있다는 점에 주의하지 않으면 안 된다. 영화 텍스트로서 '기생충'이라는 대상의 지시가 성공하기 위해서는, 그 대상은 생물학적 종으로서 지식의 상징형식으로 사전에 유형적으로 분절되어 다른 것들로부터 분별된 개체로서 지각적으로 동정(同定) 가능해야 하기 때문이다.

자아는 이야기 행위를 통해서 삶의 의미를 찾는다. 이야기란 자신, 삶, 가족, 다양한 관계 등을 어떻게 해석하고 의미를 구성하는지, 그리고 우리를 둘러싼 세상에서 어떤 일이 이루어지고 있는지에 대해 우리 스스로가 듣고 말하고 있는 행위인 것이다. 우리는 소통하고자 하며 이야기를 통해 개인은 적절한 형식의 서사적 자아 관념으로 자신이 체험한 일련의 것들을 형성함으로써 인격으로서 그 자신을 구성한다. 난롯가에서 거짓과 진실을 섞어가며 자신의 내력과 경험을 이야기해주던 노인을 돌이켜 생각해보면, 사람은 생각해서 이야기하는 것이 아니라 이야기하려고 생각하는 존재라고 할 수 있다. 그런데 일생에 대한 이야기가 말로 표현되는 방식은 모든 게 개인의 책임이라는 가정을 자명한 이치의 수준으로 끌어올린다. 우리는 가능한 한 우리 자신을 포함해 이야기를 구성하고자 한다.

적절한 서사 형태는 자의적으로 결정되는 것이 아니고 인격성에 결정적인 복합적 삶 양식들과 사회적 상호작용들로부터 나오는 것이다. 그렇기 때문에 자신의 경험을 토대로 이 경험을 자기만의 것이 아니라 타인들도 공유할 수 있도록 보편화시키는 것이 요구된다. 그리하여 자신의 이야기이지만 그것은 행적을 드러내고 검토하는 과정이기에 자신을 좀 더 잘 돌보기 위한 방편이기도 하다. 서사적 자아 관념은 인간의 성장과 발달에 큰 역할을 수행할 수 있다. 만일 누군가가 자신의 욕구나 느낌을 일단 표현할 가치가 없는 것으로 여긴다면, 그 사람은 자기와의 관계에서 유지되어야 할, 자기 내면으로의 접근 통로를 찾을 수 없다.

언어활동과 문화 형성

기본적으로 인간은 언어를 배우고 사용할 수 있는 능력이 있다. 아이가 옹알이를 시작할 때, 자신을 화자 공동체로 받아들이고 대화를 창조하는 주위 사람들 덕분에, 어떻게 말을 하는지 알기도 전에 혹은 자신이 말을 한다는 사실을 알기도 전에 이미 말을 하고 있는 것이다. 예컨대 출산 후 산모들은 계속 아기와 이야기한다. 아기가 보이는 몸짓에 의미를 부여하고 그에 따라 반응한다. 어느 정도 시간이 지나면 산모들은 상호작용 양식을 개발한다. 여기에는 아기와 상호작용하면서 만든 사회적 현실에 따라 아기와 상호작용하는 작은 세계도 있다. 이것이 바로 아기가 접하는 최초의 '문화'이다. 자신을 둘러싸고 있는 세상과 다른 사람들의 행동을 이해할 수 있게 하는 기본 틀인 문화가 갓 태어난 아기에게조차도 이렇게 형성되기 시작한다. 어린이는 자라면서 언어와 같은 문화적 기호를 내면화한다. 이는 단순한 기호의 내면화가 아니다. 기호로 매개된 행위, 즉 문화적 활동을 내면화하는 것이다. 바로 이런 능력을 '기호로 매개된 행위'라고 러시아의 문화심리학자 비고츠키는 설명한다. 그는 문화를 '기호 혹은 상징으로 매개된 활동'이라고 정의한다.

문화는 인간들이 그들의 경험을 조직하고 해석하기 위해서 정신적으로 구사하는 개념들과 모델들로 이루어진다. 이로써 문화를 의미의 체계로 보는 문화개념이 구상되었다. 기호학적 문화이론은 인간을 자신의 삶과 환경세계와 관계 전체의 의미체계로 이해한다. 문화를 인간이 의미를 만들어내는 실천의 터전으로 이해할 때, 문화란 언어라는 매개체 없이는 결코 이루어질 수 없을 것이다. 여기서 문화소통, 언어에 주목하게 된다. 문화는 어떤 형태로든 상징과 기호와 연관된다. 문화를 기호와 상징의 세계로 본다면 언어는 가장 중요한 문화이해의 열쇠가 된다.

소쉬르의 랑그와 파롤

언어를 배운다는 것은 무척 복잡한 일인데도 아이들은 대단히 능숙한 모습을 보인다. 대부분 아이는 5세 무렵이 되면 거침없이 모국어를 구사할 수 있으며 수천 개가 넘는 어휘를 자유자재로 사용하고 특별히 의식하지 않아도 문법 규칙을 자연스럽게 구사한다. 문법이나 단어의 기원 등을 굳이 배우지 않아도 능숙하게 말하는 모습은 어디에서나 볼 수 있다. 언어는 쉬운 발음과 학습의 용이성 그리고 환경적 요소 같은 선택 압력에 반응해 특별한 목적이나 의식 없이 이루어진 문화적 진화를 기반으로 하는 결과물이다.

어린아이는 자라면서 언어체계를 배우는 것이 아니라 입말을 먼저 배운다. 언어체계는 맥락적인 입말을 학습하는 그 아이 속에 자연스럽게 축조되어 가는 것이다. 이와 같은 언어학적 실천, 또는 기호학적 실천이 집단적으로 축적됨으로써 '말하는 사람들'의 언어체계는 성립한다. 동시에 입말하기에 의해서 일어나는 언어는 각 개인의 언어생활 습관을 어떤 규범 안으로 끌어들인다.

언어는 추상적 체제로서 오직 '말하는 사람들' 속에서만 존재할 수 있다. 달리 말하면 언어는 개인 위에, 개인을 초월하여 존재한다. 언어는 '인간적인 규모'의 소공동체 내부에서 소통하고, 그러한 그룹들 사이의 관계를 보장하기 위해서 만들어진 것이다. 언어는 서로 연결하고 만들고 영향을 미치는 이러한 사회적 과정의 핵심이다. 소쉬르(Saussure)는 언어활동을 체계로서의 언어인 랑그(langue)와 실제로 실행되는 언어적 표현인 파롤

(parole)로 구분했다. 랑그는 개인들이 함께 공유하는 규칙과 형식체계이고 파롤은 개인이 개별적 언어구사 행위로서의 말이다. 랑그와 파롤의 구분이 없다면 시간이 흘러가면서 생겨나는 언어의 변화를 해명할 길이 없다. 그러므로 이 구분은 중요하다. 메를로퐁티는 랑그를 "말해진 말"로, 파롤을 표현하는 순간에 만들어지는 "말하는 말"로 구분하여 사용하고, 파롤의 일회성, 우연성을 강조한다.

파롤은 개인적이고 통시적이고 우연적이며, 이질적인 것인 반면 랑그는 약호 혹은 약호들의 집합이다. 즉, 랑그[언어]는 개인들 사이의 의사소통을 가능하게 해주는 기호들의 체계이기에 주어진 공동체의 모든 화자에게 고유하게 속하는 것이다. 반면에 파롤은 어떤 개인이 자기 자신의 언어를 자유롭게 사용하는 것이다. 우리는 말을 통해 자기 자신을 드러낸다. 그때 말은 소통의 기능을 담당하기도 하지만 자기 개성을 표현하는 기능을 담당한다. 이를테면 어린이가 말을 배우는 것은 단순히 이미 사회적으로 이룩되어 있는 언어체계를 받아들여 익히는 것이 아니고 어린이의 의식이 말을 배움으로써 언어 공동체의 정신세계와 만난다는 것이 더욱 중요하다. 왜냐하면 모든 언어 속에는 이미 특수하게 이룩된 정신세계가 살아있기 때문이며, 그러한 언어를 습득하는 것은 바로 그 정신세계가 개인의 의식구조를 형성하기 때문이다. 즉 모든 언어는 그 언어 속에 이미 실현된 언어 공동체의 세계상을 간직하고 있으며 언어의 습득은 그 어린이의 의식구조를 그 언어공동체의 세계상에 따라서 주조하는 것이다. 어린이에게 언어습득은 하나의 정신적인 세계로 향하는 문을 열어준다. 모든 언어

속에는 현상들을 바라보는 각도와 그것들을 사상적으로 파악하는 방향과 그것들을 정신적으로 지배하는 방법이 이미 주어져 있다. 그런데 놀라운 것은 이러한 사실이 인간이 의식적으로 그것을 깨닫지 못할 정도로 자연스럽고 무의식적으로 이루어진다는 것이다.

우리는 종종 두 번째 기능을 망각한다. 파롤에 의해 개개인에게 개별적 존재로서의 개체화가 진행된다. 파롤은 메시지와, 랑그는 약호와 대응한다. 파롤 곧 메시지는 개인적이고, 랑그 곧 약호는 집단적이다. 그리고 메시지는 의도된 것, 누군가에 의해 의미화된 것이다. 반면, 약호는 익명적이며, 의도된 것이 아니며, 무의식적이다. 이 경우의 무의식은 문화적인 구조로서의 무의식이다. 파롤로서의 메시지는 자의적이고 우연적이며, 랑그로서의 약호는 체계적이며 주어진 언어 공동체에서 강제적이다. 언어는 개인에 대해서는 동시에 '자유이며 또한 숙명'이다. 언어가 개인의 생각과 이해와 삶을 결정한다는 뜻에서 숙명이지만 또한 언어는 개인의 자유를 위해서 열려 있다. 소쉬르 자신의 말을 빌리자면 보편체계인 랑그는 "수많은 경험을 통해 뇌 속에 자리 잡게 된" 집단적인 형태이며, 언어 사용인 파롤은 "개인적이며 순간적인" 그리고 "개별적 경우의 총합"이다.

랑그는 하나의 사회적 제도라고 할 수 있다. 랑그는 다른 사람과의 커뮤니케이션을 원한다면 반드시 따라야만 될 집단적 규약이다. 따라서 언어는 가장 중요한 사회적 제도이다. 언어는 개인적인 창조물이 아니고 초개인적인, 곧 사회적인 도구이며 그 자신의 역사를 갖고 있는 객관적인 구조이다. 그리고 이러한 객관적인 구조로서의 언어는 개인의 생각과 이해와 삶을 이끌고 형성하고 결정하는 힘을 가졌다. 인간은 언어를 객관적인 구조로 받아들이기만 할 것이 아니라 그것을 소유하고 활용해야 한다. 인간의 정신은 언어의 매개를 통하여 보편화 가능성을 가질 뿐만 아니라 언어의 보편성은 사고자의 개체성과도 양립이 가능하다.

그런데 인간의 사유와 이를 통한 인간의 삶과 그리고 인간의 사람됨이 언어의 사회적 제도라는 힘의 지배적인 영향 아래 있으면서 우리는 그것을 인식하지 못한다. 그것은 마치 물속에 사는 고기가 그의 삶을 위해서 물이 얼마나 지배적인 영향력을 가졌는가를 알 수 없는 것과 마찬가지다. 인간사회를 구분해주는 친족체계, 종교, 법 그리고 고도로 체계화되고 지속하는 여타의 과정들처럼, 언어는 모든 개인을 제한하고 통제하며, 개개인의 감관지각과 경험의 집단적인 흐름을 분류하고, 정돈되고, 모양이 갖추어진 실재로 변형시킨다. 언어는 개개의 개체들과 무관하게 실존하며 제도로서 개인들의 통제에 기여할 수 있다.

공통문화의 세계 구성

인간은 누구나 특정한 공동체 '속으로' 태어난다. 공동체란 상당히 긴 시간에 걸쳐서 그 장소에서 생활하고 활동하는 것을 전제로 생긴 사회집단이다. 그러다 보니 우리는 일정한 장소에서 공동체적 삶의 준거를 지닌다. 이런 공동체는 인간 집단과 지역을 바탕으로 하므로, 지역성과 공동체적인 사회적 관념이나 습관, 전통, 상호 귀속이라는 공동 의식을 중요하게 여긴다. 그런데 여기에 문제가 있다. 공동체라고 하면 늘 아름답고 협력하는 화합의 공동체, 지역공동체만을 떠올린다. 그러나 이런 공동체가 우리가 생각하는 공동체의 원형일 수는 없다. 근대에 이르러 공동체의 모습이 사뭇 달라졌다. 산업화는 지리적인 범위를 넓히며 마을 공동체를 해체했다. 그렇다면 오늘날 공동체는 사라진 것일까?

공동체가 변하고 붕괴되어 간다고 해서 그것이 곧 개인화를 말하지는 않는다. 아무리 따로 떨어져도 공동체는 늘 무언가의 집합 상태에 있음을 의미한다. 개개인은 살아 숨 쉬는 문화적 환경(cultural setting)을 통해서 다른 사람과 공통으로 알고 있고 또 알 수 있는 상호주관적 세계를 경험할 수 있다. 상호주관이란 많은 개인의 주관적 의식을 연결하는 의사소통망 내에 존재하는 무엇이다. 단 한 명의 개인이 신념을 바꾸거나 죽는다고 해도 그에 따른 영향은 없지만, 그물망 속에 있는 사람들 대부분이 죽거나 신념을 바꾼다면 상호주관적 현상은 변형되거나 사라진다. 상호주관적 현상이란 악의적인 사기나 하찮은 가식이 아니다. 방사능 같은 물리적 현상과는 다른 방식으로 존재하지만, 세상에 미치는 영향은 지대할 수 있다. 상식적인 수준에서 인간의 삶이란 공동체 속에서 살아가고 있으며, 그 속에서 서로의 다양한 경험이 상호작용하기 마련이다. 개개인의 상호주관적인 이러한 내적 정신적 질서가 규범이나 모형으로 객체화되어 겉으로 드러난 것이 바로 공통문화(common culture)이다.

세상에 기여하는 것은 일상에 달렸다. 일상생활의 실재는 '여기'에 있는 나의 육체와 '지금' 나의 존재함을 중심으로 조직된다. 이 '지금 여기'가 구성하는 삶의 장소성이 내가 일상생활의 실재에 주의를 기울이는 초점이다. 삶 속의 장소란 중층적 시간 아래 사건이 발생하는 곳이며, 세계를 지평으로 하여 우리들 한 사람, 한 사람이 타자나 사물과 관련하면서 얽혀 있는 곳이다. 이는 우리들 한 사람, 한 사람을 몇 겹으로 감싸고 있으며, 그것에 대처하기 위해서는 공통문화에 기대지 않을 수 없다. 말하자면 삶 속의 장소야말로 일상생활의 실재이며 가장 고유한 의미에서 공통문화의 대상인 것이다.

영국의 문화비평가 레이먼드 윌리암스(Raymond Williams)는 그의 자전적 에세이 「문화는 일상적이다」에서 문화의 형성적 힘에 대한 진지한 성찰과 확고한 믿음을 보여준다. 즉 우리는 삶의 한 방법으로서 특정한 방식으로 '본다'. 그것은 우리가 어떤 규칙에 따라 감각적 정보를 해석한다는 것을 말한다. 모든 감각은 저절로 확장된 지각을 지니기 때문이다. 그러한 지각은 본래 개개의 사물보다는 전체 세계, 즉 그 사물을 포함하고 우리를 둘러싼 세계를 인식하며 대상으로 삼는다. 설령 개개의 사물을 지향해도, 그와 같은 '세계'라는 지각을 지평으로 자연히 포함하고 있다. 따라서 감각은 지각을 통해서 우리의 과거 경험과도 결부되고 세계라는 전체성과도 결부된다. 즉 감각 인상은 우리에게 결코 직접적이지도 않고, 그 자체만으로 독립된 것도 아니다.

우리가 사물을 보는 방식은 바로 우리 삶의 방식이다. 그러나 이러한 방식—규칙과 해석들은 전체적으로 보면 고정되어 있거나 일정한 것이 아니다. 우리는 새로운 규칙을 배울 수도 있고, 그 결과 문자 그대로 새로운 방식으로 볼 수도 있다. 우리가 살아가는 사회는 의식하지 못한 채 우리 몸과 마음에 배어 있는, 나아가 특별히 따로 배운 것도 아닌 이런 규칙들로 가득 차 있다. 물론 일상적인 삶의 규칙들만 우리들의 사회적인 행동양식의 기초가 되는 것은 아니다.

헬러에 따르면, "일상생활이란 개별 인간의 재생산을 종합한 것을 나타내는 모든 행위이며, 또한 이것은 사회적 재생산의 가능성을 만들어낸다." 그래서 일상생활에서 사람들은 대(對) 집단 속의 한 부분을 차지하는 행위자로서 자신의 사회적 능력을 배운다. 반복, 협상 혹은 혁신적 결합을 통해 옷 입는 법, 말하는 법, 흔히 암시적인 편리한 여러 규칙—간략히 말하면 친숙한 것을 배운다. 일상생활의 실재는 나아가 나에게 상호주관적인 세계 그리고 다른 이들과 함께 공유하는 세계로 나타난다. 나는 꿈의 세계에서는 혼자이지만, 일상생활의 세계는 그것이 나 자신에 실재하듯이 다른 이들에게도 실재한다는 것을 알고 있다. 실로 나는 지속적으로 다른 이들과 교섭하고 소통하지 않고서는 일상생활 안에 존재할 수 없다.

우리는 공동체라는 개념 자체에 포함된 근본적으로 윤리적인 문제에 직면하지 않을 수 없다. 그것은 하나의 공통된 목표에 관련됨이 없이는 이해될 수 없다. 공동체는 자신의 거주 공간을 물질적으로나 이념적으로 파악하며 모두를 연결하는 하나의 표상 공간으로 만들고자 한다. 특정한 누군가가 아니라 모든 사람과 관계된 공통적인 것(the common)이라는 의미, 즉 공통의 이익 재산, 공통적으로 타당한 규범, 공통의 관심사 같은 것을 가리킨다. 그것은 기존의 부(富)를 인식하는 방식에도 변화를 가져온다.

모여 사는 것만으로 공동체가 되는 것이 아니고, 모여 사는 데에는 공통의 규범이 있으며 지역과 시대에 따라 사는 방식도 다를 수밖에 없다. 공동체를 이끌어가는 문화적인 척도가 존재한다. 문화는 언어적 활동과 도덕적 활동의 전체를—즉 추상적인 방법으로 파악될 뿐만 아니라 끊임없이 현실화하려고 하는 경향과 에너지를 가지는 활동 전체를—의미한다. 이와 같은 현실화, 즉 경험적 세계의 구성과 재구성이야말로 바로 문화의 개념 속에 포함되는 것이며, 문화의 본질이자 가장 특징적인 성격을 형성하고 규정한다.

오늘날 부는 점점 더 사적소유가 아니라 공통적인 것의 형태로 나타난다. 공통적인 것은 특정 이해에 치우치지 않고 우리가 공유하는 것 혹은 공유를 위한 사회적 구조이며 사회적 테크놀로지라고 할 수 있다. 공통적인 것을 이해하는 데 결정적인 것은 이 모든 형태에서 부의 사용과 접근을 관리해야 한다는 점이다. 오늘날 우리는 평등하고 열려 있는 부의 공유 방식을 수립하고, 사회적 부의 접근, 이용, 관리, 분배에 관해 함께 민주적으로 결정할 권리나 잠재력을 지닌다. 우리에게 필요한 것은 공통적인 것에서의 평등과 자유에 기반을 둔 새로운 사회관계를 수립하는 것이다.

언어적 실천의 장, 텍스트

문화는 인간의 존재방식이지만 문화의 많은 경우 언어영역과 일치한다. 우리를 문화적 존재로 만드는 기본적인 능력은 언어다. 언어를 경험하게 되면서 세계를 대하는 우리의 위치는 달라진다. 언어를 통해 사람은 즉자적인 세계에의 예속으로부터 풀려나와 대자적인 세계의 넓이를 바라볼 수 있다. 또한 직접적인 본능의 강박에서 해방되어 사회의 규범 속에 사는 문화적 존재가 된다. 그렇다면 우리는 대체 어떻게 언어로 세상을 경험하고 이해하게 되는 것일까?

카시러는 문화를, "그 매개를 통하여 인간이 비로소 자신의 세계와 접촉하게 되는 언어, 신화, 종교, 과학으로 이루어진 상징체계"로 정의한다. 인간이 스스로 생각해 낸 기호를 일컬어 '상징'이라고 부른다. 그것은 인위적인 약속을 통해 얼마든지 만들어낼 수 있다. 대수 기호나 교통 신호 표지판처럼 단지 약속을 통해 만들어진 상징이 있는가 하면, 종교와 신화의 원초적 상징처럼 기나긴 역사를 지닌 상징도 있다. 이에 상응한다면, 인간은 상징적 우주 속에서 사는 것이다. 인간은 동물처럼 자연에 갇혀 있지 않고 오히려 자신이 표현하고자 하는 상징 속에 자연을 끌어들인다. 상징은 인간의 행위와 인식, 표현에 적용되는 규칙을 보여준다. 이 규칙은 지속적으로 바뀔 수 있다. 그렇기 때문에 자연적인 생존 환경 안에 갇혀 있는 동물에게는 도무지 불가능한 새로운 세계가 여기에서 열리게 된다. 근원적인 질문을 던질 수 있는 인간만이 자연세계의 한계를 깨뜨릴 수 있다. 이와 같은 경험이 상징 속에 축적되어 의미체계의 문화를 형성한다.

언어의 의미화 과정은 우리의 마음대로 창작할 수 있는 것이 아니라 역사적으로 또는 사회적으로 다루어지는 일종의 언어적 실천이다. 언어적 실천은 언어가 어떤 사실에 붙어 다니는 꼬리표나 어떤 사실을 표현하는 기호만이 아니라 언어 자신의 존재가치와 존재형식을 가진 특수한 세계라는 것을 의미한다. **언어는 객관적인 사물이나 주관적인 관념을 그대로**

표현하는 것이 아니라 자기 자신의 주체적인 존재가치를 가진다. 언어로 표현된 것은 완전히 객관적인 사실도 아니며 주관적인 표상도 아니다. 그것은 언어적 실천의 세계인 텍스트라고 할 수 있다.

　'텍스트'라는 용어가 일반적으로 사용되기는 하지만 이것이 무엇인지 정의하기는 쉬운 일이 아니다. '텍스트'라는 말은 엮어서 짠 천이라는 뜻의 라틴어 단어 '텍스투스(textus)'에 기원한다. 따라서 텍스트는 어느 정도의 연관성, 즉 일관성을 가지고 있다는 점을 특징으로 한다. 텍스트는 의미 연관성을 가지고 있어야 하며 외적인 통일성도 인식될 수 있어야 한다. 가르시아(Garcia)에 따르면 텍스트란 '일련의 기호 집합체'다. 텍스트란 독자들에게 특정한 의미를 전달하기 위해 어떤 맥락 안에서 작가가 의도하고, 정렬하고, 선택한 기호들의 집합적 실체이다. 요컨대 '의미'를 갖는 기호들의 구조 혹은 질서화된 상징체들이 곧 텍스트인 것이다. 텍스트는 그 자체로 언어적 실천의 의미화 과정으로서 문화이해의 존재론적 평면을 구성한다. 텍스트는 해석을 위한 계기라고 할 수 있다. 하나의 텍스트는 그 상징과 기호를 통해 문화의 의미와 문화의 터전, 나아가 문화가 지향하는 바를 나타낸다.

　우리는 살면서 문화적 실천, 일상생활, 제도에서의 상징적 의미와 표현을 실용적으로 사용한다. 문화는 그것의 의미가 구성원들에 의해 해석되고 재교섭되면서 끊임없이 재창조되고 있는 과정에 있다. 텍스트는 상징적 표현과 실천을 기호화함으로써 문화를 개념화하는 데 초점을 두고 있다. 포스트모더니스트들은 세상의 모든 것—문학작품들, 대중문화 산물들, 유행들, 미술작품들, 민속문화 산물들, 문화적 가공물 등—을 텍스트로 본다. 그들에게는 텍스트들의 모음이 문화의 내용이 되기 때문에 텍스트를 문화의 기본단위라고 할 수 있다. 사회 자체가 텍스트이고, 세상 자체가 하나의 커다란 텍스트이다.

텍스트는 항상 상징을 지니며, 이 상징은 바로 인간 실천의 산물이다. 여기서 의미는 참여자들 사이에서 구성되고, 절합되고, 소통된다. 따라서 사람들 사이에 차이가 드러나는 것은 사람 각각의 조건에 맞게 의미화의 방식을 달리하는 것이다. 예를 들면 동네 마당, 놀이터 등의 장소는 '내가 살았던 곳', '내 삶이 있는 장소', '동네 사람들과 만나고 함께 살던 장소'로 인지한다는 점에서 삶 자체가 지속적으로 이루어지는 분명한 '주체적 삶의 공간'이라면 카페, 코엑스몰, 시청 앞 광장 등으로 대표되는 장소는 특정 목적(만남, 소비, 투쟁 등)을 달성하기 위한 비연속적으로 이루어지는 '수단적 삶의 공간'이라는 의미를 띤다. 이처럼 텍스트는 특정한 역사적 맥락 속에 살고 있는 주체들이 상호의사소통 과정에서 다양한 의미구성물들을 조합하고 사용할 때 생겨나는 것이다. 그 과정은 주체들의 상호의사소통 관계 속에 구체화하는 언어이기 때문에 사회적이고 역사적이다.

모든 텍스트에 대해 해석의 가능성은 열려 있다. 해석은 우리가 앞에서 일어나는 일에 주의를 계속 쏟고 있는 동안에도, 그 뒤에서 항상 진행하고 있다. 따라서 해석학의 과제는 우리의 '항상 그리고 이미 해석되어 있음'을, 앞쪽이나 표면으로 드러나도록 파내는 것이다. 삶에서의 문화적 존재에 대한 기본적 시각은 인간 사고의 해석적이고 의미구성적인 측면을 강조한다. 개인의 사고에 공적인 것을 부여해주고 문화의 삶의 방식, 사고방식, 혹은 감정을 풍요롭게 해주는 것은 개인의 의미 해석과 문화 사이의 상호작용이다.

삶의 존재론적 전환 _

하이데거의 존재론적인 삶

인간의 삶은 끝없이 걸어가는 나그네의 신세와 같다. 그 삶은 영원히 완성되지 않지만 매 순간 완성된 삶이기도 하다. 벌써 이루어졌지만 아직 이루어지지 아니한 그 사이에 자리한 것이 인간의 삶이다. 이러한 과정에서 인간은 자신에 대한 이해를 심화하고 자신을 실현하는 그 과정을 현재화한다. 따라서 현재 이곳에서 나를 형성할 수 있는 토대이자 과정이 문화이며, 이러한 현재적 경험은 존재론적 체험으로 가능한 것이기에 자기형성에 중요한 체험이 되는 것이다. 문화는 그 자체의 힘으로 인간의 정신적 삶의 측면을 깊이 계발한다. 특히 문화는 시간이라는 인간의 역사가 쌓아 올린 총체적 결과물인 동시에 인간의 자기이해와 자기형성의 과정이며, 그 과정에서 이룩된 의미의 총체이다.

인간은 자연환경에 끊임없이 개입하고 있는데 이것이 다름 아닌 문화이다. 문화는 존재론적 자기 이해와 자기 성취의 과정을 가능하게 하는 지평으로서 늘 존재의 참여와 개입을 기다리고 있다. 문제는 그렇게 존재하는 인간의 상황이 언제나 무언가를 이해하고 있으며, 이해를 위해서는 해석의 작업이 필요하다. 그것은 세계와 역사, 사회와 문화, 인간과 자연에 대한 스스로의 이해와 해석을 의미한다. 인간이 자연적 생명체라는 한계를 딛고 문화적 존재로 도약하게 된 결정적 사건은 단순한 지각의 수준을 넘어 대상을 이해하고 해석하며, 그것을 자신의 지성으로 체계화시키면서 부터다.

삶의 존재론적 전환

삶의 의미를 따지는 이해와 해석은 언제나 존재론적 터전 위에서 이루어진다. 삶의 의미는 인간이 자의적으로 결정하는 것이 아니라, 있다는 사실 그 자체로 이해할 수 있을 뿐이다. 그래서 하이데거를 참고한다면, 이해는 삶의 의미가 드러나도록 내맡기는 행위라고 할 수 있다. 이미 이해된 세계가 해석과정을 통해 그렇게 드러나게 된다. 인간을 존재론적으로 특징짓는 것은 존재이해이다. 그리고 그 이해는 이미 나의 존재를 전제한다. 그것은 인식론적으로 이해하는 것이 아니라, 존재의 관점에서 이해하는 사유 작업이면서 사물의 존재가능성을 일깨우는 과정이다. 하이데거가 존재와 존재자를 설명하며 고흐의 구두 그림을 예로 든 것은 존재와 존재자의 차이를 잘 보여주는 사례이다. 구두가 하나의 존재자라면, 그 구두의 존재는 무엇일까? 농촌 아낙네의 삶의 흔적, 이것이 바로 고흐의 구두 그림에 숨겨진 존재의 근원적인 모습이다. 눈에 보이는 것이 존재자라면 존재는 눈에 보이지 않지만 존재자를 규정하는 근원적인 지평이다.

하이데거가 말하는 '존재'는 존재자가 단순히 눈앞에 존재한다는 것을 넘어서는 특별한 의미를 갖고 있다. 그것은 '존재자의 고유한 존재'라고도 하는데 그 말은 인간이 마음대로 처분할 수 있는 수단이 아닌, 우리가 존중해야 할 독자적인 존재를 갖는다는 것을 뜻한다. 하이데거는 존재라는 말을 다른 말로 도저히 대체할 수 없을 수도 있다고 말한다. 예를 들어 하나의 꽃이든 한 알의 모래알이든 '그것이 거기에 있다'라고 우리는 말할 때가 그러하다. 우리가 '있다'를 다른 말로 대체할 수 없는 이유는 다른 말로 바꿨을 때 이해하기 어려워서가 아니라 그 '있다'라는 단어가 너무도 단순하게 언표되기 때문이다. 이런 경우에 우리는 함부로 할 수 없는 '존재자가 존재한다'라는 사실에 대해 새삼 경이로움을 느끼게 된다.[9]

인간은 근본적으로 사물들의 고유한 존재를 드러내면서 그러한 존재의 충만함을 느끼는 것에 의해서만 삶에 만족할 수 있다. 우리의 이해는

....

9 시적인 사유는 사물로 하여금 자신의 고유한 존재를 드러내도록 돕는 언어들의 세계이다. 그 점이 일본의 대표적인 하이쿠 시인인 마츠오 바쇼의 시에서 잘 드러난다.

> 가만히 살펴보니
> 냉이꽃 한 송이가 피어 있다.
> 울타리 옆에서!

흔히 우리는 울타리 옆에 피어 있는 냉이꽃 한 송이에 대해 어떤 호기심도 일어나지 않으며 심지어 나물거리로 여기기까지 한다. 그러나 바쇼는 경이라는 근본기분 속에서 단순 소박하게 존재하는 냉이를 어떤 사심도 없이 초연하게 그 자체로 본 것이다. 이 경우 우리의 관심을 끄는 것은 냉이가 갖는 특정 속성이나 조건이 아니라 갑자기 빛을 발하는 냉이의 고유한 존재 전체이다. 바쇼의 시는 존재론적 위상을 갖는다. 시는 존재 현현을 위한 탁월한 방식이다. 시는 언어로 표현함으로써 '존재 구성'에 참여한다. 박찬국(2018), 『삶은 왜 짐이 되었는가』, 21세기북스, 104.~06쪽 참고.

언제나 어떤 특수한 상황에서 일어나며, 언제나 기분이나 그 밖의 것을 동반한다. "기분이 아무튼 이러저러하다"에서처럼 모든 기분에서, 우리의 현존재는 우리에게 드러난다. 예컨대 경이로움과 같은 그런 기분은 사물들이 그 아래에서 자신을 보여주는 널리 스며 있는 색조를 뜻한다. 이것은 어떤 특징들이 전체의 존재 방식으로 전면적으로 드러나면서 우리에게 유의미한 것으로 나타나게 한다. 이러한 존재는 어떤 구체적인 의미가 결여된 공허하고 추상적인 존재가 아니라 오히려 우리가 규정할 수 없는 무한한 의미로 충만한 존재이다. 이러한 존재의 빛이 존재자들 안에서 드러날 때, 그 존재자들은 이제 우리가 단순히 보고 즐기는 대상이 아니라 오히려 무한한 깊이를 보이는 사물로 드러나게 된다.

삶에서 현재라는 지평은 나의 존재 가능성이며, 타자와 만나는 터전이며, 해석의 자리이다. 이해란 언제나 무엇을 무엇으로서 받아들이는 이해다. 이것이 하이데거 존재론의 해석학적 핵심이다. 하이데거는 자신의 사유를 언제나 '하나의 길'을 걸어가는 도정으로 여긴다. 여기서 길은 기존에 만들어져 있는 길이 아니라 길을 닦으면서 나아가야 한다. 그의 사유에 따르면 인간의 삶은 이미 정해진 길을 따라가는 것이 아니기에 인간은 짙은 어둠에 휩싸인 가장자리에 서서 삶의 의미에 대한 물음을 던지게 된다. 인간은 동물과 달리 미래를 생각할 수 있기에 탄생에서 죽음에 이르는 자신의 삶 전체에 대해 고뇌하면서 어떻게 살 것인지를 고민한다. 이러한 인간의 존재 양식에 주목한 하이데거는 자신의 기초존재론을 전개하면서 삶의 존재론적 전환을 주창한다.

존재론적 삶이란 존재 의미가 드러나는 인간이라는 존재의 현재를 말한다. 존재 의미는 무엇보다 인간의 존재론적 삶에서 드러난다. 하이데거는 의도적으로 존재 의미와 연결 지어 존재론적 삶을 사는 인간을 현존재라는 이름으로 불렀다. 하이데거에 따르면, 인간은 존재에 대해 질문을 할 수 있는 주도적 위치에 있는 현존재(Dasein)이다. 현존재란 용어는 '현(Da, 거기)', '존재(sein, 있음)'이다. 현존재라는 표현에서 '현'에 해당하는 독일어 'da'는 바로 우리 인간이 어떤 특정한 상황에서 다양한 유형의 존재에 대해 열려 있는 상태를 지칭하는 표현이다. 그것은 존재자의 개방성 혹은 개시(開示)성을 의미한다. 이 말은 전통적으로는 사물이 본질로서가 아니라 지금 여기에서 보듯이 실제로 그렇게 있는 사실 그대로를 가리키는 개념이다.

삶의 현사실성과 세계-내-존재

인간은 자연 속에 그대로 생존하는 것이 아니라 끊임없이 자연을 바꾸고 있다. 인간이 동물과 다른 것은 바로 이것이다. 그러므로 자연 상태의 미개인은 존재하지 않는다. 예를 들어 타잔과 로빈슨 크루소가 다른 것은 타잔은 세계를 전수받지 못했으므로 그에게 다른 세계는 없지만, 로빈슨 크루소는 그와 더불어 그의 세계가 함께했다. 그는 비록 아무도 없는 무인도에 떨어져 혼자 살지만 자신의 세계를 바탕으로 삼아 그 무인도를 자기의 세계로 만들어 나간다. 세계를 만들어갈 수 있다는 것이 바로 인간이 갖는 독특한 '있음'의 방식이다.

하이데거에 따르면, 인간의 '있음'의 시작은 그가 원해서 있게 된 것이 아니다. 우리가 이 세계 안에 있게 된 것은 '내던져져 있음'이다. 인간은 '내던져져 있음'에서 자기의 존재를 떠맡을 수 있는, 아니 떠맡아야 하는 존재다. 이 '내던져져 있음', '떠맡음'이라는 것을 철학적 용어로 말하면 '현사실성'이다. 이러한 현재적 사실과 그에 관계되는 총체적 상황을 하이데거는 '현사실성'이라 부른다.

하이데거의 현사실성은 그때마다 자신의 고유한 매 순간성에서 이행하는 존재론적 삶의 근본현실을 의미한다. 현사실성은 우리의 고유한 삶의 존재론적 성격에 대한 표현이다. 현존재는 각기 그때마다 현사실적 삶으로 존재하고 있는 한에서만 거기에 있는 것이다. '삶의 현사실성'은 매 순간 자신을 규정하는 것에서 시작되는 사유이다. 하이데거가 철학의 근본 주제로 삼은 '삶의 현사실성'은 살아가면서 매번 새로이 경험되어야 하는 현실, 아직 이성적이고 논리적인 것으로 파악되지 않은 비규정적인 것이다. 그것은 우리 일상에서부터 단순하게 유래하여 비반성적 방식으로 우리가 '알고' 있는 어떤 것이다. 예를 들면 우리가 하나의 의자가 무엇인지 혹은 망치가 무엇인지를 이해할 수 있는 것은 오직 그것이 일련의 문화적 실천 전체, 즉 우리가 그 속에서 성장하고 점차 친숙하게 된 그 전체에 들어맞기 때문이다. 이것은 실천적, 전반성적 세계 이해이다. 이러한 삶의 기반에서 현사실성은 해석된다. 해석이란 존재론적으로 살아가는 현존재가 수행하는 존재 이해의 한 양식이다. 현존재는 존재 의미가 드러나는 터전이기에 존재 의미를 밝히기 위해서는 우선 이러한 현재를 해명해야 한다.

사람들이 "삶"을 "존재"의 한 방식으로 여긴다면, 필연적이지 않고 단순히 주어진 채로 그렇게 존재하는 "현사실적 삶"은 존재에 적합하게 거기-있음이다. 이때 존재에 적합하게 현존재를 한다는 것은 결코 일차적으로 직관이나, 직관적인 규정대상으로서, 그에 대한 단순한 지식획득과 지식전달의 대상으로만은 아니다. 즉 어떤 특정한 입장을 표명하는 것이 아니다. "현사실적 삶"은 사람들이 혹은 개인들이 더 근원적으로 공유된 사태의 열림, 그 속에서 심지어 그들의 자기 파악과 가정들의 토대를 제공하는 모든 생각과 실천, 믿음 속에서 자신을 발견하는 그런 열림을 말한다.

하이데거에게 현사실성 또는 사실적 삶은 우리가 산다는 순수한 사실로서의 사실적인 것이 아니라 어떻게 우리가 살고 있는지라는 사실을, 즉 우리 일상생활의 실제적이고 뒤섞여 있고, 뒤범벅인 사태를 추상적 구성이 아니라 구체적인 경험으로 이해한다. '현사실성'이란 어떤 사건이 끝나버려 마무리된 상태가 아니라, 이 '내던져져 있음'을 떠맡음으로써 그 '내던져져 있음'을 바꾸어나간다는 의미가 함축되어 있다. 그런 점에서 인간은 세계-내-존재이다. 인간은 특정 세계에 내던져져 그 세계의 문법에 따라 살아가는 세계의존적 존재다. 현사실적 삶은 하나의 삶의 모습, 세계를 살아가는 방식으로서 '세계-내-존재'의 한 양태를 의미한다. 우리는 물이 유리잔에 있는 것처럼 세계 '안에' 있는 것이 아니라, 거기에서 살면서 거주하고 있다. 그리고 세계는 때로는 안온하고 따뜻하게 맞이해주는 장소로 기능하지만 때로는 어둡고 불길한 곳이기도 하다.

삶에 대한 해석학적 물음, 실존

인간은 언제나 각기 그때마다 특정한 현재에 자리한다. 그 현재는 지금이라는 시간과 여기라는 공간, 구체적이며 실제적인 현재이다. 그 현재 안에서 인간은 구체적인 사실로 살아간다. 이러한 현재화를 통해 인간을 문화적 존재로 형성해가려면 과거와 미래가 만나 교차하며 역동적으로 상호작용하는 해석학적 지평이 무엇보다 먼저 제시되어야 한다. 삶의 전체 지평에서 해석학적 성찰이 추동하는 존재론적 체험을 통해 부질없는 것처럼 보이는 것들을 일정한 의미 속에서 파악함으로써 그것은 인간의 삶에 지속성을 확보해준다. 따라서 전체를 지향하는 존재론적 문제설정은 자신이 선 자리가 어디인지 이해하고 해석하는 것에서부터 출발한다. 마치 배가 바다 위에 떠 있듯이 바다에 떠 있는 배를 이해하기 위해서는 바다라는 지평을 바라봐야 하는 것과 같다. 자신의 삶의 의미를 자각하려면 삶의 터전인 이 지평을 떠나 올바르게 이해되지 않는다. 배가 바다 위에 존재하듯이 모든 존재하는 것은 존재라는 지평에 있다.

문제는 그렇게 존재하는 인간의 상황이 언제나 무언가를 이해하고 있으며, 이해를 위해서는 해석의 작업이 필요하다는 데 있다. 이해와 이해를 위한 해석은 존재론적 삶의 본질적이며 벗어날 수 없는 특성이다. 인간이란 곧 이해와 해석의 존재이다. 그러기에 철학은 바로 이러한 현재하는 사실에 대한 해명, 즉 현사실성의 해석학인 것이다. 이러한 해석에서 생겨나와 개념적으로 해석된 것이 실존범주로서 특징지어진다. 실존은 현사실적 삶에 대한 해석학적 물음의 참여를 통해 제시된다.[10] 인간 개개인은 스스로에게 의미와 목적을 설정하는 존재이기 때문에 각자 자신의 존재를 각자만의 독특한 방식으로 떠맡아 이행해나간다. 그러한 방식으로 파악하는 일은 직접적이고 철저하게 세분화된 주제적 대상으로 현시될 수 없다. 실존은 인간에게 마치 사물존재처럼 완성품으로 주어지는 것이 아니라 선택하고 성취되어야 하는 것이다. 오직 각 개인에 의한 수행에서 비로소 얻어지는 것이며, 따라서 각각의 실존에 대해 그 본래성과 비본래성을 구분해 볼 수 있는 것이다.

대개 인간은 '그들'이 하라는 대로 따라 하며 살고 있다. 하이데거는 이를 '비본래적'이라고 말한다. 따라서 본래적이냐, 비본래적이냐 하는 것이 하이데거의 실존 개념에서 나오는 두 가지 존재함의 양태이다. 이 둘의 양태는 끊임없이 맞물려 있다. 즉 인간들은 '그들' 속에 있다가 다시 자기 자신에게로 가고, 다시 '그들' 속으로 가는 긴장감 속에서 살고 있다. 실존한다는 것이 곧 언제나 이미 하나의 세계 속에 존재해야 함을 뜻한다. 인간 실존이 필연적으로 '세계-내-존재'임을 통찰하게 된다면, 내부와 외부의 대립은 무의미하게 되어버린다. 인간 자신은 바깥 세계와 마주하고 있는

10 이때 해석학과 현사실성 사이의 관련은 대상 파악과 그것에 의해 파악된 대상과의 관련이 아니다. 오히려 해석함 자체는 현사실성의 존재성격의 가능적이며, 뛰어난 한 방식이다. 그것은 의미에 따라 하나의 현상을 규정된 방식으로 하나의 의미 방향에서 원리적으로 해석하고, 그 현상을 해석된 것으로 이해하는 것이다. 즉 근원적인 방식으로 삶 자체에서의 삶, 즉 삶에서 삶을 형성하는 해석이며, 삶이 자기 자신으로 가는 본래적인 접근 방식이다. 해석은 현사실적 삶 자체의 존재로부터 존재하는 것을 의미한다. 왜냐하면 해석학은 상황 속에 참여하고 있고, 거기에서부터 이해가 가능하기 때문이다. 형식적인 것을 넘어서는 해석학적 이해에서 "일반적인 것"이란 없다. 만일 그런 것이 있다고 할지라도, 자기를 이해하는 모든 해석학은 그와 같은 것으로부터 간격을 유지하며, 주의하여 각기 현사실적인 현존재로 돌아가려는 과제를 견지할 것이다. 마르틴 하이데거(2002) 지음, 이기상 김재철 옮김, 『존재론. 현사실성의 해석학』, 서광사, 36~44쪽 참고.

내적 영역에 닫혀 있지 않다. 그러나 인간들은 우선 대개 '그들[세상 사람들]' 속에서 자기 자신을 망각하고 '그들[세상 사람들]' 속에 매몰되어 살고 있다고 하이데거는 지적한다.

하이데거는 현재의 독특한 양태를 '빠져 있음'이라고 칭한다. '처해 있음'이 과거와 관련된 것이고 '존재할 수 있음'이 미래와 관련된 것이라면, '빠져 있음'은 현재와 관련된 것이다. 이 '빠져 있음'은 존재자들인 사물들에게 빠져 있음을 의미한다. 여기에는 스스로 선택하지 않고 '그들', 즉 '사람들'이 하는 대로 사는 것이 있다. 다시 말해 과거도 떠맡지 않고 자기 자신의 본래적인 존재가능을 미래로 던지지도 않으면서 '그들'이 살듯이 그저 그렇게 일상의 삶의 문법을 따르면서 거기에서 통용되는 인식의 틀을 가지고 사는 것이다. 그것이 일반적으로 삶을 살아가고 있는 사람들의 모습이다.

인간은 인간인 한 끊임없이 '존재할 수 있음'이다. 이것을 하이데거는 '이해'와 연결하는데, 이해는 인간의 미래와 관련된다. 이것을 하이데거는 '기획투사'라고 한다. 우리는 우리가 잘 '이해'하고 있는 것을 잘 할 수 있다. 이렇게 '이해'에는 '잘할 수 있음'이라는 가능성의 의미가 내포돼 있다. 잘 이해함에는 거기로부터 무언가를 만들어낼 수 있음'이 있다. 그것이 바로 '기획투사'다. 기획이라는 것에는 미래적 차원이 있다. 투사는 앞으로 던지는 것이다. 따라서 기획투사라고 하는 것은 무언가 가능성을 만들어서 그 가능성을 앞으로 던짐을 말한다. 그런데 인간은 많든 적든 앞에 놓여 있는 가능성 중에서 하나만을 선택할 수 있을 뿐이다.

따라서 이러한 나의 이해, 인간의 이해를 밝히는 것이 해석행위이며, 그

해석행위가 자리하는 곳이 존재론적 의미이다. 이러한 존재론적 의미를 진리라고 명칭한다. 진리는 아주 막연하고 불투명한 양상에서 주어지는 의미를 구체적인 의미로 바꾸어가는 해석행위를 통해서 경험된다. **인간이란 이렇게 있다는 사건, 너와 내가 있음의 의미를 이해하고 거기에 의미를 부여하는 존재다. 즉 인간은 존재이해를 통해 어떤 것과 관련을 맺고 있다.**

현존재의 존재 사유

인간이 인간답게 산다는 것은 사물이 자신의 고유한 존재를 드러내도록 돕는 것을 의미한다. 현존재의 그 특이한 존재방식은 인간 속에서 그리고 인간을 거쳐 살아간다. 인간 속의 현존재는 사물들의 고유한 존재가 자신을 드러내는 장이라고 할 수 있다. 그것은 현존재가 "피투"와 "기투" 실존적 긴장 가운데 거주하는 "존재의 증인"으로서 거기-있음이다. 그것은 사유되어야 할 어떤 사태를 있는 그대로 드러나도록 그것에 대해 직시하는 것이다. 존재는 인식되는 것이 아니라, 스스로 자신을 드러내고 사유를 확장하는 것이기 때문이다. 여기에서 사유는 사물들에 결정적인 존재를 주는 의미와 함축을 통해 사물에 접근할 수 있게 한다.

현존재의 '거기 있음'은 존재가 나타나는 그 자리라는 말이다. 현존재의 그곳에서 존재자의 존재는 사유를 통해 세계 전체에 열려 있다. 하이데거는 인간이 항상 어떤 맥락적 상황에 던져져 있음을 강조하고자 현존재라는 개념을 제시한다. 이제 비로소 인간 현존재는 다른 존재자 사이에 놓임으로써 존재론적 참여가 성립한다. 즉, "인간이 그 눈과 귀를 열고, 마음을 여는 곳이라면 어디든지, 인간은 성찰하고 애쓰고 건축하고 노동하며, 간청하고 감사하는 일에 자신을 넘겨주고, 그는 그러한 자신을 이미 탈은 폐로 데려온 모든 장소에서 발견한다." 즉 현존재는 존재에 대한 해석의 장소이다. 사실, 현존재는 이미 세계를 포함하는 것으로 제대로 이해되고 있다면, 현존재는 장소로서 먼저 경험되고 그런 다음 제대로 사고되어야 하는 것이다.

그런 현존재 없이는 어떤 세계도 존재할 수 없다. 세계가 현존재 자체의 특성이다. 현존재의 존재 사유는 사람들의 이데올로기적 열망에서 벗어나도록 삶을 존재론적으로 추동한다. 하이데거는 현존재를 "세계를 만들어 나가는" 주체로 규정하는데, 여기서 현존재가 세계를 만들어 나간다는 것은 "현존재가 세계라는 사건이 일어나도록 해준다"라는 것을 의미한다. 하이데거가 세계를 "주관적인 세계"라고 부르는 이유는 그것이 현존재의 존재론적 추동에 의해 구성된 세계이며 그러한 한에서 그것이 현존재와 분리될 수 없는 것이기 때문이다.

그런데 현존재의 존재론적 추동이 성취하는 세계는 공동 세계이다. 즉 세계는 늘 이미 다른 사람들과 공유하는 세계인 것이다. 그것은 공동존재 또는 더불어 존재를 의미한다. 즉 그것은 특히 조우하게 되는 현상들을 공유하는 개입과 관련하여 일종의 타자에 대한 관심의 가능성을 내비친다. 누군가와 "함께 존재함"은 무엇을 의미하는가? 이러한 관심은 타자의 위치를 바꾸어놓으려 하기보다는 존재를 향한 당사자의 실존적 잠재성을 예견하고 타자가 자신의 관심 안에서 거리낌 없어 하고 그것을 위해 자유롭도록 돕는다. 그러나 그것은 또 다른 주체 또는 타자적 자아와의 관계에 연관되지 않고, 오히려 "거기에서" 공동 배치 또는 "거기 있음"과 결부된다.

그렇기에 우리는 이미 '거기에' 있다. 그러나 주어진 과제는 어떻게 우리가 거기에 있는지를 밝혀내는 것이다. 이 '어떻게'가 우리의 현사실적 삶이라 불리며, 그것을 해명하는 작업이 해석학이다. 해석은 우리의 세계-내-존재의 무대를 정돈한다. 그것은 우리가 세계에 조율되는 방식을 조율한다. 해석은 세계가 어디에 있고 우리가 어떻게 거주하는지를 보여주는 하나의 세계-제작이다. 예컨대 바위가 단순히 거기에 있다면, 우리의 거기에-있음은 해석 가능성, 의문 가능성 속에서 흔들린다. 우리는 이미 거기에 있다. 그러나 주어진 과제는 어떻게 우리가 거기에 있는지를 밝혀내는 것이다.

하이데거의 현존재 개념은 욕망, 의지 또는 신중한 지향성에 일상적으로 초점을 맞추는 행위이론에 대해 문제를 제기한다. 즉 행위자가 최소한 부분적으로 목적물에 대한 도구적 추구의 명령에서 벗어나는 존재론적 참여로 이동하게 한다. 이러한 이동이 행위를 취소하거나 도덕적-정치적 책임을 면제해주는 것이 아니라, 합목적적 목표 달성의 제약을 넘어선 행위의 복잡한 선행 조건을 강조하고 있음을 의미한다.

현존재는 '여기'이면서 '저기'이기도 하고 항상 스스로에 앞서가면서 안과 밖, 주체와 객체의 이분법을 넘어선다. 그것은 현존재가 사물에게 수행하는 존재론적 참여라는 자리 잡음의 행위로 이해되며, 그것은 행위-내-

사유의 지위로 나아가게 한다. 현존재는 주체도 객체도 아니고 말하자면 그 둘 사이의 경계에 자리를 잡고 끼어드는 것과 같다. 그때마다 존재자는 상이한 폭으로, 또한 명료성의 상이한 단계에 따라, 또한 확실성의 상이한 정도에 따라 행위-내-사유를 함으로서 자기 자신에 즉해 즉 존재자로서 나타난다. 이로써 존재자 그 자체는 자기에 대해 자신을 표명할 수 있다.

행위-내-사유는 사물들을 하나의 세계로, 그리고 세계를 사물로 가져온다. 그러한 사유 행위는 명백하게 사유되지 않았으나 '사유되지 않은 것'의 흔적에 대한 관심으로 향한다. 이런 흔적들은 필연적으로 언제나 불완전하지만 주제화되지 않은 그들 시대의 이해를 언어로 가져온다. 에컨대 시적 사유의 존재론적 평면에서 우리는 항상 일어났던 판에 박힌 해석을 심문해야 하며, 그렇게 해서 우리 자신의 존재를 근본적으로 개혁해야 한다. 우리는 우리 존재의 해석을 문제 삼는 존재자, 우리의 존재를 의문시하는 존재자다. 그것은 삶의 행간을 읽는 능력을, 전제되어 있는 것, 명시적으로 이야기되지 않는 것을 찾아내는 어떤 능력을 요구한다. 그것은 까다로운 일이다. 왜냐하면 우리는 이미 거기에 있지만 우리의 깊은 존재는 시야에서 찾기 어려운 존재자이기 때문이다.

하이데거가 언급했듯이 존재는 언어를 통해 드러난다. 우리는 언어 바깥으로 나갈 수도 없다. 왜냐하면 인간은 언제나 언어와 그것이 개방하는 세계 속에서 자신을 발견하기 때문이다. 언어를 지니지 않음을 상상한다는 것은 상상할 아무것도 없는 것을 상상하는 것만큼이나 불가능하다. 언어가 인도하는 대로 자신을 변형하면서 자신에게로 되돌아가는 길 이외에는 언어로 향한 길은 없다. 그것은 언어가 열린 공간이나 그 속에서 우리가 자신을 발견하는 밝힘을 분절하는, 미묘하지만 강력한 방식에 민감하게 한다.

행위-내-사유가 언어 세계 내에서 사유하며 거주할 때 명백하지 않은 관계들에 빛을 던져줄 수 있으며, 따라서 그것은 필연적으로 현존재의 개시성에 따른 일종의 해석행위이다.[11] 해석의 사유 행위는 일종의 비강제적 주목함, 선입견 없이 주목함을 뜻한다. 그것은 우리가 이미 그 존재 방식을 알고 있기에 그래서 마치 우리 눈 아래 모든 각도에서 돌려 볼 수 있는 대상인 것처럼, 그것에 대한 더 명확한 개념을 얻으려 한다는 전제를 뜻하지 않는다. 그러한 태도에서 벗어난 사유가 필요하다. 해석행위는 누군가 자신의 언어에서 유한성을 느끼게 되는 장소이며, 비록 실패하더라도 사유되지 않은 것으로 향하는 문지방을 제공한다. 그것은 행위-내-사유의 참된 훈련이며 그 과정은 일련의 불완전한 기록이라는 사실은 놀라운 일이

----

11 현존재의 개시성을 빛에 비유한 것에 대해 이해를 돕는 시 한 편이 있다. 김춘수의 〈어둠〉이란 짧은 시는 다소 생소한 현존재의 공간성과 개시성을 시적 언어로 적절하게 표현하고 있다.

　　어둠

촛불을 켜면 면경의 유리알, 의롱의 나전, 어린 것들의 눈망울과 입 언저리. 이런 것들이 하나씩 살아난다. 차차 촉심이 서고 불이 제자리를 정하게 되면, 불빛은 방 안에 그득히 원을 그리며 윤곽을 선명히 한다. 그러나 아직도 이 윤곽 안에 들어오지 않는 것이 있다. 들여다보면 한바다의 수심과 같다. 고요하다. 너무 고요할 따름이다.

이 시에서는 빛으로 비유되는 현존재의 개시성이 뜻하는 바 촛불이 열어놓은 밝은 공간에서 존재의미의 세계가 열린다고 할 수 있다. 현존재는 자신에게 열린 가능성을 가능성으로서 포착한다. 강신주 지음(2010), 『철학적 시읽기의 즐거움』, 동녘, 218~232쪽 참고.

아닐 것이다.

문화의 존재 방식, 세계-내-존재

'세계'는 하이데거의 사유를 구성하는 주요 용어이다. 그것은 결코 특정한 실체를 뜻하지 않는다. 차라리 전제되고 등한시하지만 우리 주위의 모든 존재자가 그 속에서 자신을 보여주는, 즉 우리에게 존재하는 낯익음의 공간이자 인식의 공간이다. 다르게 말하면 공간은 인간과 무관하게 그냥 존재하지 않는다. 우리는 세계에 거주한다. 오히려 세계는 자체 특유의 공간성 양식을 지닌다.[12]

우리가 사는 삶은 공간적이며 경제와 정치, 사회와 역사, 지리 등등의 측면에서 서로 얽혀서 성립한다. 어떤 일정한 공간 속에서 사는 것이 물질적 존재로서 우리의 운명이라고 한다면, 세계-내-존재의 본성에 따라 공간의 의미를 묻는 일은 우리의 처지를 돌아보는 데 필수적이다. 하이데거에게 공간은 현존재가 세계에서 사물과의 지난하고 치열한 과정을 통해 조

---

12 공간은 그 속에서 펼치는 삶과 관련이 있다. 공간은 '살아 있다'는 의미를 가진 활동과 관련해서만 존재한다. 공간은 결코 주체에서 분리된 대상이 아니다. 인간이 공간 속에 존재하는 방식은 어느 사물이 그릇 속에 존재하는 것처럼 그를 둘러싼 세계 공간에 대한 규정이 아니라, 주체로서의 인간과 관련된 지향적 공간의 규정이다. 인간의 삶을 파악하고자 한다면 바로 이 의식의 지향성이 역동적으로 작동할 수 있다는 점을 놓쳐서는 안 된다. 인간은 사물들 중의 하나가 아니라 주변 세계와 관계를 맺는 주체이며 그런 의미에서 인간은 지향성이라는 특징으로 설명해야 한다. 후설의 의식 개념에서 흥미로운 것은 의식 존재의 핵심 자체에서 세계와 관계를 맺는다는 점이다. 지향성은 통일된 형태의 체험이 성립함과 동시에 의식이 세계와 관계를 맺는 방식이다.

우한 의미 생성의 행위가 실현되는 곳이다. 공간의 의미를 묻는 작업은 이미 저편 어디에 자리하고 있는, 또는 우리를 필연적으로 감싸고 있는, 어떤 객관적 실체를 찾아 나서는 일이라기보다는, 그 찾아 나서는 일에 대해 계속 질문을 던지는 일에 훨씬 더 크게 관련된다. 그러기에 공간이 어떻게 구성되어 있느냐를 묻는 것이 아니라, 공간이 왜 그렇게 구성되어 있느냐, 더 나아가 어떻게 구성해나갈 수 있는가를 물을 수밖에 없으며, 이 작업은 사회적인 관계와 실천의 영역으로 나아간다.

세계-내-존재는 사람이 물리적 세계 안에 공간적으로 포함되어 있음을 뜻하는 것이라기보다는 세계라는 지평 위에 철저하게 제한되어 있어서 그 세계로부터 독립된 하나의 주체일 수 없는 인간, 근원적으로 세계 안에 내던져져 있는 인간의 현재 처지 그 상태를 나타내주는 의미이다. 즉 인간은 지평을 갖게 되며 어떤 대상을 항상 '그 무엇'으로 이해한다. 사람마다 삶을 경험하고 그 삶을 대하는 자세가 다르다. 그것이 세계-내-존재의 인간다운 존재 방식이다. 세계-내-존재답게 자신의 존재와 삶을 해석하고 이해하려는 모든 행동은 인간의 특권이자 숙명이기도 하다. 자연과 우주의 역사는 이런 인간 없이는 단순히 이곳에 놓여 있는, 현전하는 사물에 지나지 않게 된다. 우주와 자연, 세계와 역사, 인간과 더불어 모든 생명체가 나아갈 방향을 제시하기 때문에 인간은 존재론적으로 탁월하다.

존재론적 삶의 문화

세계를 문화의 터전으로 만드는 작업은 우리가 문화에 부여하는 의미와 그를 구현하는 행위에 따라 가능해진다. 문화란 의미의 그물망이며 인간이 자신을 성취해가는 과정으로 이해되는 현상이다. 그것은 문화에 의한 인간이해를 의미한다. 문화는 궁극적으로 자기이해와 자기규정, 내일을 향해가는 자기실현이 담긴 근원적 터전이다. 그러기에 세계와 자연, 역사와 사회는 문화를 통한 인간의 자기이해와 자기실현의 과정에 따라 형성되면, 나아가 그렇게 해석된다.

문화는 문화재와 같은 단편적인 결과물이나 작업의 결정체가 아니라 인간이 자신을 이해하고, 그러한 이해의 원리와 지평에 따라 자신을 만들어가는 과정에서 생겨나는 현상으로 이해할 수 있다. 결국 문화란 무엇인가? 삶이 문화의 주체와 그 대상을 모두 이룬다는 이중적인 의미에서, 모든 문화는 삶의 문화다. '문화'는 다른 아무것도 가리키지 않는다. '문화'는 삶의 자기 변화(autotransformation)를 가리킨다. 그런데 삶이 스스로 자기 변화하고 자기 성취하는 쉼 없는 움직임이라면, 삶은 문화 자체다.

인간을 문화적 존재로 설정하는 것은 인간에 대한 질문이 존재론적 차원에서 이루어진 것이다. 문화에는 인간 존재의 자기실현, 그 존재성이 담겨 있다. 그것은 개별적인 것들, 사람, 역사, 텍스트, 건축물, 기획들이 하나의 공유된 지평, 즉 지시, 목적, 함축 들의 공통 지평 속에, 그 속에서 함께 응집하는 근본적인 이해인 것이다. 그러한 이해는 명백하게 사유되지는 않아도, 존재는 모든 개별적인 존재자들을 서로의 관계 속에 함께 놓는 근원적 '모음'[13]의 과정으로서 경험된다.

모은다는 것은 존재가 모으는 주체로서 작용한다는 것이 아니라 모든 존재자 각자가 유기적인 연관관계를 가진다는 것이다. 존재는 모든 존재자들을 그렇게 유지하게 하는 가능터전으로서의 전체성이다. 그 전체성은 오히려 카오스이며 존재자로서 드러나지 못하는 총체적인 가능적 힘이다. 존재는 어떤 존재자도 아니기 때문에 존재자 전체의 부정인 무이다. 존재는 존재자들의 생성 근거로서가 아니라 의미근거로서 우선한다. 그런 방식으로 인간 존재자의 '존재'에 충실하자는 의도에서 인간학적 평면이 아니라 존재론적 평면 위에서 수행되어야 한다. 이 같은 존재론적 접근은 세계-내-존재라는 개념에 의해 해명된다.

우리가 주목할 것은 삶 속에 놓인 관계들을 현실에 비추어 사고하는 것이다. 주어진 상황을 살 수 있는 상황으로 만들 때 비로소 현재의 존재 의미는 확보될 수 있다. 그렇지 않을 경우 의미 부여는 사변적인 것이 된다. 그러므로 존재 의미를 추구하는 행위는 초월을 향한 운동이라 부를 수 있다. 인간은 자신의 생물학적 한계, 시간적 유한성의 한계를 넘어서는 존재론적 초월의 의미를 가지고 있다. 순전히 경험적 테두리에서만 말한다

....

13 모음은 하나의 행위 자체로서 의미 있는 어떤 것이 아니다. 다시 말해서, 사람들은 단순히 무더기를 만들려고 과일이나 밀을 모으지 않는다. 빵과 포도주를 만들고 비축하고 사용하고 경축하는 것은 문화 전체의 실존에서 중심적인 것이다. 한마디로 '모음'은 세계를 전일적(holistic)으로 파악하는 것이다. '모음'은 사물들이 '함께 가기'로서 등장하는 방식이다. 그러한 '모음'은 연역이나 분석의 방법화된 연쇄가 아니라, 개념, 표상 또는 추상적인 단어-의미들의 형성 이전에, 사물들의 질서의 더 근원적이고 전일적인 의미이다. 하나의 세계를 제시하는 '모음'은 모든 이해에 전제되는 비은폐성 영역의 독해 가능한 흔적을 찾아내려고 하는 것이다. 그것은 '포착', '확보', '확실하게 함', '지배함'의 문제가 아니라, '따르기', '경청하기', '암시하기', '인도되기'가 문제다. 그렇게 하여 개방적이며 비-전유적으로, 분석적 입장이 전제하지만 인식하지 못하는 전일적 '세계'에 길을 내준다. 티머시 클라크 지음(2012), 김동규 옮김, 『마르틴 하이데거 너무나 근본적인』, 엘피, 148~155쪽 참고.

면 초월은 주어진 삶의 부분성이나 범속성을 전체적이고 고양된 삶의 이념으로 극복하는 경우를 말한다. 그것은 하나의 세계가 무엇으로 사유되어야 할 것인가에 대한 제시인 것이다. 세계-내-존재는 세계 개념을 대상들의 변형에 앞서 일어나는 자기의식을 정초하는 문제로 들어가는 해석의 진입점으로 삼는다. 그것은 자아의 탈중심화에 영향을 미쳐 고정된 자아 정체성과 유연한 사회순응주의의 양자와 일관되지 않는 자아성의 차원을 열어놓는다. 이것은 인간의 본래적 모습 가운데 하나가 분명하다.

예컨대 꽃을 흩트리는 바람에서 기쁨이나 슬픔을 느끼는 우리 자신을 발견하는 것과 같이, 가뭄이 심할 때 나무에 내리쬐는 햇빛에서 마음이 타들어가는 우리 자신을 본다. 즉 우리는 바람, 햇빛, 비, 눈 등과의 연관 체험 속에서 우리 자신을, 관계로서 우리 자신을 발견한다. 그것은 '살아 있는 현재' 내에 우리 자신이 존재하는 방식이다. 우리는 이러한 체험 속에서 '주관'에 눈을 돌리지 않는다. 자기이해는 '주관'으로서의 '나'를 이해하는 것이 아니다. 오히려 도대체 '존재한다는 것 자체의 의미가 무엇인가'라는 물음을 던지게 된다.

뉴멕시코주의 북서부에 거주하는 인디언, 즉 나바호족과 주니족의 세계관은 공통점이 많다. 두 부족에게 신성한 권능은 인간과 동물, 장소와 신비로운 존재에 두루 어려 있다. 일부는 다른 것보다 더 많이 할당받지만 말이다. 모든 힘이 함께 작용하면 조화가 뒤따른다. 나바호족과 주니족은 조화를 유지하고 이지러진 조화를 복원하려는 의식을 행한다.[14] 여기서 다음과 같은 설명이 가능하다. 인디언 부족이 체험하는 신성한 권능의 세계가 보여주듯이 "세계 안에 있다"라는 것은 인간이 이미 자기 바깥에, 자기를 떠나 세계와의 연관성 속에 있음을 의미한다. 다시 말해 인디언은 '밖으로 나옴'으로써 자기 자신과 마주한다. 그래서 가장 근원적으로 '밖에 있는' 것은 동물과 같은 대상이 아니라 자기 자신이다. '밖으로 나온' 것은 자기 자신이 지닌 구조의 근본적 규정이다. 이것을 하이데거는 '밖으로 열려 있음' 또는 '개방성'이라고 표현한다. '바깥에 섬'으로서의 인간, 존재에 대해 열려 있는 존재(개방성)로서의 인간은 존재의 진리로 이르는 하나의 우회로에 불과하다.

마침내 존재의 사유라는 독자적인 길이 열리게 된다. 존재론은 존재하는 것의 존재에 관한 논의로 '존재'란 개념은 사물들이 사물로서 나타나고 의미를 얻을 수 있는 가장 보편적인 지평이다. 존재물음을 통해서 존재한다는 것의 의미가 무엇인지 제대로 해명되어야만 온 세상의 모든 것들

---

14 나바호족과 주니족은 사회의 조직화와 경제 형태가 다르다. 이런 차이는 종교와 환경을 대하는 태도에도 일부 반영되어 있다. 주니족에게는 밀집한 취락 형태에 어울리고 자족적인 문화와 동일시되는 강력한 중심성('중간계')이 있다. 나바호족은 듬성듬성 떨어져 있는 호간에 살고, 사회 조직은 대체로 느슨하게 형성돼 있으며 이에 부합하여 세계관의 짜임새도 느슨하다. 하나의 '중간계'는 없으며, 호간은 저마다 의식이 거행되는 일종의 중심지다. 나바호족에게 공간은 조금 규정하기 어려운 듯하다. 그들은 자기네 땅의 경계 지역, 즉 신성한 네 개 산으로 에워싸인 곳을 신성불가침의 장소로 여기는 정서가 강하다. 두 부족은 태양 주권을 인정하고 색채상징주의를 공유하며 '4'를 성스러운 숫자로 포용한다. 하지만 은총이 이어지도록 보장해주고 의례의 생명력이 지속되도록 시기를 구분하는 달력 같은 연속적 지시 체계는 갖고 있지 않다. 두 부족은 '미', '추'를 다르게 해석한다. 주니족에게 '미'는 노동의 결실인 풍족함과 번영을 의미한다. 나바호족에게는 녹색의 환영, 즉 생명을 지탱하는 여름날의 경관이다. 주니족에게 '추'는 살림살이 자체의 어려움과 악의어린 인간성을 뜻한다. 반면에 나바호족은 자연스러운 질서의 갑작스러운 혼란이라고 보는 편이다. 그것이 고난, 가뭄으로 마른 대지, 질병, 사고, 이방인에 대한 기억을 일깨우기 때문이다. 경관의 상징은 개인 관계와 사회적 관계를 더 의식하는 주니족보다는 나바호족의 정신 속에서 자주 나타나는 것 같다. 이-푸 투안 지음 (2011), 이옥진 옮김, 『토포필리아』, 에코리브르, 113-114쪽 참고.

을 제대로 설명할 수 있는 토대가 놓이게 된다. 하이데거는 한 걸음 물러나 존재를 마음속에 간직하고 자각하는 존재론적 사유—존재 자체를 사유하는 것, 존재의 감춤과 드러냄을 생각하는 것—를 제안한다. **엄밀하게 말해 그러한 존재물음은 사유하는 것이 아니라 사유되는 것이다.**

세계-내-존재의 마음 씀

세계 속에서 인간은 감성적 삶을 살면서 지식을 습득하고 연관성을 인식하기 위해 노력한다. 그러나 인간은 누구나 세상을 보는 자신만의 관점에 갇혀 있다. 중산간 마을에서 유채 농사를 짓는 농부의 예를 들어보자. 농부는 유채꽃을 피우기까지 강수량이 불안정한 기후 조건에 맞서야 한다. 한 해도 풍년을 장담하지 못한다. 가뭄은 농부가 어찌해 볼 수 없는 일이지만, 농부는 자신이 운명의 주인이라고 느껴야 한다. 농부의 개인적인 성향이 어떻게 귀결될지는 자명하다. 도박 욕과 더불어 작황이 망쳤다는 정도의 허풍거리밖에 없을 때조차 자랑하고 싶은 욕심이 생긴다. 더불어 자연의 결함을 대하면 수맥 탐지나 입증할 수 없는 갖가지 기우 대책 따위를 성급하게 믿어버리기도 한다. 그러나 인간은 이러한 제한 자체를 인식할 수 있다. 그것은 지속적으로 따라붙는 체험이기 때문이다. 다시 말하자면 자신의 위상이 변하거나 시간이 흘러가면서 기존의 인지 내용에 새로운 체험이 덧붙여지기 때문이다.

삶은 모두를 포괄할 때 비로소 삶이 된다. 사람이 살고 있는 이 생활세계는 잡다한 사실들을 포함하면서 동시에 하나의 전체성[15]을 구성한다.

전체를 포용할 수 있는 삶이 정상이며 심지어 그것이 아름답기까지 하다. 삶의 전체성에 대한 이해가 지속적으로 결여된다면, 다양성과 이질성이 확장되는 21세기 민주사회와 포스트모던의 사회에서 이들 모두를 포용할 수 없는 우리 인간의 운명은 좀 더 거칠어질 것이 분명하다.

문학은 이 전체성의 지평에 대해 교체와 중복을 가시적으로 형태화하며 개별 인간들이 자신의 세계를 어떻게 지각하는지 알게 된다. 사실주의 소설은 한 문화의 초상을 정확히 그려내기보다는 그 안에서 거주하는 사람들의 특성을 집중 조명한다. 소설 속의 세계는 인간존재가 자신을 객체화하는 계기이지만, 그 세계 안에서 인간을 또한 자기 자신을 이해한다. 소설을 읽고 자기를 발견한다는 것은 바로 이를 말하는 것이다. 이것은 자기의 삶을 살려는 심리적인 요청으로써 설명될 수 있다. 또는 사람이 주체적이고 자율적인 개인으로 자신을 확립하고자 하는 불가피한 욕구의 철학적 표현이라고 할 수도 있다. 이처럼 세계-내-존재가 바로 각자의 존재방식이다.

그렇다면 각자의 삶은 어떤 장(場)을 그 준거점으로 해서 전개되어야 하

---

15 그리스인들이 가지고 있던 세계에 대한 '코스모스(kosmos)'라는 개념은 '질서 잡힌 전체'라는 의미이다. 어느 과학자는 "인간이 있기 전에 코스모스는 없었다"라고 말한다. 이는 인간이 있기 전에 우주는 다만 먼짓덩어리에 불과할 뿐이었으며 인간이 있음으로 비로소 그 우주에 질서가 부여되었음을 의미하는 것이다. 즉 인간이 있음으로 해서 우주는 질서 잡힌 것으로 깨달아지게 되는 것이다. 따라서 '코스모스'라는 말 자체에는 이미 인간과의 대응관계가 함축해 있다. 전체는 현실적으로 분명히 나타날 수도 있지만, 아직 가상의 세계로 남아 있을 수도 있다. 그러나 분명한 것은 우리가 인식하든 아니든 반드시 전체로부터 삶이 시작된다는 사실이다. 따라서 우리의 사고도 이러한 전체로부터 시작되어야 한다. 졸저, 『전체 안의 전체 사고 속의 사고』, 242~247쪽 참고.

는가? '세계-내-존재'의 한 구성 계기 "내-존재"는 "책상이 방에 있다", "방이 집 속에 있다" 등의 경우처럼 물리적인 공간적 의미가 아니라, '…에 살다', '거주하다', '머무르다' 등을 의미한다. 그것은 이미 세계를 만나고 보살피고 배려하는 일체의 활동을 포함한다. 즉 세계-내-존재의 본질은 '마음 씀(sorge)'이다.[16] 인간은 과거와 미래 그리고 현재에 마음을 쓰며 살고 있다. 어떤 사물에, 일에, 사람에 넋을 잃고 사는 모습이 인간 본연의 모습이다.

인간의 마음은 처음부터 세계-내-존재, 즉 이미 세계에 던져져 있고 세계를 향해 있다. 오히려 구체적이고, 상황적이고 비지성적인 세계를 향하고 있기 때문에 자기와 세계의 관계를 수립하는 것은 인지가 아니다. 그래서 우리는 종종, 더욱이 일상적으로 우리가 무엇을 하고 있는지 (걷고, 대화하고 어떤 도구를 사용하고)에 대한 특별하게 집중된 의식 없이도 행위하거나 말한다. 우리가 서로 아침 인사를 나누며 상쾌한 기분을 직접적으로 표현한다는 점이 이를 잘 보여준다. 우리는 타인의 심적 상태에 눈을 돌리는 것과 같은 절차 없이 직접적으로 서로 "날씨가 좋지요?", "햇빛이 좋아요" 등의 인사를 한다. 우리는 어느 날 아침에 '기분이 상쾌한' 자신을 발견한 것

---

16 마음은 이미 그 시작부터 세계에 나가 있다. 마음은 고정된 실체로 잡을 수 있는 것이 아니라, 유동적인 물처럼 부단히 움직이는 것이다. 마음은 이미 밖으로 나가 있다. 세계에 던져진 순간부터 마음은 세계에 빠져, 호기심어린 눈으로 넋을 잃고 바라보고 있다. 마음을 쓴다는 것은 마음을 쓰는 대상으로 자기 존재를 채운다는 것과 다른 것이 아니다. 이렇듯 마음은 존재를 수용하는 시공간이다. 마음 자체가 시간성의 구조로 짜여 있다. 결국 인간은 시간을 의식하고 실천하는 시간적 존재이다. 즉 마음이 어떤 실체적으로 고정된 것이 아니기 때문에 우리는 마음을 쏟아 부어 낼 뿐만 아니라 비어 있는 자유롭고 허한 마음이 인간의 본질이다. 김동규 지음(2013), 『철학의 모비딕』, 문학동네, 53~58쪽 참고.

이다. 이는 결국 우리 자신이 상쾌함으로 존재한다는 의미이다. 대기 온도와 습도의 특정한 상태에 대한 인지는 우리의 일차적인 세계–내–존재의 이차적인 변양이며, 오히려 공기의 상쾌함과 우리 자신의 상쾌함은 서로의 내부에 애매하게 이중적으로 섞여 있다. 그야말로 상쾌한 공기와 상쾌한 나는 모호하고 애매한 관계 속에 있다. 그것은 우리가 이미 세계 속에 있기 때문에 오로지 가능하고 달성 가능한 것이다.

세계–내–존재로서의 실존성은 '마음 쓰는 존재'로서 사물과의 관계 맺음 속에서 이해하는 특성을 지닌다. 인간은 살아 있는 존재이기에 마음을 쓸 수밖에 없는 존재이며 자신의 존재적 상황을 돌아보고 이를 진지하게 받아들이게 된다. 그러기에 인간은 일상의 진부함과 따분함에 잠겨 있을 수가 없다. 하이데거는 우리 시대의 일상적이고 당연시되는 사물들 각각에 대한 이해를 새삼 고찰하고자 한다. 일상에 빠져 있을 수 없는 인간, 그 지겨움을 벗어나려는 인간은 무의미함과 싸우는 가운데 그가 만나는 존재자와 세계에 어떻게든 의미를 부여하게 된다.

ˉ 언어와 정치적 삶 ˍ

한나 아렌트의 정치적 삶

국민소득이나 국민총생산이 높다고 해서 실제로 그 국가의 사람들이 어떻게 살고 있으며 그들의 삶의 질은 어떤지를 알아낼 수 있는 것은 아니다. 또한 건강, 교육, 육체적 온전함 같은 인간 삶의 다양한 측면들을 고려해 볼 경우, 이 중 어느 하나의 요소가 잘 충족되는 사회라 해서 다른 인간 삶의 영역이 저하되어 있다면, 그런 사회의 구성원은 결코 행복한 삶을 산다고 볼 수 없다. 우리가 익히 아는 대로 모든 사회가 사람들을 자유롭고 행복하게 해주는 것은 아니다. 그런데도 행복에 대한 사람들의 관심은 예나 지금이나 매우 크게 다가온다.

더욱이 행복의 경험은 항구적인 것이 아니라 어떤 순간이나 한때의 사실과 관련되기도 한다. 우리는 행복의 대상을 단순히 어디에서나 발견하는 것은 아니다. 복권에 당첨되면 행복해지는 것은 당연하다. 심각한 병에 걸리면 절망에 빠지지 않겠는가? 물론 그렇다. 사람들 각자가 하고 있는 일과 살아가는 방식이 다 다르고 개별적이므로 행복의 경험들은 사적인 사안이라고 할 수 있지만 그럼에도 불구하고 내가 너나 그들과 함께 나눌 수 있다는 것에 주목할 필요가 있다.

공적 행복의 정치적 경험

모든 나라의 결혼식은 신랑 신부를 그날의 주인공으로 만든다는 점에서 별반 다르지 않다. 아마도 거미줄처럼 얽힌 사회 속 자신들의 자리로 돌아가기 전 신랑과 신부는 생애 처음으로 모든 사람의 주목을 이끄는 영광의 주인공이 되는 순간을 경험한다. 아마도 그렇기에 사람들은 자신의 결혼식 날이 '내 생애 가장 아름다운 날'이라 주저 없이 말하게 된다. 우리는 '그냥 한데 어울릴 수 있다'라는 희망에서 시작할 수 있다. 인간이 상호 교류하면서 형성되는, '순전한 함께함(sheer togetherness)', 즉 사람들이 서로 "함께(with)" 있음이 행복의 전제조건이다. 어떤 경우에도 행복은 상호인정의 테두리 안에서 존재할 수 있기 때문이다. 그리고 그것은 인간성 본유의 욕구인 '공적 행복(public happiness)'의 추구에 대응한다.

아렌트가 말했듯이 공적 행복은 공적 영역에서 정치적 행동을 통해 얻게 되는 행복을 의미한다. 행복은 공적 참여와 행위를 가능하게 하는 근본 원인으로 작용한다. 공적 행복은 성별의 차이, 나이의 차이, 학력의 차이, 부의 차이 등에 상관없이 누군가가 모여 있는 공적 장소이면 어디서든지 자신의 말을 자유롭게 발언할 수 있고, 자신의 발언이 경청되고 인정받는 공적 공간에서 성취된다. 공적 행복은 차이를 극복하고자 하는 열정으로부터 나온다. 또한 차이에 대한 열정은 타자가 존재해야 하며, 타자를 인정함으로써 가능하다. 즉 개인은 결코 단독으로 존재할 수 없으며, 항상 다른 사람과 함께 있는 개인임을 강조한다.

공공적 삶을 통해서 자신만의 삶을 성취하지 못한 인간은 가장 야만적이고, 각종 욕망에 가장 충실한 동물이 되고 만다. 우리는 사람들이 자아의 통치 역량을 어떻게 형성하는지를 심문할 필요가 있다. 그렇게 할 때, 우리는 어떻게 사람들이 보다 민주적으로 생산되는지, 또는 모종의 다른 형태로 구성되는지 이해할 수 있을 것이다. 사람들이 삶의 질을 주재화하는 공론장을 갖지 못하거나 그런 공론장을 상실하는 것은 곧 인간의 삶에서 멀어진다는 것을 의미한다. 인간이란 존재는 서로 다른 가치를 추구하면서도 그것을 이야기하고 나눌 때 비로소 인간답게 살 수 있다.

사람들은 주로 노동에서 벗어난 밤이나 주말을 이용하여 자기 방의 벽을 꾸미는 일이나 정원을 가꾸는 일, 스포츠나 공예, 음악 또는 동아리 활동 등을 한다. 길지 않은 시간에 금전적으로 아무런 이득도 없이 스스로 좋아서 하는 이런 활동들에도 에너지와 창의력은 끝없이 들어간다. 안타깝게도 노동은 현대사회에서는 주로 고통의 시간이자 소외로 간주하여, 전체적으로 부정적인 관념들과 연결된다. 노동의 기쁨도 전혀 느끼지 못한 채 남이 시키는 대로 일할 수밖에 없는 사람은 다른 어디서라도 창의성을 발산해야 한다. 창조적인 일을 하는 사람들은 지속적으로 창의성을 펼치지 못한다면 커다란 심리적 압박감에 짓눌린다.

창조적인 일을 하는 사람들에게 창조성은 잘 처방된 자유의 장소이자 자신의 생각을 실현하는 장소이며, 그 자체로 인생이며 삶의 방식이다. 우리가 아무리 협동 정신을 추켜세운다고 하더라도 창조는 고독한 작업이다. 바로 그렇게 고독한 것이기에 공동체라는 틀이 꼭 필요하며, 그렇지 않을 경우 그 고독감은 결국 고립이 되고 만다. 다수에 속하지 못한 소수자 존재 이전에 고독이란, 정체성을 둘러싼 승인의 문제와 같은 만큼 혹은 그것 이상으로 뿌리가 깊은 문제인 것으로 생각된다.

타인과 다른 나의 삶의 방식이 동등한 가치를 가진 것으로서 존중과 승인을 받지 못하는 것에 대한 분노나 슬픔보다도 더욱 통절한 것은 없다. 고독한 삶이 제기하고 있는 것은 정체성에 대한 승인보다는 존재에 대한 긍정이다. 행복은 우리가 항상 그 자체를 위해 선택하는 것이다. 단지 하나의 목적이 아니라 궁극적 목적, 즉 모든 목적의 목적이기에 항상 그 자체로 좋은 삶이다. 가령, "난 네가 이런 사람이 되거나, 혹은 저런 일을 하는 것을 바라지 않아. 단지 네가 행복할 수 있는 '무엇이든' 되거나 하기를 바란다"라고 말한다. 이런 기대와 염원은 미래의 결정 내용이 어떻든 상관치 않는, 어떤 무심한 자유를 주는 것처럼 보인다. 행복의 약속은 이와 같은 형식을 띤다. 이것은 적극적 의미의 자유로서 가장 핵심적인 원리가 자기결정이다. 소극적 의미의 자유가 개인에 대한 외부적 장애나 간섭이 없는 상태를 규정하는 것이라면 이 자결의 원리는 다른 어떤 목적들과 상관없이 "누가 내 자신의 주인인가?"라는 물음 그 자체로 가치 있는 것이라 간주된다.

현-존재의 정치적 삶

인간은 태어난 것만으로 훌륭하다고 할 수 없다. 그런데 우리는 '생산'과 '효율성'과 '경쟁'과 '이익' 같은 가치들이 중심에 선 사회에서 살고 있다. 그러다보니 냉혹한 생존경쟁의 시대를 살아남아야 하는 사람들, 어떤 대가를 치르고서라도 지금 누리고 있는 물질적 풍요를 지켜내고 확대시켜야 하거나 아니면 비극적이라고 체험하는 가난을 어떻게든 벗어나고자 하는 사람들이 대부분이다. 그럼에도 불구하고 우리는 생존 그 자체만 원하는 것이 아니다. 자유로운 인격은 주어지는 것이 아니라 스스로 참여해서 획득하는 것이다. 이런 인격은 스스로 이성적 방향성을 세우고, 자기 통치적인 주체로 자신을 변형시키는 창조적인 실천이라는 함의를 갖는다. 따라서 윤리적 행위 그 자체는 정치적인 행위의 필수적인 구성요소가 된다.

현대사회에서는 '온전한 인간적 삶'에 필수적인 자유로운 정치행위의 실현이 불가능하다. 그뿐만 아니라, 사람들이 복수적이고 개방적인 공적 세계의 참여를 통해서만 획득되고 개발될 수 있는 상식과 판단 능력을 상실해버림으로써 언제라도 다른 형태의 억압—유연한 전체주의나 권위주의—을 초래할 수 있게 되었다. 정치는 이성적이지도 중립적이지도 않다. 그리고 당파적인데다 한 나라 안의 권력 쟁취에만 관심이 있다. 그로 인해 내가 아닌 힘에 의해 결정되어 그 힘의 노예로 전락하고 만다.

하이데거의 제자였던 아렌트는 이런 위기의식을 느끼고는 건전한 판단 능력과 자유로운 행위능력을 고무하고 실현하게 해줄 수 있는 새로운 정치적 장소를 복구하거나 재구축할 필요성을 주장한다. 하이데거는 역시 이러한 문제 인식을 고민하고 자신의 현존재 개념을 제시하면서 그리스인들의 삶의 공동체인 폴리스에서 실마리를 찾는다. 당시 그리스인들에게 폴리스는 가장 뛰어나고도 고상한 인간 삶의 장소로 여겨졌다.

"사람들은 폴리스를 국가나 도시국가로 번역한다. 이 번역은 그 말이 지녔던 충만한 의미를 건드리지 못하고 있다. 폴리스는 오히려 역사적 존재자로서 현존재(Da-sein)가 그 안에서 존재하는 장소이자 어떤 〈거기(Da)〉이다. 폴리스는 역사적 장소이자 〈거기〉이며, 바로 그 〈안에서〉, 〈그것으로부터〉 그리고 그것에 〈대하여〉 역사가 생성한다. 이 역사의 장소에는 신들이 속하며 사원, 사제, 축제, 놀이, 시인, 사상가, 통치자, 원로회의, 국민의회, 전투 병력, 선박 등이 속해 있다. 이 모든 것들이 폴리스에 속한다면, 그래서 이 모든 것들이 애초에 정치적이라면, 이는 정치나 군대의 지휘자 혹은 국사(國事) 업무에 어떤 관련을 맺기 때문에 그런 것이 아니다. 앞에서 말해진 것들이 정치적이고 그래서 역사적 장소에 속한다면, 오히려 이는 가령 시인이 오로지 사상가가 참으로 사상가인 한에서 참된 시인이고, 사상가는 오로지 사제가 참된 사제인 한에서 참된 사상가이며, 사제는 오로지 통치자가 참된 통치자인 한에서 진정한 사제로서 있기 때문이다. 〈이다〉 혹은 〈있다〉라는 것은 여기서 힘의 행사자로서 그 힘을 사용하며, 창조자 혹은 실행자로서 역사적 현실 안에서 주도자가 된다는 것을 말한다."[17]

정치제도의 수준으로 본 하이데거의 사상은 근대 국가가 신중하게 조직된 목적성이나 그 밖에의 집단적 관리를 위한 수단을 상징한다는 점에서 볼 때 그러한 국가 구조와 조화롭지 못하거나 불편한 관계라고 할 수 있다. 하이데거의 그러한 문제인식은 그리스의 도시국가 폴리스의 의미를 새롭게 전유하게 한다. 하이데거는 그 어원을 미묘하게 비틀어서 고대 도시국가(polis)를 국가(staat)나 도시(stadt)로 동일시하는 것을 거부하며, 대신에 이를 "장소(place)" 또는 시공적인 "위치(die statt)", 즉 존재의 중심에 있는 인간의 그러한 역사적 주거 장소로 번역하는 것을 선호한다. 이를테면 신들과의 연관성, 축제의 방식, 주인과 노예, 희생과 투쟁의 연관성 등의 모든 관계들의 통일성으로 인해 폴리스라고 칭해지는 것이 존재한다.

아리스토텔레스는, 인간은 단지 폴리스 안에서만 완전한 자신의 본성에 이를 수 있다고 밝혔다. 폴리스가 역사적 장소로서 정치적 의미를 갖는 이유는, 자신의 고유한 목표들과 열망들을 지닌 개인이 탄생하려면 일정한 제도와 관행·법규·평등한 존중의 규칙·공동 숙고의 습관 공동의 결사체 문화적 발전 등이 오랫동안 발달해야 한다는 점이다. 그것은 사회의 형성에서 직면하는 참과 거짓, 정의와 부정의 사이의 차별뿐만 아니라 볼 수 있는 것과 볼 수 없는 것, 현전과 부재의 차이에 대해서 정치적인 삶의

---

17 이런 해설을 따를 때, 정치행위란 역사적 현실 안에 혹은 역사가 생성하는 장소 안에 참여한다는 것을 뜻한다. 그것은 그 역사적 장소의 정체성을 결정하는 지배관계 안에서 주도권을 다툰다는 것을 말한다. 그런 주도권의 다툼은 행정의 주요 자리에 오른다거나 군사적 권력을 독점한다는 것을 의미하지는 않는다. 역사적 현실에 대한 주도권은 다툰다는 것은, 시인은 시인으로서, 철학자는 철학자로서, 혹은 사제는 사제로서 자신의 일에 충실해야 한다는 것을 말하며, 그 탈정치적 고독 가운데 역사적 현실 전체를 꼴짓는 새로운 규칙과 규범을 창조한다는 것을 말한다. 즉 그것은 공동체의 문화를 확장하는 데 있어서, 또 공동체의 역사적 자기 의식을 규정하고 일깨우는 데 있어서 선도적 지위를 인정받는다는 것을 말한다. 김상환(2001), 『예술가를 위한 형이상학』, 민음사, 142~143쪽 참고.

구성적 형성을 소홀히 하지 않는 것이다. 폴리스는 인간적 연합(association)의 정점이자 완성이고 명확히 인간적인 모든 능력이 최고도로 실현된 결과이다. 또한 이곳이 삶의 공동체적 시각에서 잘못된 일들을 모든 사람이 청취할 수 있도록 구체화하고, 이를 공동으로 해결해야 할 과제로 취급할 수 있게 하는 유일한 장소이기도 하다.

현존재의 정치적 삶에서 볼 때, 구조들이나 체제로서의 정치는 순수하게 긍정적인 설정이 될 수 없다. 현존재는 폴리스에서 보았다시피 당파적인 정책들이나 설계들에 대해서 특정 상황의 존재론적 의미를 질문을 통해 밝히는 가능성으로 존재한다. 그것은 현존재가 기꺼이 인간의 의지력을 뛰어넘는 영역인 존재나 존재 사건에 '초연함'으로 개입하는 것이다. 초연함은 무활동 또는 수동성과 동일시해서는 안 되며 약한 의미의 관대함과 상응하지도 않는다. 이러한 인상은 도구적인 추구 또는 이데올로기적인 프로그램과 거리를 둔 초연한 개입의 특이한 단호함을 고려할 때 옳지 않다.

하이데거에게 인간은 더 이상 '생각하는 주체'가 아니라, 존재를 묻고 밝히는 존재, 그렇게 하면서 초연하게 개입하여 존재론적으로 참여하는 존재이다. 그러한 현존재는 오직 세계 관계와 존재의 양식들에 대하여 세심한 주의를 기울인다. 그것은 비정치적이거나 초정치적인 태도는 아니다. 예컨대 민주주의는 통일을 이루기 쉽지 않은 차이들의 다양성, 즉 다중적인 시각들이 함께 어우러지는 것으로부터 출현하는 것임을 깨달을 필요가 있다.

현존재의 초연한 개입과 존재론적 참여는 단지 패러다임적 성찰의 수준에서 이루어지는 것이기에 기묘하게도 실질적이지 않다. 그것은 현실을 변혁하거나 정치적 영향력을 행사하는 것과는 거리를 둔다. 그렇다고 결코 현실 도피적이거나 비역사적인 것이 아니다. 물론 일상적 현실에서는 미미하고 무력할 수 있다. 대신 패러다임적인 성찰은 모든 측면에서 정치에 파고드는데 그 방법은 완곡한 것이며 또한 수단적이지 않다. 존재질문의 관문이라고 할 수 있는 현존재의 패러다임적 성찰은 역사를 근원적으로 새롭게 세울 수 있는 단초가 된다. 이 정도로 정치에서 범지구적인 계획 및 통제와 결부된 이데올로기적 사유에 대한 대안으로 우리 시대에 특히 중요한 유희적이며 해방적인 차원을 도입한다.

정치적 삶의 공적 영역

인간 공동체는 매우 구체적이고 다양한 상호의존에 기초한다. 이러한 상호 의존성은 사람들이 서로 연결되어 있다는 것을 뜻한다. 무엇을 하려고 하건 그 과정에서 우리는 어떤 식으로든 다른 사람들에게 늘 의존하고 있다. 왜냐하면 공동체는 의사소통과정과 동시에 존재하는 것이기 때문이다. 한나 아렌트에 따르면 우리는 말과 행위로서 이 인간세계에 참여한다. 이 참여는 우리가 결합하기를 원하는 타인의 현존에 의해 자극받는다. 우리가 다른 이들의 행동에 영향을 받는 것만큼 우리의 행동도 다른 사람들에게 영향을 미친다. 말과 행위는 인간이 물리적 대상이 아닌 인간으로서 서로에게 자신을 드러내는 양식이다. 그러나 이 상호의존의 고리가 어떻게 작동하는지 늘 한눈에 볼 수 있는 것은 아니다. 그래서 행동의 의도와 결과는 종종 서로 다를 수 있다. 그렇기 때문에 인간이 행위할 수 있다는 사실은 예상할 수 없는 것을 그에게 기대할 수 있다는 것과 또 매우 불가능한 것을 그가 수행할 수도 있다는 것을 의미한다.

상호의존이란 인간관계의 불확실성을 전제로 한다. 사회 안에서 일어나는 일들은 대부분 사람의 기대에서 비롯되지만, 결과는 종종 어느 누구도 예상치 못했거나 의도치 않았던 모습으로 드러난다. 즉 그것은 사람과 사람 '사이'에 설정된 거리로 인해 발생 가능성이 있는 알 수 없는 과정의 산물이다. 말과 행위의 상호작용은 관계를 침해하거나 파괴하는 것이 아니라 그것을 확립하고 새로운 실재들을 창조하는 곳에서만 권력은 실현된다. 권력은 함께 행위하는 사람들 사이에서 생겨나서 사람들이 흩어지는 순간 사라진다.

언어에 의해 생겨나는 이 '사이'가 사람들 사이의 사고방식과 가치관의 다양성을 낳는 기초를 이룬다. 그러나, 그 사이에 위계질서가 들어서면서 형식화·추상화되고, 엄격한 계급제도에 의해 보강되고 또 이데올로기화될 때, 공동체 의식은 파괴될 운명을 지닌다. 엄격한 제도적 기율과 독단적 이데올로기의 정당성이 사람과 사람의 관계를 규정한다면, 사람과 사람 사이의 복잡한 주고받음은 필요가 없는 것이다. 정해진 대로 하면 될 뿐이다. 정당하게 정해진 것을 수행하지 않는 사람은 처벌될 수 있다.

말과 행위의 정치, 세계의 다원성

정치적인 존재는 특정한 속성이나 능력을 가진 사람이 아니라 행위를 하고자 하는 사람이다. 행위는 언어와 몸짓으로 다른 사람의 정신에 작용을 가하고 설득하려는 행위다. 말과 행위의 가장 깊은 의미란 그것의 최종적인 성과물에 영향을 받는 것이 아니라 그저 단순히 존재한다는 사실만으로도 고유성을 갖는다는 뜻이다. 즉 말과 행위란 본래적으로 자기목적성을 갖는 것이며, 여기서 목적은 추구되는 것이 아니라 오히려 활동 그 자체에 놓여 있는 것이다.

사람들이 행위를 마치 그것이 사전에 이야기의 결말을 지으려고 시도하는 일종의 제작 과정인 양 상상하려고 할 때 그들은 달성해야 할 결과물에 대한 전망과 그것에 도달하는 수단의 지배하에 놓이게 된다. 그들은 행위를 작업의 용어상으로 개념화했고, "달걀을 깨뜨리지 않고 오믈렛을 만들 수 없다"라거나 "목적이 수단을 정당화한다" 등의 말로 자신들의 행위를 합리화한다. 마치 행위를 일종의 제작활동으로서 생각하기 때문이다. 행위는 제작활동과 달리 예측이 불가능하며, 어떤 결과를 얻는 데 솜씨나 저력 혹은 폭력적인 무력을 적용하기보다는 미지의 것에 직면하는 용기가 필요한 것이다. 행위는 끊임없이 새로운 행위를 일으킨다. 그것은 연속이고 끝이 없는 과정이기에 행위는 모험이다.

행위는 노동이나 작업과는 달리 사물이나 물질의 매개 없이 인간 사이에서 직접적으로 수행되는 유일한 활동이다. "노동의 인간적 조건은 생활 그 자체다." 요컨대 사람들은 자신들에게 생계를 유지할 음식과 안전에 필요한 것들을 제공해야만 한다. "작업의 인간적 조건은 세계성이다." 사람들은 자신의 자연적인 지구환경 속에 '세계'를 건설해야만 한다. 그것이 이동식 은신처든 농장이든 정착촌이든 마을이든 도시국가든 제국이든 아니면 국가든 그들이 거주하고 계발하며 문화를 발전시킬 수 있는 곳을 말이다.

그런데 행위의 경우, "다원성은 인간 행위의 조건이다." 행위는 인간은 홀로 살 수 없고 다른 사람들과의 사이에서 살아 있다는 조건에서 나오는 인간 활동이다. 어떤 사람이 혼자서 노동을 할 수 있고 혼자서 제작을 할 수도 있지만 "행위는 전적으로 다른 사람들이 지속적으로 존재하는 것에 의존한다." 노동이 삶의 필연성을 조건으로 하고 작업이 인공적 세계를 만든다면 행위는 인간의 다원성을 조건으로 공론장을 구성한다. 다원성은 말과 행위를 하는 동등한 인간들 속에서 타인과 자신의 차이를 드러내는 것을 의미한다. 어떤 두 명의 인간도 같지 않기 때문에 사람들은 서로서로 관계를 맺어야만 하며, 함께 뜻을 모아 같이 사는 방법들을 찾아야 하고, 서로의 차이에 대해 타협하고 의견을 교환하며, 세계 내에서 자신들이 만든 자신들과 관계가 있는 정치제도들을 찾아내야 한다.

프랑스혁명이나 러시아혁명 과정에서 혁명가들은 민심을 통제 가능한 것으로 만들려고 노동의 결실, 즉 생활필수품의 분배를 영구적으로 더욱 공정하게 할 수 있는 체계를 탐색한다. 그렇게 함으로써 그들은 행위보다는 노동과 작업 영역의 목적들에 초점을 모은다. 그런 잘못된 초점으로 인해 특히 러시아의 사회주의 혁명은 패망하고 말았다. 그런 점에서 보면 한나 아렌트는 인간의 활동 범주가 가진 특성에 천착할 때 '더 나은 미래'를 만들어갈 수 있는 희망은 오직 정치라는 행위를 통해서 가능한 것이며, 그런 의미에서 '정치적인 동물'이라는 인간성의 조건은 필연적이라고 보았다.

이는 생물학적 존재로서의 인간이 아니라 인간이 서로 다르다는 사실, 즉 '인간의 복수성'에서 기인한다. 인간이라는 존재 자체가 개별적으로 모두 다르고 복잡할 뿐만 아니라 인간의 행위라는 것은 여러 요소의 우연한 결합에 의해 그 방향이 결정되고, 행위의 의미는 일이 일어난 이후에 타인들의 판단에 따라 결정되기 때문이다. 그러므로 행위는 예기치 못함 혹은 새로움으로 특징지을 수 있는 창시(initiation)이다. 시작 또는 창시로서 행위는 다른 모든 사람과 구별되지만 모두에게 관계된, 잠재적으로는 모든 인류와 관계되는 그 사람이 누구인지를 드러낸다.

인간세계는 서로 다른 사람들이 함께 존재한다는 사실을 받아들여서 함께 살고자 하는 의지를 보일 때에만 의미 있게 존재할 수 있다. 사람들의 행위나 관계의 불확실성은 다른 사람들의 응답을 통해 의문시되고 논의되는 가운데 일시적으로 해결될 수 있는 것이다. 이러한 정치행위의 조건은 인간의 다원성이다. 아렌트는 '한 인간'이 아닌 '인류'라는 복수적인 존재가 서로의 차이를 나누는 관계를 통해 함께 창출해나가는 세계의 다원성에 주목했다. 물론 이 관계성을 가장 잘 포착할 수 있는 근원적인 개념이 '정치'였다.

삶의 가치와 공적 영역

삶을 말할 때, 대략 두 가지로 나눈다. 하나는 단순히 산다는 것이고 또 다른 하나는 가치 있는 삶을 산다는 것이다. 고대 그리스에서 전자는 오이코스(oikos, 가정)의 사적 영역에 국한되었다면 서양의 정치적 전통에서 후자의 폴리스(polis)라는 공적 영역은 "생겨나기는 삶을 위해서이지만 존재하기 위해서는 가치 있는 삶을 위해서이다."라고 한다. 고대 그리스인들이 삶을 두 가지로 나눈 것은 오직 생존에만 매달리는 삶을 지독하게 경멸하며, 공적 공간에서 자신의 존재감을 드러내는 정치행위를 추구했던 때문이다.

폴리스에서 정치란, 개인적 이해관계에 얽매이거나 권력자의 지배력에 종속되지 않으면서 타인들과의 의견 교환을 필수적으로 전제하는 공공 영역에서 시민의 자격을 가진 이들이 벌이는 고유한 상호 활동이었다. 정확하게 말한다면, 폴리스는 지리적으로 자리 잡은 도시국가가 아니다. 폴리스는 사람들이 함께 행위하고 토론함으로써 발생하는 사람들의 조직체이다. 그래서 말과 행위는 우리 모두에 공통적인 세계의 공적 부분에 가장 밀접한 관계를 가질 뿐만 아니라 공론 영역을 구성하는 활동이기도 하다.

사적 영역으로서 가정의 활동은 주로 인간의 생활에 필요한 재화나 용역을 생산하고 분배하고 소비하는 경제활동이었다. 경제(economy)라는 낱말이 오이코스에서 유래한다는 사실은 이 점을 잘 말해준다. 그런데 근대에서의 시장 출현으로 가정경제는 시장경제가 되었고, 자본주의적 생산관계가 성립하면서 가정과 직업이 분리되었다. 그러므로 경제활동이 이루어지는 곳은 가정 밖의 '사회'이다. 홉스의 국가공동체인 '리바이어던' 역시 주로 경제적인 이익을 추구하도록 남겨진 공동체의 안정성을 갈망하는 사람들에 의해 만들어진 인공물이다. 우리가 살아온 지난 70여 년을 돌이켜 본다면 아직도 최대 관심사는 먹고사는 문제다. 해방과 전쟁을 겪으면서 가난 속에서 사람들의 지상과제는 하루하루의 생존이었다. 그렇기 때문에 대한민국이라는 공동체의 리바이어던 체제하에서는 경제성장의 국가적 비전을 당연하게 우선시한다. 근래 '먹고살 만한' 처지가 되었지만 여전한 교육열과 부동산 투기를 보면 아직도 개인적·국가적 관심사는 더 잘 먹고 잘사는 것을 욕망하고 제일 목표로 추구한다. 이러한 현상을 우리는 과연 가치 있는 삶을 영위하려는 정치공동체라고 부를 수 있을까?

현대사회에서 경제 문제는 사적 영역에 한정되지 않을 뿐만 아니라 거의 모든 사람들이 최대의 관심을 갖고 몰두하는 공적 사안으로 부각했다. 말하자면 신문이나 텔레비전 같은 매스미디어에서 '사회문제'로 다루는 문제—소비자 문제, 고용 문제, 빈곤 문제, 의료 문제, 교육 문제, 환경 문제— 등이 많은 사람들의 관심을 모은다. 한나 아렌트는 사적인 것에 속하는 생산과 소유의 문제가 공적 영역의 핵심적인 사회적 관심사로 등장함으로써 고도로 제도화된 근대 시민사회가 잃어버린 정치적인 삶에 주목한다. 뿐만 아니라 대량생산과 대량소비라는 특징을 갖는 대중사회의 부상에 따라 개인은 언제나 동일하고 사회적으로 규격화된 삶의 형식에 순응하고 있다. 이처럼 주체의 자율성이 폐기된 세계에서 삶은 더 이상 참된 것일 수 없으며, '자유로운 삶'이란 가상에 불과하다.

본래 폴리스의 정치는 경제적 이해관계에서 자유로운 '시민'들이 운영하고 있었으므로 폴리스의 이상이나 시민이 공통으로 추구해야 할 '선'에 대해 개방적으로 논의할 수 있었지만, 근대 시민사회에서는 더 이상 그렇게 하지 못한다. 그 대신 회의나 토론 등에서 '풍족한 삶을 위한 경제' 운영이 '정치'의 주요한 관심사로 떠올랐다. 그 안에서 얼마나 다른 사람들과 동일한 문제와 부담을 안고 살아가는지를 확인하고 '먹고사는 문제'가 정말 얼마나 중요한 문제인지를 확인할 뿐이다. 남들보다 앞서지는 못하더라도 적어도 남들처럼 살아야겠기에 남다르지 않게 살아갈 방법을 배우기 위해 참여한다. 이런 식으로 어떤 외적 강제도 없이 '정치적인 것'을 몰아내고 그 자리에 '사회적인 것'이 획일적으로 자리를 잡는다.

근대의 회의를 구성하는 '대표'들은 많은 경우 지역대표, 직업대표, 당파대표 등 어떤 식으로든 이익을 대변한다. 한나 아렌트는 '사회적 영역'에서 사람들이 사적 이해관계를 중심으로 공동의 행동을 일으키는 것을 상당히 부정적으로 보았다. '인간'다운 행위는 어디까지나 물질적 이해관계를 떠나 토론의 기예를 갈고닦는 데에만 전념할 수 있는 폴리스적 '공적 영역'에서만 성립하기 때문이다. 폴리스에서는 완전히 자유로운 사람이 되는 것과 연극, 스포츠, 종교, 공동체의 통치에 참여하는 시민이 되는 것은 같은 의미였다.

정치의 본래 자리인 '공적 영역'은 '드러냄'의 세계다. 근대 철학자가 '인간'존재의 밑바탕에 있는 가장 본질적인 것을 추구해온 데에 대해 한나 아렌트는 '겉으로 내보이는 일=드러냄'을 중시한다.[18] 이 '드러냄'의 세계가 보이는 곳이 바로 '출현의 공간(the space of appearance)'이다. 인간의 자유가 어떻게 경험되며 보전될 수 있는지를 이해하려면 '출현의 공간'에 주목할 필요가 있다. 예를 들면 미국에서 오랜 세월 노예생활을 해온 흑인들은 1960년대에 이르기까지도 참정권을 제대로 행사할 수 없었다. 그건 그들에게 투표할 만한 자격이 객관적으로 충족되지 않아서가 아니었다. 그것은 인정(approve)의 문제였다. 이는 흑인 자신들이 인정받을 자격이 있다고 믿는 인격적 측면들이 바로 이 참정권을 행사할 수 없다는 것에 의해 무시당한다고 보았던 것이다. 미국의 흑인들에겐, 스스로를 주체로 드러낼 공간(공적영역) 자체가 원천적으로 오랜 세월 동안 봉쇄되어 있었다. 그들을 배제하는 방향으로 공적영역이 조성된 것이다. 이러한 추방과 배제를 통해 쫓겨난 자들은 인간의 범주에서 벗어나게 되므로 이들에게 생존은 공적 영역에서 획득되고 보호받아야 한다. **근본적으로 민주주의를 위협하는 요소는 일어난 사건에 대한 응답의 상실이다.**

'출현의 공간'은 내가 소유할 수 없는 것, 우리가 공유할 수 없는 것에 대한 관심으로 성립한다. 이때의 '출현의 공간'이란 다른 사람들이 내게 나타나듯이 내가 다른 사람에게 나타나는 공간으로 다시 말하면 말과 행동의

---

18 인간의 선천적인 선량한 본성을 인정하지 않는 한나 아렌트에게 있어 '겉으로 내보이는 것'은 일관성이 있고, 다른 시민들이 그것을 인정해주는가 아닌가가 중요하다. 출현의 공간에서 드러냄은 가면을 쓰고 자신의 역할을 연기함으로써 인간성을 빛내준다. '인격'을 의미하는 영어 person의 라틴어 persona의 원뜻은 고대 연극의 배우가 착용하는 '가면'을 말한다. 가면은 당연히 연극에서 배우가 연기하는 역할을 표시하는데 정치의 '행위'를 연극의 연기와 관련지어 본다면, '가면=인격'은 '행위'와도 의미가 통한다. 인격은 성장 과정에서 자연스럽게 갖추어지는 것이 아니라 공중(公衆)의 눈을 의식한 '연기=행위' 속에서 연기해내야 할 역할인 것이다.

출현을 통해 인간 자신의 참된 존재를 계시하는 특별한 현상 공간이다. 출현의 공간은 사람들이 모이면 잠재적으로 그곳에 출현한다. 정치란 다른 사람들과 세계를 공유한다는 근본적인 조건을 경험하는 데 필수 불가결한 역할을 한다. 즉 서로 다른 생각들이 표명되고 뒤섞이고 분리되는 갈등의 장인 정치 영역은 우리에게 드러내 보이는 세계이다.

'출현의 공간'은 타자를 유용성 여부로 판단하는 공간이 아니다. 그것은 어떤 필요의 유무로 타자를 판단하는 공간도 아니다. 오히려 '출현의 공간'은 타자를 하나의 '시작'으로 여기는 공간, 다른 조건을 전혀 상관하지 않고 타자를 자유로운 존재자로 대하려는 공간이다. 그렇기 때문에 정치는 삶의 존재론적 조건을 결정하는 하나의 차원으로 생각해야 한다. 폴리스에서 볼 수 있듯이 정치적 삶은 자신들의 만족을 추구하고 자신들의 행위들을 수행하면서 집단적이고 공적인 행위와 관계한다. 또 그것은 이 각종 관점의 상호작용, 단일한 공공 정책으로의 조정을 필요로 한다. 그 조정이 항상 일시적이고 부분적이고 잠정적이라 하더라도 말이다.

나가며: 자유로운 개인들의 '정치적 삶'

우리 인간은 그저 하나의 인류라고 하는 종(種)의 일원으로만 존재하는 것이 아니라 자신의 이름을 갖고, 자신의 얼굴을 소중히 여기며, 자신의 삶을 가꾸어가는 존재다. 오늘날 '올바른 삶'이 가능하기 위해서는 보편적 관계에 흡수되지 않는 각자의 개별적이고 고유한 삶의 성취 가능성이 전제되어야 한다. 새로움은 한 사람의 개별성에 의해 생겨날 수 있는 것이지만 개인이 소유한 고유성이라기보다는 그가 과거 또는 타자와 독특하게 맺게 되는 '관계' 그 자체이다. 환원 불가능한 개별성으로서 개인의 고유한 삶과 자율성을 강조하는 것은 이런 존재가 혼자 따로 떨어져 사는 것이 아니기 때문이다.

정치는 인간적 현상이다. 정치는 인간이 하는 일이다. 인간이 아닌 존재에게 정치는 없다. 요컨대 정치는 인간만의 문제이다. 한나 아렌트의 정치 행위는 인간은 홀로 살 수 없고 다른 사람들과의 사이에서 살아 있다는 조건에서 나오는 인간 활동이다. 행위는 노동이나 작업과는 달리 인간 사이에서 직접적으로 수행되는 유일한 활동이다. 즉, 정치는 '사람들'의 정치인 것이다. 다양한 사람들과의 관계에서 살아감으로 인해서 인간은 말과 행위가 필요하며, 이 행위야말로 진정으로 인간이 동물과 구별되고 신과도 구별되는 인간 고유성이다. 나와 다른 타자가 있기에 내가 그에게 나아갈 수 있고, 그 나아감은 그러나 동시에 그와 내가 인간으로서 동일하기 때문에 가능한 것이다. 그래서 아렌트는 말과 행위의 기본 조건인 인간의 다원성은 동등성과 차이성이라는 이름의 성격을 동시에 가진다고 먼저 밝힌다.

만일 '전체의 속박에서 벗어난 개인'이 존재할 수 없는 공간에서는 지배에 대한 비판 역시 존재할 수 없으며, 개인의 자유로운 삶은 통일성이라는 구호 아래 질식해 버리고 말 것이다. 개인의 자율성이 보장되기 위해서는 개인을 넘어선 억압적이지 않은 보편적 관계망의 창출이 요구된다. 이는 타인 없이는 존재할 수 없는 관계망으로 진입한 '새로 온 자'의 복수성의 계기를 모두 포함한다. 언어에 의한 '행위'는 다수의 주관에 의한 판단이 이루어짐과 동시에 공동선을 진지하게 생각하는 것이기에 사물에 대한 사람들의 관점을 다원화시킨다. 당연히 '행위'에 참가하는 각자도 타자와 복합적으로 의견을 교환함으로써 다각적인 관점이 형성된다. 한나 아렌트가 보기에 사람들 사이의 가치관의 다원성은 주어진 사실이라기보다는 공적 영역의 행위가 낳은 성과다. 사람들이 사적인 생활에 틀어박히거나 혹은 자본주의든 사회주의든 집단으로서 한 덩어리가 되어 경제적 목표만을 쫓는다면 '다원성=복수성'의 의미는 상실될 것이다.

오늘날의 세계화는 그 신자유주의적 형식 때문에 전 세계적 수준에서 정치라는 그 자체의 가능성을 위한 사회문화적 지반이 와해될 위기에 처해 있다. 정치는 멀리 떨어진 곳, 즉 국가의 공적 영역이나 특정한 장소에 존재하지 않는다. 어떤 지배와 권력의 관계가 작동한다고 하더라도 해방을 위한 잠재력이 바로 일상적인 삶의 실천 자체 안에 놓여 있다는 데서 출발할 수 있다. 그것은 서로가 서로를 평등하고 자유로운 존재로서 인정하고 인격적인 관계를 맺으면서 살아가는 인간적 삶의 양식을 이루고자 하는 자기실현의 소망과 연관되어 있다. 이를테면 민주주의는 삶의 양식 중 한 발전형식이기에 현실 안에서 온갖 반대 경향의 힘에도 불구하고 언제나 작동하고 있는 '중력'과 같은 것이다. 말하자면 언제나 현실의 일부인 그런 이상이다.

아렌트에 따르면 인간은 '정치적 삶'을 통해서만 자유를 누릴 수 있다. 그런 점에서 자유는 인간의 자아에 내재하는 것이 아니라 함께 추구하고 획득할 수 있는 인간의 고유한 능력이라고 할 수 있다. 우리에게 정치는 인간적 행위이며 생존의 요구와 생활의 필요에 따른 것이 아니라, 인간 개성에 따른 실존적인 욕구와 함께 살아가야 한다는 필요에 따른 것이다. 정치는 인간이 공동의 생활을 아름답게 만들어가는 과정이라고 가르쳐준다.

인간적 삶을 가능하게 하는 자유로운 개인들의 공동행위의 원리인 연대성은 사적 이익과는 질적으로 다른 차원의 것이다. 예컨대 탁월성, 위대성, 평등에 대한 사랑 등이다. 이것은 이익단체들이 추구하는 어떤 구체적인 내용이 될 수 없고, 보다 추상적인 개념이 그 원리나 이념의 내용이 될 수 있다. 진정한 정치의 중심적 요소로서 연대성에 대한 요구는 사람들은 서로 환원할 수 없이 복수적이며, 그에 따라 실천적 삶의 문제들, 즉 의식적이고 독특하게 인간적인 목적을 전제하는 토론과 동의를 통해 해결될 수 있는 사회적·정치적인 기준을 결합하는 문제들을 제기한다. 그것은 결국 우리가 누구인가를 발견하는 것이 아니라 우리가 존재하는 현재의 방식을 문제 삼는 것이지 않을까?

근래의 신자유주의 체제하에서 여전히 노동이나 생산관계나 계급적 이해관계 같은 범주에서 출발하는 사고는 '생존의 정치' 패러다임에 붙들려 있을 뿐이다. 거기에서는 자유로운 개인들의 '정치적 삶'이 포함되지 않는다. 단순히 평등주의나 분배 투쟁 혹은 성장과 분배를 동시에 추구한다는 상투적인 종합도 포퓰리즘의 수준일 뿐 정치적 삶이라고 할 수 없다. 또한 누군가가 자신에게 할당된 자리에 부합하는 것만을 알면 충분할 뿐 그 이외의 것은 알지 못하고 관심도 없다고 말한다면, 그것은 스스로를 무시하는 것이다. 그렇게 되면 현장에서 정치적 삶은 발전될 수 없다.

바바라 크룩생크(Barbara Cruikshank)가 말한 바대로, 즉 주체가 되려는 의지, 자신의 힘을 기르려는 의지가 신자유주의 체제에서 체제의 논리를 강화케 하는 정치적인 효과를 발휘한다는 것이다. 시민-주체가 자율적으로 통치할 때도 '시민-주체'는 언제나 종속된다는 것을 강조한다. 즉 민주주의 이론이 시민성 테크놀로지와 자유주의 통치술에서 항상 발견할 수 있는 이 사소한 것의 층위를 다룰 수 있어야지, 단순히 정치적 의제의 조직화와 시민사회의 자율성을 주장하는 데 그치면 신자유주의 체제의 특징인 실체 없는 권력의 압력에 대해 저항은커녕 복무하기 쉽다는 것이다. 그렇기 때문에 아렌트가 주창하는 자유로운 개인들의 '정치적 삶'은 그것을 통해 새로운 민주적인 정치적 가능성을 인식하는 렌즈라고 할 수 있다. 정치적 주체화는 여기에서 출발점을 구성한다. 정치는 매우 가까운 곳, 이른바 자유로운 개인들의 '정치적 삶' 자체에 현재한다.

3부

디지털 기계 시대
삶의 재구성

¯ 삶의 기계 존재론 ﹍

들뢰즈와 가타리의 기계 존재론

현대사회에서 살아가는 모습을 보면 우리의 몸과 마음이 다양한 기술과 불가분하게 혼합되어 있다. 그리고 노동이 자본과 관련해 수동적이지 않은 것처럼, 우리가 기술과 능동적인 관계를 맺으면서 인간과 기계의 관계가 과거와 다르게 변화하고 있다. 인간의 기계화 경향과 기계의 인간화 경향이 두드러지면서 인간과 기계의 경계가 엷어지고 있다. 이러한 양방향에서의 변화로 인해 인간의 사유와 행위는 늘 테크닉 및 테크놀로지와 뒤얽혀 있다. 단적으로 말해서, 산업사회에서 정보화 사회로의 변화는 '신체의 기계화'에서 한 발 더 나아가 '정신의 기계화'로까지 이행을 추동하고 있다. 즉, 우리의 지적·육체적 발전은 우리의 정신과 몸의 내·외부에 기계를 창조하는 일과 분리될 수 없다.

특히 정보화에 따른 인간과 기계의 점진적인 통합은 일상적 삶의 모습, 노동의 과정과 형태, 사회적 소통의 기술과 양상, 주체화의 성격·방식·과정 등 다양한 층위에서 근본적이고 비가역적인 변화를 일으키고 있다. 탈산업적 생산과 더불어 등장한 사이버네틱스 이론의 영향으로 기계를 인간이라는 존재론적 평면, 육체화된 인지의 공통평면으로 격상시킨다. 오늘날 우리의 현실이 포스트휴먼이라면, 그것은 인류를 멸종하게 할 기계 지배의 도래가 아니라, 기계 및 다른 살아 있는 존재들과 강하게 협력하는 인간의 새로운 잠재력이 있음을 알리는 것이다. 인간과 기계의 탈경계화는 기계를 바라보는 시각을 바꾸고, 인간과 기계의 관계를 새롭게 정립하며 궁극적으로 휴머니즘에 어떤 변화를 야기할 것으로 보인다. 한마디로 기계는 인간의 어떤 목적을 위한 수단이 아니라, 그 자체가 어떤 목적을 갖고 세계를 구성하는 실존적 존재자로 변화하고 있다.

기계의 존재 양식

기계의 가장 큰 특징은 자동인형에서 두드러진다. 그 '자동성'은 산업혁명기 공장 기계의 대량생산에서 볼 수 있듯이 '반복성'과 함께 '동일성'으로 강조된다. '동일한 것의 반복'이라는 근대적 기계관은 들뢰즈와 가타리를 통해 새로운 국면을 맞게 된다. 들뢰즈와 가타리는 세상의 온갖 것들을 '기계'라고 부른다. 여기서 말하는 기계는 태엽이나 금속으로 되었고 오차도 없이 정해진 대로 움직이는 자동성의 그런 기계를 뜻하는 것이 아니다. 들뢰즈의 기계는 유형, 무형을 가리지 않고 세상 모든 것에 적용가능한 개념이다. 들뢰즈는 우리가 선입관으로 지니고 있는 기계에 대한 정의를 '기계론적'이라고 하였고 자신이 말하는 것은 '기계적'으로 표현하여 둘을 구분하였다. 전자는 근대에서 합리주의 사상가들이 좋아했던 오차도 없고 누군가에게 어떤 특정 목적을 위해 만들어진 인공체를 뜻한다면 후자는 이 세상 모든 존재들이다.

들뢰즈가 사물들을 기계라 보는 것은 존재들은 어떤 형태로든지 체계성을 가지고 있다고 생각했기 때문이다. 예를 들면 요리법은 요리사에게 조작을 수행하는 기계인데, 요컨대 요리사는 요리법을 좇아서 다양한 조리 기구와 재료에 어떤 조작을 수행하게 된다. 이때 체계성이란 하나의 기계가 언제나 다른 것과 짝을 지어 생산하며 작동한다는 것을 의미한다. 엔진도 바퀴와 접속하면 이동기계가 되지만 펌프와 접속하면 물을 퍼 올리는 양수 기계가 된다. 그런 점에서 보면 하나만의 기계를 가진 존재는 없다고 확언할 수 있다. 그뿐만 아니라 위대한 사상이나 멋진 상상력도 책이라는 체계성을 가져야만 무언가를 반복하여 작동하면서 생산하는 기계가 될 수 있다. 법이든 경제든, 가정이든, 책상이든 전부다 자기 자신만의 물리적인 장치를 가지고 생산하고 작동하는 기계이다. 이런 기계는 단독적으로 존재하는 것이 아니라 무수한 많은 층위와 함께 존재한다.

들뢰즈와 가타리가 말하는 기계 개념은, 그들의 정의에 따르면, '연속하는 흐름에 대한 절단들의 체계'이다. 기계들은 스스로에 따라서[일치해서] 행동한다. 기계들은 흐름에 대해 작동하며 다른 기계들에 대해 작동한다. 예를 들면 항문은 똥의 흐름을 절단하는 기계이다. 그리고 기계들은 접속하고 절단한다. 카프카가 잘 보여주듯 수위 기계는 문기계와 접속하여 사람들의 동선을 절단하고 채취한다. 그러므로 이러한 기계들은 어떤 근본적인 방식으로 다른 대상들에 대해, 혹은 자신들에게 외부적인 대상에 대해 작동하는 것이 아니다. 오히려 대상과 더불어 기계는 새로운 과정 혹은 새로운 기계를 형성하게 된다. 기계들은 항상 새로운 기계들에 작용할 수 있을 뿐이다.

들뢰즈와 가타리는 "책 자체가 하나의 작은 기계"라고 언급한다. 그들은 우리에게 책이 뜻하는 바가 무엇인지 묻지 말고 오히려 책이 작동하는 방식에 주목하도록 권유한다. 책은 언어에 어떤 조작을 수행하는가? 등장인물들은 서로에게 어떤 조작을 수행하고, 게다가 주변 세계에 거주하는 여타 기계에 어떤 조작을 수행하는가? 사건은 등장인물에게 어떤 조작을 수행하는가? 소설은 독자에게 어떤 조작을 수행하는가?

기계 존재론의 틀 안에서 존재자는 기계로 이해된다. **존재는 철저히 기계들로 이루어져 있다. 기계에 관해 제기되어야 할 첫 번째 물음은 '그것의 특성은 무엇인가?'라는 물음이 아니고, 오히려 '그것은 무엇을 행하는가?', '이 기계는 어떤 조작을 수행하는가?'라는 물음이다.** 기계는 단지 하나의 기계에 머무는 것이 아니라, 인간, 동물, 식물, 사물 등과의 접촉 경계면 속에서 이들 사이를 연결하고 이행하고 횡단하는 것으로 사유될 여지가 생긴다. 예를 들어 인간과 기계 사이—사이보그적 주체성—는 사실상 기계와 기계의 횡단면 수준에서 사고되어야 하는 것이지, 인간의 도구로서의 기계라는 고정된 기능과 신체의 연장 속에서 사고되어야 하는 것은 아니다.

모든 것이 기계적이다

가타리는 기계를 기술의 표현이 아니라 오히려 기술보다 선재하는 것으로 이해한다. 즉, 기술적 기계를 훨씬 넘어서는 존재로서의 기계 개념을 재구축한다. 인간과 자연은 존재로서의 기계 개념에서 하나가 된다. 이것은 "모든 것은 기계적이다"라는 테제로 중요하게 다루어진다. '모든 것은 ~ 이다'라는 진술은 존재의 일의성(一意性, univocity of being)에 관한 테제의 형식이다. 이 테제는 먼저 무엇보다도 세계와 다른 것, 존재와 다른 것은 없다는 것, 존재 혹은 세계가 바로 있는 모든 것이라는 것, 이것을 넘어서는 어떤 다른 세계 또는 다른 영역도 없다는 것. 이미 존재가 하나이며, 존재는 항상 그리고 어디서나 동일하다는 것, 좀 더 정확히 말하면 존재는 일의적(univocal)이라는 존재론적 주장을 내포한다. '존재의 일의성'이란 간단히 말하면 존재가 하나의 의미로 말해진다는 뜻인데, 이는 존재자들 사이의 평등을 의미한다는 것에서 중요하다.

모든 것이 기계적(All is machinic)이라고 말한다면 그것은 무슨 의미일까? 존재는 반드시 하나의 유일한 의미로 이야기되어야 한다. 존재로서의 기계에는 기계에 선행하며 기계를 지휘하는 어떠한 주체도 가지고 있지 않다. 마찬가지로 어떤 근본적인 방식으로 다른 대상에 대해, 혹은 자신들에게 외부적인 대상에 대해 작동하는 것이 아니다. 즉 기계들은 전통적인 의미에서의 주체와 대상도 가지고 있지 않다는 것. 오히려 대상과 더불어 기계는 새로운 과정 혹은 새로운 기계를 형성한다.

왜 존재는 기계적이라고 말하는 것일까? 통상 우리는 기계들을 인간도 아니고 자연도 아닌 제3의 영역에 속하는 존재라고 생각한다. 기계라는 존재는 인간도 자연도 지칭하지 않는 존재이다. 사실 인간 주체와 자연은 단지 기계적 존재의 효과 혹은 생산물로서만 생겨날 수 있다. 기계 개념을 사용하는 것은 바로 존재의 생산성을 강조하기 위한 것이다. 모든 것은 생산이다. 여기에서는 생산하기와 그 생산물을 구별할 여지가 없다. 적어도 생산된 대상은 자신의 '여기 있음'을 새로운 생산으로 이끈다. 모든 것은 생산이며, 생산자와 생산물은 이러한 과정에 구별할 수 없을 정도로 흡수된다.

기계적 생산에서 출발하자. 모든 것은 기계들이며, 다른 기계들에 접속된 기계들이다. 바로 이 지점에서 접속적 종합이 더욱 명확해진다. 기계들은 새로운 기계들을 함께 형성하기 위해서 하나가 다른 하나에 접속한다. "…항상 하나의 흐름을 생산해내는 기계가 있다. 그리고 그 흐름을 절단하고 채취하면서 그 기계에 접속되는 다른 기계가 있다. 그리고 처음의 기계는 그것 나름대로 그가 절단하고 채취하는 다른 기계에 접속되어 있기 때문에, 이항 계열은 모든 방향으로 직선적이다." 모든 기계는 모든 의미[방향]에서 잠재적으로 무한하게 접속할 수 있다.

예를 들면 개구리는 파리와 곤충을 잡기 위해 온갖 종류의 조작에 관여하는 하나의 기계다. 그 신체는 강의 흐름과 와류를 능숙하게 건너가는 조작에 관여하는 기계다. 개구리는 공기라는 입력물을 번식기에 짝을 유혹하는 기묘한 노래로 변환하거나 주위가 갑자기 조용해지면 포식자를 경고하는 노래로 변환하는 조작에 관여하는 기계다. 개구리는 이산화

탄소와 여타 폐기물 같은 어떤 출력물을 생산하는 기계인데, 그다음에 그 출력물은 조류 식물과 수련의 잎, 부들 같은 기계의 다른 조작을 위한 입력물로 수용된다. 더욱이, 물론 개구리는 생식을 통한 출력물로서 자신의 복제본을 생산하는 기계이기도 하다. 이것이 "모든 것은 기계이다"라는 테제가 말하고자 하는 바이다. 즉 한 부분은 두 번째 부분과 결합하고, 두 번째 부분은 세 번째 부분과 연이어 결합한다. 그리고 이러한 과정은 계속된다. 이러한 과정은 기계들의 연쇄를 형성하며, 이 연쇄를 따라 흐름이 형성된다.

그뿐만 아니라 젖가슴 기계와 입 기계 사이의 유즙의 흐름, 입 기계와 귀 기계 사이의 말의 흐름, 기계들을 통해 흐르는 와류들은 문자 그대로의 의미에서 물질의 흐름이자, 에너지의 흐름들, 혹은 (아주 느슨한 사이버네틱스적 의미에서) 정보의 흐름들이 틀림없다. 다른 요소와 연결되어 기존의 흐름을 절단하고 또 그럼으로써 새로운 흐름을 생산해내는 모든 것을, 기계라고 한다면 자본주의도 기계이고 국가도 기계이다. 다른 모든 기계도 마찬가지인데, 절단과 연결에 따라 얼마든지 새로운 흐름, 용법, 욕망을 만들어낼 수 있기 때문이다. 들뢰즈와 가타리에 따르면 모든 기계는 "계속적인 물질적 흐름(질료)과 관계하며, 각각의 기계는 그 흐름을 분절한다." 그것은 목표들, 효율, 혹은 체계적 통일성과 그렇지 않은 것을 만드는 차이들을 동등하게 인정하는 하나의 사이버네틱스이다.

세계는 기계들의 생태다. 따라서 세계는 자신을 구성하는 기계들일 따름이다. 기계는 그 기계의 존재를 구성하는 기계들 사이의 내부 관계들로 이루어진 내부 조성을 갖추고 있다. 이때 내부관계란 어떤 새로운 기계를 구성하거나 생성하는 기계들 사이의 내재적 관계다. 그리하여 기계가 관계들의 복합체 또는 기계들의 회집체(assemblage)라고 할 수 있다. 기계들의 생태는 모든 기계를 포함하는 단일한 통일된 유니버스가 존재한다기보다는 오히려 복수의 세계가 존재한다고 전제하는 것이 옳다. 각각의 기계는 하나의 단일체인 동시에 기계들의 무리 또는 군집이다. 다시 말해서, 어떤 기계도 자신의 부분들을 결코 전체화하거나 지배하지 못한다. 오히려, 부분들은 계속해서 독자적인 생을 살아간다.

　모든 기계는 어떤 다른 존재자들의 영향에 열려 있다. 다른 기계들의 영향을 받지 않는 기계는 전혀 없다. 기계들이 관계를 맺거나 상호작용하려면 그것들은 어떤 식으로든 접촉이 가능해야 한다. 두 사람이 서로 대화를 나눌 때, 그들의 상호작용은 공기를 통해 전파하는 음파, 텍스트 메시지, 전화, 인터넷 대화방, 편지 등과 같은 기계에 의해 매개된다. 우주인이 장시간 우주공간에서 지내면 뼈와 근육의 퇴화를 겪는다는 사실은 잘 알려져 있다. 지구 중력이 없을 때, 이런 매체가 없을 때, 뼈와 근육은 제대로 발달하지 않는다. 이렇게 하여 지구가 유기체를 위한 매체임을 알게 된다. 기계들이 서로 관계를 맺는 모든 경우에 매체 관계가 성립된다. 맹인의 활동을 돕는 맹도견의 경우처럼 어떤 기계는 그 매체 덕분에 어쩌면 존재하지 않았을지도 모를 특정 행위의 가능성을 제공한다. 기계들이 어떤 방식으로 함께 결합하여 그런 연합체를 형성하는 이유는 그 기계들이 다른 기계들이 조직한 시공간 경로를 따라 움직이기 때문이다. 다시 말해서, 기계는 다른 기계들의 구조적 개방성과 되기, 움직임을 조직하는 장을 어쨌든 창출한다.

욕망하는 기계의 배치와 주체성

욕망은 기본적인 필요나 목표를 추구하는 이차적인 기능보다는 어떤 원초적인 힘으로 정의한다. 그것은 자유롭게 떠다니는 에너지로서 전(前)인격적이고 전(前)개인적이기에 본질적으로 무의식적이다. 무의식은 욕망을 재현하지 않고, 오히려 욕망을 제조하거나 생산한다. 무의식은 무언가를 할 때 생산되고 비로소 활발해지기 시작하는 마음의 성좌를 의미한다. 결국 마음을 움직인다는 것은 무엇인가를 하는 행위로부터 시작하는 것이다. 우리의 몸이 활발하게 움직이고, 실천할 때, 무의식이나 정신역동은 가장 활발한 것이다. 가브리엘 타르드(Gabriel Tarde)에 따르면 사회는 일종의 모방행위의 무의식적 행렬을 그리고 있으며, 개인들이 사회적 무의식과 역사적 무의식에 대해서 자율적이고 능동적으로 어떤 사회심리적인 역할을 한다고 한다. 그런 점에서 미시적인 삶의 단위에서의 생각과 사유, 무의식이나 미학적 심상, 윤리적인 행동양식 등을 눈여겨볼 필요가 있다.

들뢰즈와 가타리는 욕망에 관해 이렇게 말한다. "무의식은 의미에 관해선 아무런 문제도 제기하지 않는다. 오로지 사용에 관한 문제들만을 제기한다. 욕망의 문제는 '그것이 의미하는 바는 무엇인가?'가 아닌, '어떻게 그것은 작동하는가'이다. 욕망하는 기계들은 어떻게 동작하는가?" 어떤 것

(이를테면, 욕망)을 '기계'라고 규정할 때 이는 우선 그 어떤 것의 의미가 문제가 아니라 사용이 문제라는 점을 함축한다. 즉 기계의 기계성을 규정하는 것은 의미가 아니라 용법이다. 예컨대, 기계로서의 자동차는 의미에 의해 규정되는 것이 아니라, '(이동을 위해) 승차에 사용됨'이라는 그것의 용법에 의해서만 규정될 수 있다.

가타리가 말하는 사유의 핵심은 '욕망하는 것이 바로 생산하는 것'이라는 생각에 있다. 욕망의 실천성은 '세계의 재창조', '구성적 실천', '미래진행형적 흐름'을 망라하는 것의 자기원인으로 작동한다는 점에 있다. 욕망이 생산적이어야 우리의 삶과 무의식, 신체와 마음 등이 구성된다. 가타리는 욕망이 작동하는 방식이 바로 기계라고 규정함으로써 욕망하는 기계를 직접적인 주체성 그 자체로 사고한다. 즉, 물화된 기계가 따로 존재하는 것이 아니라 욕망의 작동방식 자체가 기계인 것이다. 욕망은 획득이나 결핍이 아니라 항상 생산에 관한 것이며, 혹은 생산의 생산이다. 모든 기계는 목표나 대상이 아니라 운동이나 생산에 맞추어져 있다. 그 때문에 욕망 자체와 같은 것은 없다고 볼 수 있으며 '욕망하는 기계들'이라는 용어로 사용하게 된다. 그래서 모든 기계들은 욕망하는 기계들이라고 할 수 있다.

그것은 기술적 기계들과는 다르다. 기술적 기계들은 물적 자원들을 '기술'을 적용하여 산출물로 변형시키는 체계적인 활동이다. 여기서 말하는 기술은 기계류 등의 물적 처리 과정과 더불어 고려되어야 하는 기술의 차원인데 일이 조직되는 방식, 사회적 분업, 실제적인 과업 할당까지 포함한

시스템의 설계, 조직화, 그리고 조직관리 기술, 즉 사회적 기술이라고 할 수 있다. 기술적 기계들이 상호 의존적인 부분들을 결합하여, 효율적으로 작동하는 또는 그렇지 못한 하나의 전체를 형성한다면 욕망하는 기계들의 유일한 대상은 생산 자체이다.

욕망하는 기계의 무의식

욕망하는 기계는 생산과 관련된다고 인식한 가타리는, 특히 주체성 생산이란 측면에서 무의식에 대한 분석을 시도한다. 신체는 다양한 욕망하는 기계들로 구성되며, 부분들은 어떤 전체에도 연결되지 않는다. 그 부분들 중 어떤 것들은 그 신체 내에서, 어떤 것들은, 자연 세계 내에서, 어떤 것들은 사회적 세계 내에서 다른 욕망하는 기계들과 관계한다. 이때 무의식은, 개인의 내부에서 그 사람이 세계를 지각하거나 자신의 신체나 자신의 영토나 자신의 성을 체험하는 방식에서뿐만 아니라, 부부나 가족이나 학교나 이웃이나 공장이나 경기장 또는 대학 등의 내부에서도 작동한다.

가타리가 보기에, 인간은 누구나 자신에게 어울리는 무의식을 가지고 있다. 가타리는 무의식이란, 우리 주위의 어디에나, 몸짓에도, 일상적 대상에도, 텔레비전에도, 기상징후에도, 더욱이 당면한 큰 문제에 있어서조차도 우리에게 붙어 다니는 어떤 것이라고 본다. 이를테면 무의식은 사물 자체에서 발생하는 에너지와 힘 자체가 가치인 상황에 대한 비밀의 문을 열어준다. 사물은 그 소재가 갖고 있는 냄새, 색채, 음향, 몸짓, 표정, 맛, 이미지 등의 다양한 모델을 함께 지니고 있는 복잡계의 영역이며 이것은 논리를 초과하는 잉여현실로서 무의식의 비물질적 영역을 개방한다.

인과론적 혹은 목적론적인 모든 확대 적용에서 벗어나기 위해 무의식의 상호작용을 탐구할 필요가 있다. 그 상호작용이 물질적 그리고/또는 기호적 본성을 명확히 하지는 않더라도, '기계적'이라고 규정하고 싶다. 기계들은 인간의 현실을 구성하고 또 그 현실에 의해 구성된다. 우리는 기계를 자기 자신을 생산하는 그 내부의 원리와 함께 관통해 봄으로써 무의식이 서식하는 현실의 공간에 대한 사유의 폭도 넓힐 수 있게 된다. 여기에 인간 주체성을 더해 인간을 기계 관계에 통합된 것이라고, 기계를 인간의 몸과 인간사회에 통합된 것으로 볼 수 있다.

가타리는 이미지나 단어뿐만 아니라, 무의식으로 하여금 이들 이미지나 단어를 생산하고 재생산하도록 유도하는 모든 종류의 기계들과 메카니즘들에 무의식이 서식한다는 것을 강조하기 위해서 '기계적 무의식'이라는 말을 사용했다. 오랫동안 무의식은 정신적인 과정에 속하며 우리가 볼 수도 들을 수도 없는 심층부에 있는 것이라고 여겨왔다. 가타리는 다르게 생각하려 했다. 즉 무의식은 우리의 현실 생활 속에서 우리의 신체에, 우리의 사회관계에 붙어서 움직이는 것이라고 생각했다. 억압된 것의 저장소라거나 상징의 장소로서가 아니라, 새로운 것을 만들어가는 비물질적 재료라고 생각한 것이다.

가타리는 정신과정 속에서 진행되며 밖으로는 징후로서만 드러난다는 무의식 개념에 대해서, 행동에 붙어서 행동의 방향을 수정해갈 수 있는 시각적·음악적 구성 요소들을 지닌 무의식 개념을 제시했다. 또한 그는 무의식이 우리의 신체와 우리의 사회관계를 바꾸어나가는 이행 구성요소로서의 역할도 지니고 있다고 생각했다. 거기에는 인간과 기계 사이에서 욕망을 어떻게 생산적이고 창조적인 것으로 만들 것인가에 대한 관점을 내포하고 있다. 욕망하는 기계는 서로 연결되고 접속하면서 생각의 경로, 정동의 흐름의 경로, 상호작용의 경로 등을 발생시킨다. 이에 따라 욕망의 창조성과 생산성은 공동체를 풍부하게 만드는 소재이자 재료가 될 수 있다.

기계적 배치와 지도 그리기

우리가 기계의 사회적 본성을 이해하면 창조적이고 생산적인 기계적 무의식에 대해 이해할 수 있다. 다른 기계와 연결되고 통합된 기계, 여기에 인간을 기계 관계에 통합된 것으로 그리고 기계를 인간의 몸과 인간사회에 통합된 것으로 생각해 보자. 기계는 이웃항과의 계열화 양상에 따라 특정한 규정성을 갖게 되지만 동시에 다른 이웃항과 계열화되면 그 규정성에서 이탈하여 다른 규정성을 갖게 된다. 다른 기계가 된다는 것이다. 이는 그때마다 그렇게 접속된 기계들의 복합체가 있음을 뜻한다. 이것이 배치이다. 가령 종이는 문자, 관료, 돈과 접속하면 세금을 기록하는 서류 기계로 작동한다. 또 그것은 문자, 시인, 독자와 접속하여 시를 기록하는 기계로 작동한다. 이때 종이, 문자, 관료, 돈이 서로 접속된 복합체가 조세의 배치를 구성한다면 종이, 문자, 저자, 독자의 복합체는 문학의 배치를 구성한다.

기계가 그 기계적 환경을 향해 열리고, 또 사회 구성원 및 개별 주체성과 일체의 관계를 유지하기 때문에, 기술적 기계라는 개념은 따라서 기계적 배치 개념으로 확대되어야 한다. 예컨대 텔레비전이라는 기술적 기계는 언표행위의 모든 구성요소, 즉 언어적인 것과 비언어적인 것, 말로 하는 것과 말로 하지 않는 것을 이용하여 횡단하고 구성하는 그것의 집합적 배치를 통하여 언표행위의 주체를 추출한다. 단적으로 말하면 언론인은 단지 하나의 단말기라고 생각해도 좋다. 기계적인 것은 항상 배치이며, 인간과 다른 존재들의 역동적 합성이다. 특히 언표행위의 대화적 관계는 언어의 잠재성, 가치의 세계, 그리고 양자가 전개되는 실존적 영토를 논쟁적이고/이거나 협력적으로 공동-현실화하는 공동-생산인 것이다.

어떤 배치 안에서 각각의 기계는 이웃한 기계들의 대행자이다. 조금 더 직접적으로 말해 배치들을 구성하는 요소들은 모두 그 배치의 부품이자 톱니바퀴라고 할 수 있다. 하나의 톱니바퀴는 이웃한 톱니바퀴 의지를 다른 톱니바퀴에 전달하는 대행자로 작동한다. 물론 대행이 항상 정확하게 이루어지지 않는다. 모든 기계는 고장 나면서 작동하기 마련이다. 그렇게 삐걱거리면서 하나의 배치는 하나의 다양체로써 작동한다. 세계에 거주하는 어떠한 독립체도 하나의 배치를 갖는다. 배치란 사람과 사물, 동물 등 이질적인 것들이 결합된 다양체이다. 들뢰즈는 배치야말로 현실적 최소단위라고 말한다. 요컨대 현실에서 활동하는 최소단위는 주체도 개인도 사람도 생물도 아닌 배치이다. 예를 들면 학교의 배치에서 교사나 교장은 모두 그 배치의 대행자이다. 책상이나 시험 시간표도 마찬가지이다. 학생을 위하여 교육을 위하여 그 배치가 부여한 과제를 나름대로 실행하는 대행자일 뿐이다. 사실 사람을 언제나 주체라고 보고 다른 요소들은 그의 도구라고 인식하는 인간 중심적 관념으로는 이해하기 어려울 수도 있다. 그러나 학교의 배치에서 보았듯이 그 배치 안에서 사람과 사물 등은 그 배치가 요구하는 바를 실행하는 대행자이다.

모든 배치는 욕망의 배치라고 할 수 있다. 욕망은 배치 안에서 작동한다. 욕망의 배치란 욕망이 결코 자연적인 결정작용도 자발적인 결정작용도 아님을 보게 한다. 예를 들면 구원에 대한 욕망이 교회라는 배치를 만들어낸다. 가령 단(壇)은 성직자와 신도, 십자가와 계열화되어 교회의 배치를 구성한다. 이윤에 대한 욕망이 자본주의적 생산의 배치를 만들어내고 그것을 유지한다. 이처럼 욕망은 언제나 특정한 양상의 배치를 만들어내며, 그런 배치를 통해 유지된다. 이런 의미에서 욕망은 배치로서 존재한다고 말할 수 있으며, 역으로 모든 배치는 욕망의 배치라고도 말하겠다.

그러한 욕망의 흐름이 어떤 일정한 조건을 만족했을 때 '권력'이라 불리는 특정한 힘의 양태로 변양된다. 그리고 그 배치 안에서 특정한 욕망을 갖는 '욕망의 주체'가 된다. 그 욕망은 나를 움직이고 나의 행동을, 사유를 밀고 간다. 특정 권력양식이 특정 욕망의 배치를 전제하고 있음은 그 권력이 어떤 이유에서 사람들에게 욕망되고 있다는 것을 의미한다. 욕망의 배치가 여기저기서 작동하여 사람을, 그리고 사회를 움직이고 있다. 이런 경우를 "나의 욕망이 자리의 욕망으로 영토화된다"고 말한다. 즉 자리라는 배치의 양상을 표시하는 그 비인칭적 욕망으로 영토화된다. 이처럼 모든 배치는 욕망의 흐름을 '영토화'하는 방식으로 작동하며, 이런 의미에서 모든 배치는 영토성을 갖는다고 말할 수 있다.

기계적 배치에는 색다른 삶과 생활세계를 개방할 욕망의 생산과 순환, 유통, 소비에 대한 구상도 숨어 있다. 다른 활동의 방식을 구성하고자 욕망하는 순간, 새로운 선이 시작되는 지점을 '탈영토화의 첨점'이라고 부른다. 이처럼 모든 배치는 영토화와 탈영토화의 첨점을 갖는다. 탈영토화는 어떠한 영토도 갖지 않는 탈영토화 운동이다. 어떤 영토도 갖지 않지만 모든 영토로 열린 순수 잠재성을 향한 운동이기 때문에 모든 배치는 '탈영토화의 첨점' 또한 갖는다. 탈영토화의 첨점에서는 욕망의 탈주선이 그려진다. 입시경쟁 교육에 회의감을 느껴 공교육을 거부하고 대안학교를 설립하는 경우처럼 탈영토화의 선이 그려질 수 있다. 이 욕망은 다른 배치로 이행하거나 새로운 배치를 창조하기도 한다.

가타리는 기계적 배치를 한층 더 앞으로 나아가 모든 종류의 인간적·비인간적 요소나 특이성을 통합하는 것으로 생각한다. 기계와 인간의 연결 접속에서 만들어지는 욕망의 작동 방식은 합리적인 범주에서 판단할 수 없는 다채로운 욕망의 양태를 드러낸다. 그렇게 하여 욕망의 배치는 하나의 배치에서 다른 배치로 변환된다. 그런데 그렇게 구성된 배치 또한 재영토화의 힘을 가동시켜야 한다. 즉 권력의 배치로 작동하게 된다.

가타리는 욕망의 흐름이 선형적인 방식이 아니라 비선형적인 분열적인 흐름의 양상을 보이는 점에 주목했다. 모든 사람은 분열적 흐름의 과정에 참여하고, 분열증적인 것의 기계적 무의식으로부터 자유로울 수 없다. 가타리는 무의식을 분석하면서 분열적인 방향으로 나아갈 것을 주장한다.

그것은 단순히 해체론적인 방향을 말하는 게 아니다. 그가 말하는 분열분석은 구조를 해체하고 그 속에 있는 다양한 구성요소들 사이의 다양한 선들을 접속시킴으로써 색다른 배치의 그림을 그려 보려는 것이다. 그것이 바로 지도 제작이다. 무의식에 대한 분열분석적 지도 그리기는 과학적인 것을 지향하는 것이 아니라, 다양한 개념들을 가지고 어떤 배치를 분석하는 것이다. 예컨대 정보화 시대에 사물은 끊임없이 탈영토화와 재영토화의 과정에 놓이면서 부단히 이합집산과 창조적 변형을 맞이하고 있다. 가타리는 해방을 위한 도구로서 정보라는 기술적 리좀(rhizome)에 이끌려 네트워크 개념에 관심을 기울인다. 거기서 사회적 행위자의 자기 조직화 과정과 미디어 활동가 운동의 생성 조건을 보았기 때문이다. 리좀 개념은 위계적인 규율 사회의 폭발과 노동의 불안정화 및 사회적 연대의 해소를 위한 길을 닦은 자본주의적 규제 철폐 과정의 지도를 그려주는 개념이다.

지도는 길의 분기점들과 간단한 지형지물만을 표시한 약도에서부터 정교하게 지형물을 포착해놓은 지도에 이르기까지 다양하다. 길을 찾기 위한 것으로 구체적인 행동의 경로를 찾으려고 할 때 사용된다. 즉 지도란 우리가 행동의 경로와 진행 분기를 표시하여 행동의 지침으로 삼는 일종의 다이어그램이다. 지도에서 중요한 것은 행동과 삶의 길/방법이 접속되고 분기하는 양상, 그리고 그 경로들의 위상학적 관계며, 그 경로를 가는 중 만나게 될 장애물이나 위험물의 적절한 표시이다. 여기서 선들의 접속으로 구성되는 다양체로서 리좀이란 개념을 떠올릴 수 있다. 지도 그리기는 모상, 모방, 재현과 재생산과 반대되는 개념이다. 우리는 현실에 따라

지도를 그리지만 지도의 리좀적인 선 안에서 변용이 일어날 때에는 지도에 따라 현실이 변형된다.

자기생산 기계의 주체성

욕망하는 기계들은 어떠한 대상도, 목표도, 목적도 가지고 있지 않으며 오히려 그 과정에, 생산에 완전히 투여되어 있다. 따라서 욕망하는 기계들은 결코 충족될 수 없다. 또는 완성에 도달할 수도 없다. 여기서 욕망하는 기계는 인간만이 아니라 사물, 생명, 미생물, 기계 장치, 우주에서 작동하는 반복 양상이다. 기계라는 반복은 색다른 수준 차이가 있는 반복을 구성해 낼 수 있다. 이에 따라 욕망하는 기계라는 개념은 인간과 생명이 가지고 있는 욕망의 반복 현상을 설명할 수 있는 전거가 된다. 잘 생각해 보면, 반복이 기능적으로 작동하는 순간의 이유를 묻다 보면 욕망이라는 개념이 떠오를 수밖에 없다. 예를 들어 커피를 먹고 싶은 욕망은 커피 타임의 반복을 만든다. 또한 사랑하는 사람에 대한 욕망과 정동은 만남의 시간의 반복을 만든다. 또한 욕망이 설립하는 반복을 하나의 사이주체성으로 사유한다면, 욕망하는 기계 개념은 주체와 대상 사이에서 서식하는 사이주체성일 수 있다. 즉 그것은 커피라는 대상에 서식하는 무의식과 주체의 식욕, 취각, 미각 사이의 횡단선 속에 위치하는 욕망하는 주체성일 수 있다.

가타리의 '욕망하는 기계'라는 개념은 하나의 자기생산의 원리를 내적으로 지니는 분자적 수준에서의 주체성을 의미한다. 즉, 사회구조 속에서 무기력한 개인이 아니라, 사회기계의 기능연관 속에서 자신의 독특한 기계를 작동하는 주체성을 의미한다. 가타리적 맥락에서 욕망하는 주체성의 행동 목표는 재생산이 아니라 자기생산이다. 가타리는 바렐라의 오토포이에시스 개념을 적극적으로 도입하여, 그것을 기계 개념의 본성으로 사고한다. 가타리의 기계는 자기 생산하는 체계를 의미하는 것이며, 마치 생명현상과 같이 자기 보존과 자율을 위해서 물질과 에너지의 흐름을 갖는 상태를 의미한다. 또 피드백 운동을 통해서 엔트로피(조직된 것을 붕괴하고 의미 있는 것을 파괴하려는 경향)의 증가를 제어하려 한다는 점에서 기계의 기능이 생물학적 신체의 기능과 일치할 수 있다는 사실이 밝혀졌다.

기계는 '작동'을 강조한다. 그것은 무엇과 접속하느냐에 따라 달라지는 '기계' 개념이다. 하나로의 총화가 아닌 파편적 작동을 '기계'라고 표현한 것이다. 가타리는 결정론적인 의미의 '기계론적'인 것과는 달리 이러한 기계적 작동을 강조하기 위해 '기계적'인 것을 내세운다. 기계적인 것은 기계들의 접속에 초점을 맞추고, 그래서 기계들이 서로 밀어내고 선택하고 배제하며 생성하는 새로운 가능성의 선을 출현시키지만, 기계론적인 것은 상대적으로 자기폐쇄적이고 외부 흐름과 단절되어 코드화된 관계만을 지닌다. 또한 기계는 자율적 상태로서 나타날 수 있는 기능연관이나 관계망의 상태를 의미한다. 욕망하는 기계는 욕망의 형태로 나타나는 갖가지 기능연관들을 의미하는 것으로서 이러한 관계망 자체가 모두 자기생산이라는 자율적인 흐름과 움직임을 갖는다는 것을 의미한다. 자본주의에 있어서 욕망하는 기계가 조립되고 연결되는 방식은 사실상 기계, 즉 네트워크 자체를 의미하며 그 속에서 생산, 소비, 유통 등이 모두 이루어지고 있다.

오늘날 우리 삶의 형태에 미치는 디지털 기술의 폭넓은 영향력을 고려한다면, 새로운 세대는 디지털 세계에서 성장하고, 거기서 기쁨을 느끼면서 자기가 머물 공동체를 찾는다. 이런 디지털 환경 속에서 형성 중인 기계적 주체성의 성격을 인식하는 것이 필요하다. 기계적 주체성은 더 이상 인간 개념을 기계 수준으로 격하하는 것이 아니라 기계를 인간이라는 존재론적 평면, 육체화된 인지의 공통평면으로 격상시킨다. 그것은 인류를 멸종시킬 기계지배의 도래가 아니라, 기계 및 다른 살아 있는 존재들과 강하게 협력하는 인간으로서 새로운 잠재력의 개시를 알리는 것이다. 여기서 인간과 기계의 경계는 허물어지며, 기계의 기능연관적 수준에서 인간이 논의되고 자기 생산적인 기계로서 인간이 사고된다. 기계적 주체성은 자기 생산적이며 재귀적인 반복을 특징으로 한다. 그것은 기계들과의 기능연관을 통해서 자신의 독특한 기계를 작동시키고 있는 주체성을 의미한다. 예를 들면, 스마트폰이 등장함으로써 전화번호를 굳이 기억하는 사람은 더는 없고, 자신의 스마트폰이 대신 기억하게 한다. 기계적 주체성의 작동은 인간-기계들의 기능적 전체를 통해서, 오직 그것을 통해서만 결정될 수 있다. 시몽동은 존재론적 평면에서 기계의 완전한 인간적 본성을 인식하는 기술문화를 요청한다. 우리의 몸과 마음이 다양한 기술과 불가분으로 혼합되기 때문이다.

들뢰즈는 후기 자본주의 사회의 모습을 통제 사회로 그리면서 통제 사회에서의 개인은 더 이상 나누어지지 않는 개인(individual)이 아니라 나누어지는 분할체(dividual)라고, 즉 표본, 데이터, 시장, 은행 등을 위한 자료라고 지적한다. '나는 나다'라는 개인의 정체성을 이루는 거의 모든 부분의 내적이건 외적이건 모든 정보가 디지털화된 오늘날, 들뢰즈가 감지하기 시작한 통제 사회는 이제 큰 그림으로 우리를 포섭하고 있다. 오늘날 디지털 프로그래밍 기술 문화의 참여자들은 예를 들어, 크라우딩 컴퓨팅이나 소셜 네트워크, 빅데이터의 작동 원리 그리고 이것들이 우리에게 기여하는 바에 대해서 정확히 판단하기가 점점 더 힘들어지고 있다. 끊임없이 유동하며 생성되는 데이터들이 스스로 자신의 상태를 업데이트하거나 우리가 가상적으로 검색하는 동안에는 더욱 그러하다.

기계는 인간을 예속시킬 수도 있고 해방할 수도 있는 잠재력을 모두 갖고 있다. 컴퓨터화된 멀티미디어 네트워크들 내부에서 우리는 하나의 순수한 잠재성을, 아직 명료하지는 않으나 이미 탈산업적인 생산적 주체성의 모든 특징을 갖춘 어떤 역량을 발견한다. 우리는 또한 생산하고 재생산하는 새로운 주체성들이 어떻게 존재하고 또 형성될 수 있는지를 살펴봐야 한다. 이를테면 이전에는 노동자들이 공장 안팎에서 어떻게 기계들처럼 행동해야 하는지를 배웠다. 오늘날, 일반적인 사회적 지식이 더욱 직접적인 생산력이 될수록, 우리는 점점 더 컴퓨터처럼 생각하게 되고 디지털 소통 기술의 상호작용적 모델은 우리의 노동활동에서 더욱더 중심적인 것이 된다. 상호작용적이고 인공두뇌적인 기계들은 우리의 몸과 정신 속에 통합되는 새로운 보철(補綴)이 되고, 우리의 몸과 정신 자체를 기계적 주체성으로 재정의하는 하나의 렌즈가 된다. 이런 경우 기계적 주체성의 힘은 상품의 생산적 상징조작 및 지식 기반적인 비물질적 과정들의 영역에서 추동하는 사회적 협력에서, 공통적인 것에서 접합되어 현실화된다.

시몽동의 기술철학

현대 조직에서 발견되는 복잡하고 미세한 분업구조와 업무처리에 있어서 나타나는 기계적 정확성은 산업혁명으로 대표되는 기계의 발명과 적용, 확산의 역사적 산물이다. 우리는 사회나 조직을 기계적인 배치 관계로 재현하여 생각하는 것에 익숙하다. 기계적이고 일상화된 방식으로 운영되어야 한다는 기대하에 반복적인 규칙 및 절차가 작동하여 신뢰할 수 있고, 효율적이며, 예측가능하며, 그와 관련된 가치, 규범, 태도 및 행동 유형 등을 통칭적으로 기계문화(machine culture)라고 일컬을 수 있다.

기계는 인간의 외부에 존재하는 객체가 아니라, 인간의 몸과 마음의 부분으로 주체화가 가능한 존재라고 할 수 있다. 이를테면 신체적 층위에서는 신체 활동의 미세한 분절화와 단순한 반복 즉, 기계화를 통한 행동의 합리화가 추구되었고, 정신적 층위에서는 주관적이며 감정적인 내용을 배제한 개념적 규칙 즉, 관료제를 통한 사고의 체계적 일상화가 추구되었다. 의례의 반복 혹은 정기적 행위들의 체계적 수행의 형식으로 일상적 행위들의 관례화는 조직의 정체성을 안정화하고, 그것들 자신을 재생산하는 방법을 제공한다. 매클루언에 따르면, 인쇄술과 기계 기술의 시대에는 분절화와 중앙집중주의, 기능의 분리와 단선적 전문주의, 요소들의 분석,

계기의 분리 등이 장려되고 그에 기초한 합리성 개념이 창출되었다. 그것은 포드주의적 규율권력의 모습으로 등장하여 노동자의 신체에 대한 감시·처벌·규칙·명령·훈육·위계 등의 근대적인 규범화 전략의 주된 기제로 작용하고 있다.

반면 전자 통신 기술은 탈중앙집권적 성역의 질서를 창조하는 동시에 전지구적 규모의 상호 의존성을 초래한다. 디지털화는 모든 정보의 상호 운용이 가능한 공통의 정보체계 형성을 의미하고, 네트워크화가 전체와 전체를 연결한 광범위한 통신망을 구축하고 있기 때문이다. 특히 지구화와 관련하여 어디서나 언급되는 유행어인 '관계망(network)'이라는 개념은 사회 조직 형태와 의사소통의 하부구조 모두를 지시하고 있다. 관계망의 특징은 규칙에 의해서 지배되는 조직을 유연성, 확장 가능성, 탈중심성, 공간적 분산성과 연결시키는 그것의 능력에서 찾아볼 수 있다. 그로 인해 인간의 생활양식도 변화하며 인간 정체성의 의미조차 변화할 가능성을 포함한다.

조직화는 기술의 범위를 인간과 문화를 포함하여 상호작용이 이루어지는 범위로 확장한다. 결국 조직화 과정은 기계와 인간 간에 만들어지는 사회적이고 문화적인 환경을 구성하는 것인 셈이다. 이러한 경향성은 현대의 인터넷과 와이파이, 스마트폰, 빅데이터, 클라우드, 사물인터넷, 인공지능 등의 장치에 이르러 비물질 노동이나 디지털 노동과 같은 형태로 더욱더 극대화되어 나타난다. 디지털 혁명으로 대변되는 정보 사회가 도래하면서 탈중심성, 상호소통성, 다원성으로 특징짓는 디지털 체계는 명백히 근대 산업사회의 사유구조와 체계를 벗어나 있다.

디지털 기술혁신은 조직을 탈영토화하고 그 배치를 변화에 개방함으로써 근대적 정체성을 불안정하게 만든다. 예컨대 운송과 통신 기술은 공간적 위치 한계와 절연함으로써, 대면 상호작용하는 것들과 유사한 조직들에 맞춰 탈영토화 효과를 줄 수 있다. 조직에서의 탈영토화 현상은 점점 넘쳐나는 정보의 흐름 속에서 인간이라는 존재에 예측할 수 없는 지평을 열어준다. 특정한 기술이 특정한 조건하에서 우리에게 몰아세우는 관계를 강요할 수 있겠지만, 이것이 모든 기술에 내재하는 본질이라고 볼 수는 없다. 기술은 인간과 관계를 맺음으로써 새로운 매개, 새로운 행위, 새로운 도덕과 정치를 가능하게 한다. 특히 기술의 매개적인 역할은 인간의 삶과 사고를 변화하고 결정하는 데 없어서는 안 될 존재라고 할 수 있다.

이렇게 보면 21세기는 한마디로 인간과 기계의 탈경계에 기반한 포스트휴먼 시대라 말할 수 있다. 포스트휴먼 시대를 맞이하여 인간과 기계의 경계가 약화되고 탈경계화하면서 인간과 인간, 인간과 기계, 기계와 기계 사이의 복잡한 상호관계에 기반할 것이다. 특히 인간에게만 고유한 것으로 간주됐던 능력들(감성, 이성, 자율성 등)이 인간이 아닌 기계에서도 구현이 가능한 시대가 도래하고 있다. 따라서 기계를 바라보는 인간의 시각은 그 존재적 특성에서부터 바뀌어 새롭게 정립될 필요가 있다.

기계 존재론, 인간과 기계의 공생

디지털화와 네트워크화라는 불가역적인 기술적 변화의 흐름 속에서 신자유주의라는 자본주의의 재구조화가 개시되었다. 모든 것을 수량화해 정보 수집의 대상으로 전환하는 데이터화함으로써 시·공간을 장악해 나간다. 이러한 추세는 사업의 세계에서 적기 생산을 위한 유연 전문화에 초점을 두고 있다. 그것은 포스트포드주의적 통치성의 새로운 수단으로 부상하는 중이다. 정보기술 패러다임이 형성되고 가상현실이 개발되기 시작한 이래 인간과 기계는 단지 동등한 지위의 정보 처리 단위로 간주되는 것은 물론, 양자가 상호 영향을 미치는 유기적 통일체를 이룰 수 있다는 것이 경험적으로 확증되었다. 비로소 인간계와 비인간계 사이의 어떤 근본적인 구분도 생략하는 기계들 사이의 관계들에 대한 생태적 관점이 성립하게 된다.

기계 존재론의 틀 안에서 존재자는 기계로 이해된다. 우리가 어떤 기계에 맞닥뜨리는 특성은 그 기계와 주변 환경 사이의 상호작용에서 생겨나는 활동의 결과임을 일깨워 준다. 특히 디지털 기계화가 진전됨으로써 기술의 매개적인 역할이 강조됨에 따라 분절화와 전문화에 기초한 합리성 개념이 붕괴된다. 오로지 기계와의 상호작용을 통해서만 우리는 그것이 무엇을 할 수 있는지 또는 그것이 자신 안에 어떤 역량을 품고 있는지 알아내기 시작할 수 있다. 더욱이, 주체는 도대체 인간일 필요가 없다. 주체는 어떤 특정 종류의 존재자가 아니라 상황에 따른 기능적 역할을 하는 대행자(agent)라고 할 수 있다. 이제 세상은 기계적 주체가 된 대행자의 행위에 달려 있다. 스마트폰과 손이 하나로 연결되고, 인터넷망과 신경망이 하나로 결합된 현대의 새로운 탈출구는 결국 대행자에게서 나올 것이다.

인간의 기계화 경향과 기계의 인간화 경향이 두드러지면서 기계는 인간사회를 떠받쳐주는 물리적 기반이 아니라, 인간과 복잡하게 연결된 관계망 속에서 사회를 구성하는 대행자로 역할한다. 기계는 그 자체가 어떤 목적을 가지고 세계를 구성하는 실존적 존재자로 변하고 있다. 우리에게 필요한 것은 기술적 환경 안에서 실험하고 발명하면서 시몽동의 기술철학이 주창한 '기계-인간 앙상블'의 개방성을 제도화하는 것이다. 시몽동의 기술철학은 인간과 기계의 공생을 단지 경제적 풍요의 수단이 아니라 소외 극복을 위한 진정한 소통의 조건으로 사유하게 한다. 소외를 가속화하는 것은 새로운 기계들이 아니라, 그러한 기계들과 더불어 진화하고자 하는 우리 안의 혁명적 힘을 은폐하는 것들이다. 이것이 전 지구적인 자본주의의 발전과 그것을 떠받치는 제도들이 대중 소비와 테크노크라트적 경영에 수동적으로 적응하기를 강요하고 있는 오늘날, 시몽동의 기술철학이 여전히 필요한 이유다.

　시몽동은 인간 중심적 유용성과 경제적·정치적 이해관계를 걷어내고 기술 그 자체의 관점에서 기술적 대상들 고유의 존재방식을 들여다본다. 시몽동은 개체화론에 의거해서 기술적 실재의 영역에서 전개되는 기술적 대상들과 기술성 자체의 발생과 변화 과정을 분석하고 이를 통해 기술적 실재와 인간적 실재 사이의 관계가 어떤 것인지 해명한다. 시몽동은 물리적 개체화나 생명적 개체화와 마찬가지로 개체발생의 원리에 따라 기술적 대상들의 발생과 진화, 즉 구조의 발명과 변환적 발전을 바라본다.

　시몽동은 존재론적 평면에서 기계의 완전한 인간적 본성을 인식하는 기술문화를 요청한다. 시몽동은 '문화'를 본질적으로 인간이 세계에 대한 자신의 관계, 그리고 인간 자신에 대한 자신의 관계를 조절하게 하는 것, 한마디로 '의사소통 조절 장치'라고 정의한다. 전문화에 의한 고립과 단절로 인해 상호 소통과 공명이 요구되는 이 시대의 문제를 극복하기 위해서는 '기술문화/기술교양'의 새로운 구축이 필요하다. 그래서 "문화는 기술들과 동시대적이어야만 하고 단계별로 자신의 내용을 갱신해야" 한다고 이야기한다. 기술문화는 인간과 기계의 대립을 전제로 기술을 문화에서 배제하고 폄하했던 기존의 낡은 패러다임을 대제할 수 있다. 시몽동은 말하기를 "기계에 거주하는 것이 인간의 현실이다. 인간의 몸짓은 기계 안에서 고정되고 결정화된다."라며 우리를 다시금 성찰하게 한다.

기술적 대상과 개체초월적 집단성

시몽동의 개체발생론에서 보면, 개체들 안에 거주하는 전-개체적인 실재가 개체들을 가로질러 직접 소통함으로써 개체 수준에서 해결되지 않던 문제들을 개체초월적인 집단적 수준에서 해결할 수 있다. 개체초월적인 것은 이미 분리되어 있는 개인들 간의 사회적 유대에 해당하는 '상호개인적인 것'이 아니다. 개체초월적 집단은 분리된 개체들 간의 상호개인적 관계만으로 해결이 불가능했던 존재론적 문제를 해결하기 위해서, 개체들에게 소진되지 않고 있던 전-개체적 실재성이 개체들 사이의 소통과 내적 공명을 통해 새롭게 집단화하는 것이다. 개체초월적 집단이란 이미 개체화되어 분리된 개체들 안에 '자연의 무게'로 내재하던 전-개체적 퍼텐셜이 개체들을 가로질러 유의미하게 소통됨으로써 개체 수준에서 해결되지 않던 문제들을 집단적 수준에서 해결하면서 동질성과 연대성을 새롭게 회복한 개체들의 앙상블이라 할 수 있다.

인간이 생물학적 종의 차원에 머무르지 않고 또 기존의 사회적 질서에 종속되지 않으면서, 새로운 집단적 관계를 창조할 수 있다는 생각은 바로 이 개체초월적 개념에서 나타난다. 시몽동에 따르면, 인간이 생명체로서의 인간개체성을 넘어서, 주어진 사회적 시스템을 변형시키면서, 자기 안에 내재하던 근원적인 자연의 퍼텐셜을 개체초월적 방식으로 실현하는 주체로 설 수 있는 것은, 오로지 다른 개체들과 연합하여 상호협력적 앙상블을 이룸으로써만 가능하다. 그런데 미약한 개체들을 개체초월적 수준에서 조직화해 주는 것, 새로운 개체와의 동력으로 묶어주는 것, 그것이 바로 '기술적 대상들'이다. 이 기술적 대상들의 중개를 통해서 개체초월적 관계가 창조된다.

스웨덴 스톡홀름의 한 유아학교의 'OHP 프로젝트'에서 유아들의 개체초월적 관계가 발생하는 사례가 있었다. 이 프로젝트는 1.5세와 2세 유아들 15명이 참여하여 2년간에 걸쳐 진행되었다. 아이들은 점점 OHP 프로젝터라는 기계에서 일어나는 빛과 그림자의 특성에 관심을 가진다. 아이들이 자신의 움직임과 빛과 스크린에 투사된 그림자들 간의 관계를 발견하면서 "유령이야, 유령이야"라고 소리 지르며 춤을 추는 원시적이고 자기도취적인 의례가 등장한다. 아이들은 기계를 가지고 무언가 하면서 기계 주변에서 일종의 의례를 행한다. 또한 아이들은 항상 역할놀이 의상을 입고는 의례를 시작한다. 아이들은 꽤 많은 시간 동안 협상했고, 모두 자신이 입은 의상에 만족해야만 비로소 활동을 시작했다고 한다. 아이들은 OHP 프로젝터라는 기계를 접한 후 의례를 행함으로써 개체를 초월하는 집단적 주체성의 발생과정을 보여준다.

발명된 기술적 대상들은 전-개체적 자연의 퍼텐셜을 실현하는 개체초월적 역량이며 인간과 환경의 관계 전체를 새로운 차원으로 변환시킨다. 기술적 활동은 양립불가능하고 이질적이고 불일치하는 것들 사이에서 소통과 관계를 조절하는 작용이다. 개체들 사이에 이런 개체 초월적 관계를 성립시키고 개체들의 앙상블을 조직화하며 하나의 생명체를 심리, 집단적으로 주체화하게 하는 것, 미약한 개체를 새로운 개체화의 동력으로 묶어주는 것, 그것이 바로 '기술적 대상'들이다. 예를 들어 '아이폰'과 같은 탁월한 기술적 대상들은 단순한 도구의 수준을 넘어서, 기존의 폐쇄적인 사회적 질서와 경계들—사회적 지위, 빈부, 나이, 지역 등—을 가로지르는 정보의 소통과 내적 공명—우애, 우정, 사랑 같은 정서적 공감—을 실현하며 새로운 집단적 관계를 창출하는 데 기여한다. 인간들은 기술적 대상들을 매개로 서로 소통하며, 기존의 사회적 질서와는 전혀 다른 새로운 차원의 집단성을 구축할 수 있다.

우리는 기계의 생산자, 사용자, 관리자로서 수행하는 기술적 활동을 주체화의 조건으로 바라볼 필요가 있다. 기술적 활동의 '기계-인간 앙상블'은 '지배-예속'의 패러다임을 '상호협력적 공존'의 패러다임으로 전환시키고, 근원적 자연의 전-개체적 퍼텐셜을 실현하는 개체초월적 관계를 실현한다. 인간과 기계의 관계는 새로운 개체초월적 관계를 산출하기 위한 상호협력적 앙상블로서 '퍼텐셜 에너지와 실현 변환기'의 그것이다. 시몽동의 '기계-인간 앙상블'은 인간과 기계의 본질적 차이에 근거하여 공통의 문제 해결을 위해 상호협력적으로 연대하는 평등 관계의 민주적 모델을 보여준다. 이것은 전-개체적인 것, 개체초월적인 것, 그리고 기술적인 것, 이 셋의 상호협력적인 본래적 관계에 대한 매우 드문 존재론적 통찰이 될 것이다.

디지털 '기계-인간 앙상블'과 삶의 환경

디지털 '기계-인간 앙상블'의 세계

컴퓨터 혁명은 모든 정보의 디지털화를 가능하게 한다. 모든 정보가 디지털이라는 공통의 언어를 갖게 됨으로써 데이터의 저장·전달·복제·편집·가공 등 정보처리과정이 더욱 효율적으로 되었다. 그로 인해 산업공정들 내부로 정보네트워크들을 통합함으로써 생산력 증대의 통제력을 확장한다. 정보 흐름의 강화는 기호를 감지하고 해석하는 인지능력의 기능적 강화를 밀어붙인다. 정보 자극을 해석하는 행위가 더 빨라지면 빨라질수록 해석 과정에서는 그만큼 더 많이 공유하고 동조가 이루어진다. 문제는 그렇게 됨으로써 인간의 지식·소통·기억·언어·협력·상상력·창의성·감정 등과 같은 정신의 인지적인 요소들이 가치 창출의 자원으로 동원된다.

오직 자본에 의해서만 동원되고 조직되는 산업 노동력과는 달리, 생산 과정에서 소통과 정보가 새로운 중심적 역할을 하게 됨에 따라 이 부문에서 인지 노동을 비물질 노동으로 정의할 수 있다. 사회 전체가 지식과 정보라는 정신적이고 비물질적인 요소들을 중심으로 재구축되는 만큼, 비물질 노동은 "서비스들, 문화적 생산물들, 지식 혹은 소통을 생산하는" 그러한 노동이다. 특히 컴퓨터 작업의 모델을 따른 상징과 정보 조작의 비물질 노동이 대단히 광범위하게 퍼진다. 컴퓨터가 단순한 자료처리에서 전략적 의사결정과 조직 재구조화에서의 핵심적 장치로 진화함으로써 조직과 관리 세계를 상징형식으로 조성하고 구축해 가고 있다.

디지털 기술은 우리가 그 장소에 현전해 있지 않고서도 의도하는 어떤 것이 이루어지도록 하는 것을 추구하는 기술이다. 따라서 디지털 기술의 전자적 코드화는 그 자체가 하나의 개념 구조이며, 상징의 조직체이기도 한 것이다. 디지털 기술 기반의 소통과 상호작용 모델은 비물질 노동이 우리의 노동활동에서 더욱더 중심적 활동으로 변하게 한다. 비물질노동이 확장함에 따라 인지 노동의 비중도 늘어날 수밖에 없다. 우리는 노동의 영역에서 출발해 기술과 삶의 관계, 즉 인지 노동자의 주체성, 그들의 반란, 그들의 자율과 그들의 연대를 다시 프로그래밍해야 한다.

디지털 '기계-인간 앙상블'

우리가 산업 기계에서 정보 기계로 이행할 때, 생산 행위에 대한 규제는 더 이상 기계적 자동화에 의존하지 않는다. 이제는 디지털 기술에 기반한 언어와 인지에 통합된다. 인공지능 기계의 확산에 따라 비물질 노동이 전면화함으로써 우리는 인지화를 피할 수 없다. 이제 디지털 기반 정보화 시대를 맞이하여 인간과 기계를 상호 규정적이고 등가적인 지위에 있는 것으로 간주하게 된다. 이는 인공지능을 비롯한 정보 처리 기술의 등장과 더불어 싹튼 기대이다. 인공지능의 발달과정에서 기계가 인간의 신경 계통과 마찬가지로 정보의 축적과 교환체계로서, 혹은 이전의 정보에 기반한 새로운 정보 창출의 장치로서 나타나기 시작했다. 인간과 기계가 유사하고 동등한 정보 처리 주체로서 마주 놓이게 된 것이다.

하지만 산업의 컴퓨터화에서 소통적 행동, 인간관계, 문화는 경제적 상호작용의 수준으로 도구화되고, 구상화되고, 퇴보하는 경향을 띤다. 네트워크로 연결하는 기계의 우월성에 의해 개인들 사이의 관계는 유선으로 엮이고 자동 연결에 종속되기 때문이다. 따라서 정치권력은 삶과 인지 그리고 생산의 모든 공간의 자동화를 향해 나아가는 기술적-언어적 자동작용 시스템으로 대체된다. 인지활동의 자동화, 인공지능 장치의 일상적 삶과 도시 환경으로의 침투는 비물질 노동과정이 신경전체주의 체제로 가는 길을 닦고 있다.

산업 문명으로부터 디지털 문명으로의 이행으로 우리는 디지털 전체의 법칙 아래 있는 지식의 수준에 있고, 디지털 통신망의 확장은 계산 영역을 확대하고 삶의 좀 더 많은 공간을 계산 패러다임으로 환원한다. 현대 금융업에서는 빅데이터를 분석해서 수십 초 만에 수백 페이지 분량의 보고서를 뽑아내는 일에서부터 초단타매매 기술에 이르는 온갖 금융 업무에 전용 AI 소프트웨어가 활용되는 것이 그 예이다.

그럼에도 불구하고 시몽동의 '기계-인간 앙상블' 개념은 우리 안에 내재하는 진정한 존재론적 퍼텐셜을 발굴시키고 소통시키며 사회 진보를 위한 정치적 가능성을 열어준다. 시몽동은 '전-개체적인 자연, 개체초월적인 인간, 그리고 기술적인 것', 이 셋의 상호 공존적 관계에 대한 깊이 있는 존재론적 통찰을 보여줌으로써 디지털 정보 기계 시스템이 지향해야 할 새로운 휴머니즘의 전망을 제시한다. 시몽동의 존재론적 통찰에 따르면, 각각의 분리된 개체들 안에 내재하고 있던 아주 미약한 '전-개체적 퍼텐셜'이 기술적 대상들을 매개로 서로 소통하고 연결되면서 기존의 사회적 관계와는 전혀 다른 새로운 집단적 관계가 조직화될 수 있다. 이것이 개체초월적인 집단이다. 인간이 생명체로서의 개체에 머무르지 않고 심리적-집단적 주체로 도약할 수 있는 것은 바로 이 개체초월적인 집단적 관계 안에서다.

개체초월적인 관계로 이루어진 집단은 상호개인적인 관계로 이루어진 사회나 공동체와는 구분된다. 기술적 발명은 전-개체적 퍼텐셜에 의거하여 기성의 사회 체제와 규범 안에서 수립된 기존의 사회적 시스템을 새로운 개체초월적 집단으로 변이시킨다는 점에서 사회 진화의 원동력이 될 수 있다. 디지털 혁명에 의한 '제2의 기계 시대'라고 할 디지털 '기계-인간 앙상블'에 의해 수십억 명의 인구를 잠재적인 지식 창조자, 문제 해결자, 혁신가의 공동체로 끌어들이고, 무수한 기계 지능들과 상호 연결된 수십억 개의 뇌가 서로 협력하여 우리가 사는 세계를 이해하고 개선해갈 것으로 전망되기 때문이다.

정보의 내용과 그 형식을 분리해 정보를 쉽게 복사·편집·가공할 수 있게 되면서 정보의 빠른 확산이 가능해졌다. 게다가 컴퓨터뿐만 아니라 비디오텍스, 화상 전송 시스템 같은 새로운 미디어들이 기존의 사회적 관계를 변화시켰고 정보화 사회는 이전 사회의 시·공간 장벽을 허물고 새로운 시공간 감각을 만들어냈다. 이런 환경에서 스스로 많은 정보를 수집하고 가공하며 판단하며 그 판단을 다른 이들과 공유하려는 사람들의 수가 늘어났다. 이러한 공유의 흐름이 온라인 커뮤니티 내에서 소통되고 뭉쳐지면서 하나의 지적 흐름을 형성했다. 이러한 가능성은 궁극적 형태로서 자본으로부터 지식과 기술이 해방되는 것이다.

장기적인 측면에서 모든 것은 지식을 생산하고 거래하며 정보를 교환하는 네트워크들이 얼마나 유연하고 역동적인가에 달려 있다. 비물질적인 정보현상은 '인지'나 '인식'과 관련된 것만이 아니다. '지식'이든 '데이터'든 그것은 인간의 인식활동에만 기여하는 것이 아니다. 정보과정을 통해서 '전달되고 생겨나는 것'에는 '믿음'이나 '정열', '의욕', '감정', '정동'도 포함된다. 그것은 일상생활에서 늘 경험되고 있지만 '분명한 형태를 갖지 않는 것'이어서 간과되어왔다. 의식은 실제로는 끊임없이 변하고 이행하는 신체의 개방성과 가상성을 응축한 것과 동일하다. 의식으로 환원되지 않는 신체적 과정이 항상 존재한다는 것이다.

인간들-기계들의 관계, 사회적 복종과 기계적 예속

디지털 기계 기술에 기반한 새로운 차원의 의사소통은 분명 우리의 지식과 정보를 상호적인 것으로 만들어주고 서로 그것을 알릴 수 있게 해준다. 오늘날 교류 및 기술 혁신 네트워크는 다방면에 걸쳐 있으며 지식과 정보는 새로운 인프라가 되었다. 특히 디지털 코드가 교환되는 네트워킹 기술이 등장하면서 그것이 생산하는 정보의 양, 사용하는 코드, 의식 수준 등에 따라 조직화 과정의 성패가 엇갈릴 수 있다. 전 세계 금융거래의 90퍼센트 이상이 인공지능의 알고리즘에 의존할 정도이다.

인간과 지능형 기계의 역동적인 제휴를 존재론적 본질의 차원에서 재조명하는 것은 기계들이 어떻게 인간과 자연, 인간과 인간 사이의 소통과 공명을 가능하게 하는 매개체로서 작동할 수 있는지 보여준다. 가타리가 기계에 대해서 강조하는 것은 세계가 기계 간의 연결접속의 양상에 의해서 작동된다고 보기 때문이다. 구조주의가 생각하듯이 세계가 큰 틀이나 구조에 따라 움직이는 것이 아니라, 작은 기계부품의 기능연관과 연결접속에 따라서 움직인다는 것이다. 그렇기 때문에 하나의 기계부품이라도 다른 방향으로 움직이거나 특이하게 작동하면 전체 기계권에 심대한 변화를 일으키게 된다.

기계는 물질적인 동시에 기호적인 배치이며, 현실적인 동시에 잠재적인 배치이다. 특히 비물질노동에서 기호의 흐름이 생산의 조건을 이룬다. 기호는 수신자와 발신자, 메시지라는 전통적인 인간 중심 네트워크만이 아닌 사물과 사물, 코드와 코드 간의 연결과정으로도 작동한다. 비물질노동에서의 기호작용 자체가 사물과 사물, 인간과 인간, 생명과 생명, 기호와 기호 사이의 관계 자체의 추상화 과정을 표현하므로 훨씬 광범위한 영역에서 기호의 흐름이 발생한다.

예컨대 페이스북이라는 기술은 단지 소통의 도구가 아니라 현실과 겹쳐 있으면서 동시에 현실을 교란하는 가상현실이다. 우리는 가상현실의 실재성에 대한 물음에서 출발해야 한다. 매클루언은 전자매체 시대에 과거와 다른 종류의 합리성 개념이 탄생하고 있음을 역설했다. 우리는 정보화 사회에서 합리성뿐만 아니라 실재의 개념이 또한 변모하고 있다는 사실에 주목해야 한다. 보드리야르에 따르면, 시뮬라크르는 실재보다 더 실재적인 과실재라는 것이다. 시뮬레이션에 의한 가상은 현실을 재해석하고 재분할하는 관점을 입법화한다는 점에서 실재보다 더 실재적인 과실재성을 띤다. 결국 시뮬레이션 논리에 대한 정신적 활동의 종속과 관련한 문제를 제기하기도 한다.

디지털 시대를 그 이전의 시대와 구별해 주는 가장 중요한 존재론적 특징이 바로 이러한 사실 속에 움트고 있다. 요컨대 사이버 공간은 권력이 사라진 공간이 아니라 다만 권력이 인터넷의 기술적 합리성에 따라 그 작동 방식을 바꾼 공간일 뿐이다. 즉 알고리즘, 프로토콜, 명령어 등을 '코드'로 총칭하면서 바로 이 코드가 어떤 행위는 가능하게 하고 어떤 행위는 불가능하게 하는 식으로 행위들에 대한 인도 혹은 제약을 이끌어내게 한다. **행위에 대한 행위라는 점에서, 코드는 이미 그 자체로 권력의 작용이다.** 현실 세계의 법과 규칙처럼 컴퓨터 세계의 코드 또한 특정한 행위를 허용 또는 제한하는 식으로 권력의 역할을 수행하기 때문이다. 결국 사이버 공간을 구성하는 것은 코드라고 할 수 있다. 결과적으로 사이버 공간은 여러 목적에 따른 코드의 수정과 추가를 통해 점차 규제와 통제가 가능한 공간으로 빠르게 개조되면서 조직화를 이룬 분명한 사실이다.

이탈리아 출신의 자율주의(autonomism) 이론가 마우리치오 라차라토

(Maurizio Lazzarato)에 따르면, 기호계의 관점에서 기계적 예속과 사회적 복종은 서로 구분되는 기호 체제를 수반한다. 먼저 사회적 복종은 인간의 언어를 기반으로 하는 기호의 기능, 즉 의식을 겨냥하고 재현에 관여하여 주체를 지시대상으로 삼는 기표적 기호계를 동원한다.[19] 사회적 복종에 동원된 기표적 기호계의 의미작용은 우리에게 정체성, sex, 신체, 직업, 민족성 따위를 할당한다. 기표적 기호계에 따라 주체성은 부여되고 그들의 재현표상, 행위를 형성한다. 그것은 지배적 의미작용에 순응하도록 개체화된 주체를 제작한다. 즉 개체화된 주체들에게 사회적 분업에 기초한 역할, 정체성, 기능을 각자의 위치에서 부여한다. 그렇게 함으로써 언어의 의미망과 재현망 밖으로 벗어날 수 없다.

한편 기계적인 예속은 인간은 물론 비인간적인 요소들을 시스템의 부품처럼 배치해서 관리, 제어하는 것이다. 기계적 예속은 기계의 투입과 산출로 기능하는 비기표적 기호계를 동원한다. 주가지수, 실업통계, 과학적 도표와 함수, 컴퓨터 언어 등 비기표적 기호계는 사물에 작용하며 그것들은 담론이나 언어가 아니라 생산적 배치의 힘을 움직이고 배가함으로써 작동한다. 예를 들어 우리는 공장을 하나의 기계로 볼 수 있는데, 그곳에서 인간과 기술적 기계는 구성요소, 또는 부품으로 존재할 뿐이다. 달리

---

19 기표적 기호계에서 기호는 언제나 양면적으로, 즉 기표와 기의로 이루어진다. 이를테면 '나무'라는 소리가 있고 이 소리는 어떤 영상이나 관념을 만들어낸다. 기표는 기호의 물질적 측면인 소리로 표시되는 표현이라면 기의는 기호를 듣거나 볼 때 생겨나는 관념이다. 기표적 기호계에서는 표현과 관념이 마치 종이의 양면처럼 서로 결합해야 비로소 기호가 된다는 사실에 주목한다.

말해 공장은 인간과 기술적 기계를 넘어서는 또 하나의 배치를 구성한다.

기계적 예속에서 비기표적 기호 흐름은 물질에 기반하고 있으면서도 비물질재로서의 속성을 함께 가지고 있다. 기계적 배치에서 주체성과 의식이 어떻게 작동하는지를 설명하려면 비기표적 기호계를 활용해야 한다. 비기표적 기호계는 기표에 비해 훨씬 사물에 대한 풍부한 잠재력과 가능태를 담고 있음으로 이는 과학, 산업체, 서비스 산업, 주식 시장, 군대, 예술적·소통적 기계들 속에서 모습을 드러낸다. 이를테면 음악, 예술, 영화 등에서 작동하는 비기표적 기호계—이미지, 구어, 문어(텍스트), 운동, 위치, 색채, 리듬— 뿐만 아니라 통화, 기업 회계, 국가 예산, 수학과 과학의 함수, 방정식 등이 그러하다.

기계적 배치의 기호 흐름

우리는 지금 뉴미디어와 정보 체계 기술의 획기적인 발전을 목도하고 있다. 사람들은 컴퓨터 정보과학기술이 마련한 환경 속에서, 전자 점화 자동차, 전자레인지, 와이파이로 전송되는 펙스 기계, 스마트폰, 사물인터넷, 구글안경 등 수많은 지능형 기계들과 연합된 채 살아간다. 우리는 거대한 기계적 계통과 마주한다. 인간들-기계들의 관계는 언제나 결합, 배치, 마주침, 연결, 포획의 질서로 자리 잡는다.

사람들은 기계들, 객체들, 기호들이 자기 자신과 동일한 '행위자'로 존재하는 배치 속에서, 또는 집합체(collective) 속에서 언제나 행동한다. 그 배치 하에서 기계적 예속은 시스템의 부품들을 관리하거나 제어한다는 뜻이다. 기계는 일상의 미세한 활동에서도 우리를 "촉진하고 보조한다." 기계 장치는 우리가 말하고 듣고 보고 쓰고 느끼는 방식을 촉진한다. 복종은 주체를 생산하고 지배하지만, 예속은 전체의 기능을 조화롭게 유지하고 균형을 잡는 것이다. 기계적 예속의 상태에서 우리는 기계들과 우리가 맺게 되는 관계를 한없이 나열할 수 있다. 그리고 기계적 예속하에서 기계와의 관계도 규정하는 형태로 존재한다.

기계는 비기표적 기호계를 통해서 (자기 스스로) 말하고 자기 자신을 표현하며, 인간과 다른 기계, "실재" 현상과 소통한다. 비기표적 기호계의 기호 흐름은 생산의 조건을 이룬다. 기호의 흐름은 실제의 흐름에 [직접] 참여하고 질서를 부여하고 상태의 변화를 가져온다. 비기표적 기호계의 기호 흐름은 컴퓨터에서 컴퓨터로 실시간으로 이동하며, 물질적 흐름과 마찬가지로 객관적인 현실을 구성한다. 기호의 흐름은 주체성에 영향을 미치고—주식가격을 결정하고 실물경제에 직접적으로 작용하는—시스템의 기능적 연결에 영향을 미친다. 여기서 기호는 자신이 지칭하는 대상의 자리에서 그것을 대신해 작동한다.

들뢰즈의 기계는 다른 것과 접속하여 흐름을 절단하거나 접속된 기계에 대해서 흐름을 생산하는 모든 것을 말한다. 눈과 입과 같은 기관이 기계인 것은 물론이고 욕망, 예술, 문학도 기계라고 본다. 배치 속에서도 기계들이 접속하고 절단함으로써 새로운 기계가 되고 다시 접속하고 절단하여 다른 기계로 되는 끊임없는 생성의 세계를 이룬다. 기표적 기호계에서 기표와 기의의 형식화는 오직 하나의 주체, 하나의 의식, 하나의 무의식, 하나의 현실, 하나의 실존만 허용한다. 반면에 비기표적 기호계는 기계적 배치 속에서 다양한 주체화 양식, 다양한 의식 상태, 다양한 무의식, 다양한 현실, 다양한 실존양식, 다양한 언어와 기호 시스템에 관여한다. 그런데 배치 속에서 인간과 비인간의 순환과 소통, 그리고 그들의 탁월한 창조성과 생산성은 일차적으로 언어에 의존하지 않는다는 점에 유의해야 한다. 예를 들면 영화는 한순간이라도 기표적 기호학을 넘어설 가능성을 보여준다. 이는 기표라는 고정관념을 넘어서, 음색, 냄새, 색채, 몸짓, 이미지, 표정 등의 비기표적 기호계가 고도로 구성되는 것을 말한다. 이런 다양한 요소에 의존하기 때문에 우리는 영화를 보고 해석하는 상이한 양식이 가능한 것이다.

기계 중심적 세계에서 말하고, 보고, 냄새 맡고, 행동하는 등 실재에 대한 이와 같은 적용은 비기표적 기호계를 요구한다. 비기표적 기호계는 언어보다는 언표행위[20]의 초점을 구성하고 주체화의 벡터를 구성하기 때문이다. 이때 기표가 모델화, 의미화, 표상화라고 한다면, 도표는 주변, 가장자리, 곁을 탐색하는 지도 그리기이다. 이러한 전혀 다른 개체화의 방식을 통해 우리는 개체를 측정하고 가늠하는 새로운 지도 그리기[21]의 가능성을 살필 수 있다.

영화의 색채나 리듬을 통해서, 그것의 이미지를 통해서 영화가 창출하는 생명과 생명 사이, 사물과 사물 사이에서 작동하는 생명 에너지나 정동의 흐름, 연결망의 접속 양상 등을 추상적이고 고도로 조직된 것으로 받아들일 이유가 도표라는 비기표적 기호계가 작동하기 때문이다. 여기서 비기표적 기호계는 관계의 성숙을 조직하는 고도로 자유로우면서도 고도로 조직된 기호작용으로, 도표적인 기호, 즉 지도 그리기의 표현 소재가 된다. 이런 경우 생명, 사물, 자연이 등장하게 되는 잠재성을 표현할 수 있는 색다른 방법론이 요구되는데 그 방법론이 바로 지도화이다. 그것은 끊임없는 질문에 따라 정동이 유통되고 욕망이 생성되는 실존의 궤적을 그려내 보이며 새로운 실재의 그물을 짜나가는 행위이다. 그것으로써 사람들이 생산적이고 긍정적인 삶의 지도를, 행동과 실천의 지도를 만들도록 촉발하고자 한다.

---

20 특히 가타리는 언어로 치우친 정신분석을 비판하면서 '배치'개념을 부각한다. 언어에서 벗어난다는 것은 문법화되고 질서지워진 언어규칙에 얽매이지 않는다는 것을 의미한다. 이런 맥락에서 가타리는 언어 자체가 아니라 언표행위를 강조하게 된다. 언어로 표현되는 신호뿐 아니라 인간이 표현하는 모든 신호, 예컨대 몸짓이나 인상, 괴성, 침묵 등을 모두 고려하기 위한 개념이다. 그런 언표행위는 단독적으로 존재하는 것이 아니라, 다른 사람들과 사물들과의 집합적 배치 속에서 이루어지는 것이다. 퍼스가 말했듯이, 언표행위는 논리적으로 그리고 실제적으로 랑그에 선행한다. 주체는 언표를 생산하지 않는다. 언표행위의 집합적 배치만이 언표를 생산한다. 언표행위의 본질은 수행적인 것이 아니라 대화적이며 전략적이며 사건 창출적인 것이다. 우리가 알다시피 모든 언표행위는 이해, "반응-반작용", "능동적 반응", "입장 정하기", "관점 취하기", "평가적 반응"을 함축한다. 우리는 이러한 언표행위가 어떤 결과를 가져올지 예측할 수 없다.

21 지도화 혹은 지도 제작의 방법론에서는 '어떻게?'(How)라는 작동과 양상의 질문이 다시 제기될 수밖에 없다. 이 '어떻게'라는 질문은 '왜'라는 질문의 계열화를 이루며, '왜'라는 질문 하나 하나에 대해서 쉽게 단정하지 않고 잠재성의 영역으로 놓아두면서 이를 횡단하고 이행하고 연결시킨다. 지도는 열려 있고 연결이 가능한 유동적인 매체이다. 무수히 많은 작은 관계들을 실타래처럼 다양한 삶으로 엮어가는 지도는 찢어지고, 뒤집히고, 개인이나 단체에 의해 재작업될 수도 있으며 지속적으로 가능하다. 지도 그리기는 기존 세계를 재현하기 위해 작동하는 것이 아니며 새로운 유형의 실재성, 새로운 진리의 모델을 만들어간다. 그것은 역사의 주체가 아니며 역사 위에서 그것을 조망하는 주체도 아니다. 그것은 선행했던 실재들과 의미작용을 해체하고 다양한 출현 및 창조성의 지점, 예기치 못한 연접(conjonction), 있을 법하지 않은 연속체들을 구성하면서 역사를 만들어낸다. 지도 그리기는 생성과 함께 역사를 역행(double)한다. 지도 그리기는 그것이 연결하는 무수한 점들의 곁에 비교적 자유롭고 해방된 점, 창조와 변동과 저항의 점들을 반드시 지닌다.

디지털 매체와 정동으로의 전환

우리는 매체 없이 무언가를 경험할 수 없다. 가령, 나는 신체 없이 내 고통을 경험하거나 대상을 지각할 수 없다. 여기서 신체는 인간이 세계를 그리고 인간을 경험하게 만드는 매체이다. 매체에 대한 가장 폭넓은 개념은 라틴어 단어인 'medium'(수단)이 가진 원래 의미에 기인한다. 매체는 중간과 중간자, 매개와 매개자를 의미하며, 이러한 '사이'의 역할, 활동, 재료가 정확히 어떻게 이루어져 있는가에 대한 물음을 일깨운다. 매체는 세계를 경험하게 하는 형식일 뿐 아니라 내용이기도 하다. 우리가 주목하는 것은 매체가 메시지이고, 매체가 우리의 상황을 규정하며, 우리가 알고 경험하는 것은 오로지 매체를 통해서만 가능하다는 것이다. 매체는 읽을 수 있게 하고, 들을 수 있게 하고, 볼 수 있게 하고, 지각할 수 있게 한다.

매체의 발전은 인간의 신체를 확장하게 했고 이로써 인간의 경험 역시 확장한다. 신체 자체가 매체가 되면서 보는 것과 아는 것의 새로운 양식들은 새로운 기술들을 요구하며, 새로운 기술들은 보는 것과 아는 것의 새로운 형식들을 요구한다. 신체는 개체의 차원에서는 하나의 매체 장치이지만, 동시에 여러 장치와 연결되면서 접속과 연결을 통해 정보를 전달하고 생산하는 네트워크로 작동한다. 네트워크의 매체인 신체는 그 자체로 적응하며 변이한다는 점에서 재귀적 성격을 지닌다. 그것은 마치 자기생산적 기계의 특성을 보여준다. 즉 네트워크의 기계장치는 재귀적으로 조직화되어 신체의 매체는 그 순환성을 유지하는 시스템의 일부가 되도록 하는 변화가 일어난다. 이것은 인간과 기계의 공진화적 과정이라는 특징을 지닌다.

현대 문명의 특징 중 하나는 컴퓨터, 인터넷, 스마트폰 등으로 대표되는 매체들의 급속한 발전이다. 전자매체에는 신체, 미디어, 디지털 등 세 가지 영역에서 정보를 제어하는 기술이 작용한다. 그것들은 탈규제와 자유화의 거센 바람을 타고 사회적 생산의 포획 및 신자유주의적 행정을 위한 '통치'의 조건을 창출하는 동시에, 또한 사람들이 지식, 소통, 자기경영 능력에 접근하는 것을 허용한다. 이를 통해 비물질적이고 인지적인 정신노동을 역사의 전면에 끌어올린다. 정보화의 흐름은 인간 정신의 작용을 확대하고 증폭시킴으로써 우리가 무엇을 생각하고 어떻게 생각하며 또 이를 표출하는 형태에 심대한 영향을 미쳤다.

매체의 변화는 커뮤니케이션의 방식뿐 아니라 대상과 공간에 대한 이해도 변화시켰다. 비물질노동은 신체적 기능의 확장이자 삶의 조건을 확장하는 신체의 매체 역할을 새롭게 창출한다. 매체는 신체 내부, 우리 자신의 관계, 인간관계를 변화시킬 뿐만 아니라, 환경적인 것이자 우리의 두 번째 피부와도 같은 삶의 조건이 된다. 이는 매체가 내용을 전달하는 형식만으로 작용하는 것이 아니라, 그 자체로 메시지가 되면서 의미를 생산하기 때문이다. 즉 매체는 그에 담긴 내용을 전달하는 데에서 그치지 않고 매체 자체의 기술적 변화를 통해 비언어적인 방식으로 삶의 속도와 패턴의 변화를 일으켜 의미를 창출한다.

인간은 도구나 무기를 이용해서 자신의 근원적인 가능성을 확장하며, 동시에 주변세계에 대한 영향력을 확장하고 구체화한다. 매체는 인간이 세계와 조우하는 삶의 기술이며, 인지 과제를 수행하기 위한 수단이다. 매체는 인지를 구성하는 요소이며, 인지는 애초부터 매체와 더불어 확장되어왔다. 인지 과정들은 몸의 구조와 결합해서만 기능하도록 진화되었다는 의미에서 몸의 구조에 의존한다. 디지털 미디어의 등장으로 기술로서의 매체의 발달이 인지 확장에 결정적인 영향을 미치지만 그 효과는 몸을 매체로 하여 나타난다.

디지털화는 현재에 대한 몸의 감각과 관련 있는데, 특히 현재 속에서 시간의 경과를 정동적으로 느끼는 몸의 능력에 관여한다. 디지털 이미지는 신체적 정동성을 확장한다. 디지털화와 신체적 정동의 관계는 우리가 이미지를 정보적인 것으로 재고할 것을 요구한다. 몸의 정동적 능력에 주목하는 이유는 디지털의 경우에 테크놀로지가 무엇보다도 몸을 통하여 주체에 진입하는 방식을 파악하게 한다. 주체와 테크놀로지를 연결하는 것은 신체적 정동 그 자체이다. 특히 신체적 기술은 기호의 생산을 위한 몸의 실재, 참여, 에너지, 그리고 감수성을 전제로 하기 때문이다. 예를 들어 말·춤·노래·악기 연주 등과 같은 살아 있는 행위들이 거기에 해당된다. 말에는 동작이나 얼굴의 표정이 따르고, 춤은 소리의 보석상자 안에서만 제대로 보인다. 모든 물질, 생명체, 타자, 그 모든 것들과 접촉하면서 쾌나 불쾌, 고통이나 환희 같은 정동이 생겨나고, 그것이 의지, 의욕, 믿음으로 결정화하는 정동 작용이 생겨나는 것이다. 이러한 정동작용은 디지털화가 진행됨에 따라 커뮤니케이션 기술을 통합함으로써 인간의 접촉에 기반한 지식과 창의력, 언어와 감정이 사회 내의 생산과 재생산에서 핵심적인 역할을 차지한다. 결국 노동하는 주체를 결정적으로 변화시키게 하여 새로운 형태의 사회화된 노동이 우세해진다. 그것은 개인의 정서적이고 지적인 노동 능력을 흡수하는 한편 이와 함께 협력이라는 집단적 형태의 가치를 증식시키는 방식으로 작동하게 한다.

대인 서비스 또는 근접 서비스와 같은 범주들이 정동적 노동을 지칭하는 데 사용되곤 하지만, 정동의 생산, 교환 그리고 소통은 몸을 매개로 이루어지기에 일반적으로 대인접촉과 연관된다. 이러한 정동적 노동 자체가 새로운 것은 아니다. 어떤 이들은 돌봄 노동, 친족 노동, 양육 및 보육 활동의 사회적 가치를 이해하게 하는 데 이바지해 왔다. 정도의 차이는 있지만, 이러한 정동적 노동은, 인간적 상호작용과 소통의 계기들 속에 심어진 서비스 산업 전체에 걸쳐—패스트푸드 접객 노동자에서부터 금융서비스 공급자에 이르기까지—일정한 역할을 수행한다. 정동적 노동은 협력적인 관계 속에서 삶을 생산하고 재생산한다. 정동의 생산과 재생산 속에서, 문화와 소통의 네트워크 속에서, 집합 주체성이 생산되고 사회성이 생산된다. 정동적 노동이 생산하는 것은 사회적 네트워크들, 공동체의 형태들, 삶능력(biopower)인 것이다. 특히 삶능력은 정동적 노동의 잠재성을 의미한다. 삶능력은 삶을 창조하는 능력이다. 이는 집단적 주체성들, 사회성 그리고 사회 그 자체의 생산이다. 이러한 의미에서 정동적 노동은 존재론적이다.

유기체 전체에 깃든 삶의 활력으로서의 정동은 신체의 상태를 사유의 일정한 양태와 함께 표현한다. 그리고 모든 언어적·지적 노동은 언제나 정동 노동과 결합하며 필연적으로 그것의 생산을 수반한다. 오늘날 생산성, 부, 사회 잉여의 생성은 언어적·소통적·정동적 네트워크를 통한 협력적 상호작용의 형태를 보인다. 그런데 컴퓨터로 표현되는 지식 노동은 인간관계를 도구적이고 경제적인 상호작용의 수준으로 후퇴시키기 쉬운 반면, 정동 노동은 복잡한 인간적 상호작용을 더욱 풍부하게 만들 수 있다.

특히 정동으로의 전환은 "사고, 인식 그리고 재현 이전의 '비성찰적인' 신체적 공간, 교감 처리(visceral processing) 공간으로의 전환"을 의미한다. 점점 더 국가는 사회적 통제의 행위 주체가 아니다. 짐짐 더 사회적 통제는 생물공학 영역으로 통합된다. 정치도 군사력도 모두 다 네트워크로 연결된 세계에서 확산하고 있는 삶의 형식과 사회적 지식 및 생산성의 증대하는 복잡성을 통제하고 지휘할 수 없다. 통제는 신체 자체로, 신체들 사이의 관계로 옮겨져야만 한다. 정동은 신체에서 예측 불가능한 새로움을 창출하고 생활 경험을 창의적으로 전환시킬 잠재성을 제공하기 때문이다. 이것이 바로 우리가 생명-권력에 대해 말하는 이유다. 정동은 권력에 제한되지 않으며, 스스로 가치 증식하며, 극복한 장애물을 전유하며, 지속적으로 확장하는 힘이기 때문에 아래로부터의 생명권력을 창출할 수 있다.

정동은 의식적인 것과 언어적인 것 이전에 신체의 행동할 능력에 영향을 미친다. 인간 접촉과 상호작용에서 형성되는 정동은 다시 삶의 형태, 사회관계, 공동체 등과 같은 정동적 비물질재를 생산한다는 점에서 본래 협력적인(cooperative) 성격을 지닌다. 그렇기 때문에 노동자들 사이에는 비물질 노동 안에 새겨진 가능성의 해방을 위한 문화적 공간이 존재한다.

정동 노동이 생산하는 것은 사회관계망, 공동체, 생명권력이다. 정동의 생산과 재생산 속에서, 문화와 소통의 네트워크 속에서, 집합적 주체성이 생산되고 사회성이 생산된다.

푸코의 권력과 자유의 실천

격동이라는 말로 표현되는 한국 근현대사를 돌아보면 군부독재 체제를 겪으면서 민주주의는 정치적 이상으로 다가왔다. 그리고 그 과정에서 우리 사회는 지나치다고 할 정도로 진보와 보수의 진영 논리에 휘둘리며 과잉 정치화되어 왔다. 그러다 보니 지금 우리 사회에서는 이상하게도 민주주의와 민주적 정치에 대한 관심이 식어가고 있다. 그렇기에 지금은 그동안의 민주화 과정을 돌아보며 과잉 정치화에 대한 성찰과 교정이 필요한 시기이기도 하다. 우리는 아직 제대로 된 민주주의를 가지고 있지 못하다. 그래서 '민주화'는 사회적 양극화와 불평등의 문제를 해결하기 위해서라도 여전히 민주주의라는 정치적 기획은 가장 중요한 과제가 아닐 수 없다.

어원적으로 민주주의는 '민중의 권력'을 뜻한다. 이런 의미에서 민주주의 정치 체제는 가장 덜 나쁜 것인데, 사람들이 이 정치 체제를 선호하는 것은 다수에 의한 소수의 지배를 수립하기 때문이 아니라, 통치자들의 권력을 제한하고 독단을 막기 때문이다. 민중의 대표자들에게 권력을 부여한다고 해서 가장 좋은 헌법인 것은 아니다. 그 정치 체제가 좋은 것은 단지 특별한 법규 제정, 그리고 조정 메커니즘 일반에 의한 특권과 독점의 장악을 그것이 대체하기 때문이다. 이제 더 이상 민중이든, 민중의 대표자들이든, 어느 누구에게 권력을 부여하는 것이 문제가 아니다.

그렇다면 도대체 어떤 새로운 권력이 출현했다는 것인가? 그것은 네트워크화되고 디지털화된 세계의 탄생과 관련된다. 이러한 변화는 혁신의 확산을 통해 사회 전체를 정보화 사회라는 새로운 패러다임으로 이어져 간다. 더 나아가 이를 통해 비물질적이고 인지적인 정신노동을 역사의 전면에 끌어올림으로써 새로운 국면을 열어젖히기 시작한다. 푸코에 따르면 이제 권력은 지배와 피지배의 위압적인 관계 방식, 즉 감시와 억압, 독재, 음모 등과 같은 진부한 권력의 형상으로 작동하지 않으며 오히려 가장 합리적인 형태로 작동한다. 그것은 통치기술의 새로운 원리이자 일상적 실천을 틀 짓는 규범적 양식이기도 하다.

참고로 권력분석을 할 때 주목해야 할 점은 권력은 관계라는 것이다. 권력은 권력자를 지배자로서 특징짓고 그것을 피지배자로부터 구별하는 '본질'이나 '속성'이 아니다. 권력은 권력자라는 '높은 곳'에서 발생하여 내려오는 것이 아니다. 권력은 '행위에 대한 행위'이다. 그것은 때리거나 명령하지 않고 금지하지도 않는 새로운 권력의 메커니즘이다. 그러기에 권력의 작용을 위에서가 아니라 반대로 거슬러 올라가면서 검토해나가야 한다. 요컨대 폭력으로 위협하거나 이데올로기로 기만하거나 억제에 따르게 하지 않고, 예컨대 사람을 교묘하게 배치하고 그것을 감시하는 것만으로 행위시키기가 가능하다. 이제는 위법자를 색출하기 위해 검문검색, 도청, 탐문 등을 일삼아 왔던 과거의 권력 행사 방식과는 확연히 달라진 모습을 보인다. 권력은 '여러 힘의 관계'이며 이것으로 삶을 관리하고 통제할 수 있다. 무언가를 가능하게 만드는 힘은 오직 다른 힘이라는 대상만을 가지며, 관계라는 존재만을 갖는다. 온갖 힘들의 관계는 하나의 권력관계이다. 이러한 권력관계는 자유의 원리를 통치의 가장 중요한 계기로 삼을 뿐 아니라 자유를 제한하기보다는 생산하고 증식시키게 보장함으로써 스스로 통치 질서를 유지 및 재생산하게 만든다.

포스트포드주의의 통치성

1989년 이후 포스트포드주의적 지구화가 진행되면서 사회적 규제의 새로운 풍경을 만들어내고 있다. 그것은 사회적으로 집중되지 않고 시장화되어 더 분산적인 형태로 전개되는 신자유주의적 관리사회를 전 지구적으로 확대되는 분기점이 되었다. 그러한 권력관계의 성격 변화는 정보통신기술의 발전과 대중화에 긴밀하게 연결된다. 신자유주의적 관리사회의 특징은 유연화·탈규제화·시장자유화·사영화 등으로 이제까지와는 다른 양태의 권력 기술·방법·전술·절차 등을 수반한다. 포스트포드주의는 사회적인 것의 해체와 함께 이에 대한 시장 중심적인 재편을 이루어가면서 다양한 수준에서의 탈중심화된 규제로 모습을 달리해 가고 있다.

여기서 핵심은 현재 출현 중인 새로운 규제 양식이 가지고 있는 독특한 질서 부여 기제와 정치적 합리성이 무엇인지를 확인하는 것이다. 예컨대 노사관계, 사회복지 사업, 공중보건, 교정기관들, 심리치료, 교육 등의 사회적 영역들에서 통치성의 관행들이 새로운 정치적 합리성을 구현하고 있다. 예컨대 자발적인 참여, 적극적인 관심, 긍정적인 동기, 자기 경영과 자기 책임 등과 같은 새로운 주체화 양식들로 채워지는 것이다. 포드주의적 규제와 달리 포스트포드주의적 규제 양식은 구조화된 제도적 공간을 넘어서는 유연하고 유동하는 망들을 통해 원격통제가 실현되고 있다. 권력은 바로 사회적 기관들이 상호 연결되는 중첩적 기구들의 긴밀한 망을 구성한다.

푸코에 따르면 우리 모두는 권력 실행과 관련되어 있어서 '다른 사람의 행동을 지시하며' 타인에게 변화를 주려고 노력한다. 물론 이것은 좋은 결과를 가져올 수도 있다. 푸코는 권력이 반드시 나쁘거나 해를 끼치는 것으로 생각하지 않는다. 권력은 생산적이며 긍정적인 방식이 될 수도 있다. 권력은 몇몇 사람이 행사하는 것이 아니며 우리 모두는 권력관계에 연루되어 있다.

넓은 의미에서의 통치는 "정치적인 구조나 국가의 관리라는 의미로 국한되지 않으며 오히려 이것은 개인이나 집단의 행위를 이끄는 방식으로 구성되었으며, 아이들에 대한 통치, 영혼에 대한, 공동체에 대한, 가족에 대한, 병자에 대한 통치들이 있다. 통치한다는 말은 타인의 가능한 행위의 장을 구조화하는 것"을 뜻한다. 특히 푸코는 권력의 작동을 언급할 때 국가 장치, 지배계급, 헤게모니를 가진 소수집단의 문제를 참조하기보다 개인의 일상적인 태도에서 개인의 고유한 신체에 이르기까지 개인들에게 실행되는 미시적인 권력에 관심을 보인다. 그것은 권력이 폭력이나 이데올로기에 따라 기능하는 것도 아니고 배제를 목적으로 하는 것도 아닌, 그 대신 생산의 최대화, 정상화/규범화를 추구한다. 푸코의 핵심적인 사유는 권력의 작동에 있어서 제도적 권력의 이해 방식과 관점, 사태에 대한 그들의 시각, 그들의 진리를 강요하는 강력한 권력의 힘이다.

푸코는 근대 국가와 정치적 합리성의 권력적 작동을 통치성으로 이해한다. 이때의 통치성은 국가이성의 강화를 통해 정당성을 획득하여 사법적 집행을 가능하게 하는 주권적 모델과는 달리 인구의 순환과 배치를 통해, 즉 안전을 구가함으로써 정당성을 구한다. 따라서 재난과 사고, 기아와 유행병 같은 예기치 못한 우발적인 요소가 발생했을 때 그것의 처리는 법의 금지나 규율의 명령이 아닌 안전장치, 최적화를 지향하는 조절의 역량으로 결정된다. 즉 통치는 권력의 행사가 항상 스스로를 향하는 사태 혹은 그러한 계기로 작동할 수밖에 없는 사태를 전제하고 있다. 따라서 통치는 자유와 지배가 교차하는 장에서 작동하며, 자기에게서 자기로 향하는 힘과 타자에게서 자기로 향하는 힘의 행사 쌍방에 걸쳐 작용한다.

새로운 권력의 출현과 함께 민주주의에 대한 우리의 질문 또한 새로운 정세 속에서 새롭게 제기되어야 할 필요가 있다. 단적으로 말해서 민주주의는 정부 조직의 형식의 문제가 아니라 사람들의 '삶의 형식'으로서 더 근원적인 인간적인-윤리적인 차원의 이상이다. 한 사회질서의 매우 높은 추상 수준이 기본적 제도들의 차원만이 아니라 그 제도들이 작동하는 구체적 방식과 상징적-문화적 차원에도 민감한 그런 민주주의를 구현해야 한다. 이러한 문제인식을 심화시키고자 한다면 우리는 푸코의 권력 개념으로부터 어떤 사유 가능성을 모색할 수 있다.

생명권력

자본주의와 과학기술이 서구의 근대가 이룩한 큰 성과라는 건 틀림없다. 이러한 문화적 성과에 의해 인간은 물질적 빈곤과 한계에서 해방된 듯하며, 엄청나게 발전하는 기술 문명 안에서 그 어느 시대에서도 불가능했던 물질적 혜택과 자유로움을 누리고 있는 듯하다. 그러나 그러한 현란함은 조금이라도 물러서서 보면 곳곳에서 병들고, 죽어가는 문화, 의미를 보지 못하고 생명과 인간을 존중하지 못하는 허무와 냉소의 물결을 금방 느낄 수밖에 없는 현실이다. 사람들은 불안정한 일자리와 생활 그리고 테러의 공포 속에서 불안을 일상으로 받아안고 살아간다. 불안과 위기가 일상화될수록 치안권력은 생활 곳곳까지 개입과 통제를 시도하고, 사람들은 이를 순순히 허용한다. 하지만 불안과 위기감의 고조는 어디까지나 우리 삶을 자본의 논리로만 길들이려는 새로운 통치체제의 전략일 뿐이다.

우리의 삶을 인간다운 삶으로 유지하기 위해서는 생명과 인간의 삶을 위협하는 온갖 반문화에 맞서는 사고가 필요하다. 그렇기에 먼저 생명 과정이 정치적 영역과 어떤 관계를 형성하는지가 중요할 것이다. 체세포 복제나 안락사에 관한 논쟁처럼 생명 과정을 다루는 문제는 단순한 기술적·학문적·산업적 관심을 넘어 다양한 이슈를 낳았다. 생명정치는 정치적인 것과 생물학적인 것이 결합해 변형하는 과정에 놓여 있다.

생명이 생명으로 자리하기 위해서는 자연적 토대와 조건이 필요하다.

그러나 생명의 터전은 이것이 전부가 아니다. 우리가 아는 생명, 우리 자신인 생명은 자연적 현상과 토대는 물론 그를 넘어서는 생명의 과정, 흔히 삶이라 부르는 과정 없이 존재하지 않는다. 그 어느 것 하나라도 배제한다면 그 생명은 생명일 수가 없다. 생명을 이해하기 위해서는 이 두 차원이 모두 필요하다. **생명은 살아 있으면서 동시에 살아가는 것이며, 또한 그렇게 죽어가는 것이다.**

개체의 생명은 자연적이지만 동시에 그런 자연을 넘어서는 것이기도 하다. 이런 까닭에 철학의 첫 시작이었던 고대 그리스 문화에서도 한 개체를 자연적인 생명 "zoe"의 측면과 의미론적인 생명 "bios"의 측면으로 구분하여 이해했다. '비오스'는 탄생에서 죽음에 이르는 개체의 삶이고, 인간의 죽음을 조건으로 하는 일회적 성격을 띤다. 인간의 삶은 이 '비오스'의 위상에서는 과거·현재·미래의 모든 삶에 대하여 '유례없는 것'이고, 이 개인적 삶의 유례없음이 정서적 공동체에서의 복수성을 구성한다. 다양한 복수적 관점이 많으면 많을수록 서로 간의 다양한 경험 안에서 비판, 반성, 설득 등의 상호작용이 일어나 정치적인 삶을 스스로 구성한다.

한편 '조에'는 '생물학적인 생명'을 의미한다. 사람들은 '조에'의 위상에서는 '인간이라는 일자성'을, 즉 동물로서의 인간 모두에게 공통되는 생명을 살고 있다. 어떤 개인이나 집단에 특유한 삶의 형태나 방식을 가리키는 '비오스'의 다양성과 모든 생명체(동물, 인간 혹은 신)에 공통된 것으로 살아 있음이라는 단순한 사실로서 '조에'의 일의성은 이렇게 뚜렷이 구별된다. 그러나 삶/생명의 관점에서 본다면 '비오스'와 '조에'라는 두 가지 차원으로, 즉

'다의적인 목소리로 말하는 자기'와 '일의적인 목소리로 말하는 신체'로 구분할 수 있을까 하는 점이다. 만약 '조에'를 완전히 배제한다면 정서적 공동체는 신체성이 탈색되고 구체성이 몹시 결여된 공간이 될 수밖에 없다.

아렌트와 푸코에 따르면 근대라는 것은 인간의 생명이 공공적·정치적 의의를 띠게 된 시대라는 것이다. 고대 민주주의에서는 공동체 외부의 '벌거벗은 생명(조에)'과 '정치적 존재(비오스)' 사이에 그어졌던 적대적 관계가 근대 민주주의에서는 외양을 달리하면서 등장한다. 고대와는 달리 근대라는 것은 정치적인 삶(bios politikos)이 생명을 초월한 곳에 존재하는 시대가 아니라 생명이 정치의 주체가 되는 시대이다. 왜냐하면 생명과 그것의 유지 및 연장 문제가 점점 더 법적 규제의 대상으로 등장하기 때문이다. 푸코는 근대 정치경제학이 인구라는 생명 과정을 통치 영역과 결합하는 지식의 형태로 발전했다고 지적하며, 하트와 네그리 역시 현대 자본주의의 변형이 노동력뿐 아니라 생명력 전체를 동원한다고 주장한다. 이를테면 자본가는 생산 리듬을 강화하기 위해 기계를 도입하여 노동과정을 변형시킨다. 특히 자동화는 인간의 시간의 흐름에 의해 자동적으로 포획되는 까닭에 포섭의 궁극적 형식이다. 푸코가 사회화한 신체의 규율적 종속으로 정의한 모델로부터 통제 모델로의 변화는 외부 명령에 대한 순종이라는 오랜 원리를 대체하는 행동 자동화 원리의 널리 퍼져 있는 체현이다. 오늘날 자동화는 바로 그 인지 영역에 침투하고 있으며 이런 점에서 권력은 그것이 사회적 삶 그 자체의 신경 조직에 체현되는 까닭에 생명 권력의 형식을 취한다.

근대 민주주의는 처음부터 조에의 권리 주장과 해방으로서 등장했으며, 생명 자체를 하나의 삶의 방식으로 변형시키려고 '조에의 비오스'를 찾으려고 한다. 예컨대 해고의 위험에 몸을 사리는 노동자들처럼, 혹은 왕따가 되지 않기 위해서 스스로 먼저 왕따를 공격하는 아이들의 경우처럼 말이다. 특히 푸코는 개개인의 신체와 국민의 집합적 신체를 표적으로 하여 그것에 깊게 개입하는 생명권력 테크놀로지의 동태를 파악한다. 그것은 자본주의적 생산의 리듬에 적합하도록 개개의 신체를 규율하고 인구를 조정하기 위하여 섹슈얼리티에 작동한다. 섹슈얼리티는 일종의 육체적 행위로서, 이는 규범적 기대를 불러일으키고 감시 및 훈육 조치의 대상이 된다. 이러한 배경에서 '섹슈얼리티 장치'가 결정적인 위치를 점하게 된다. 모든 장치는 주체화 과정을 내포하며, 이 과정이 없다면 장치는 통치 장치로 기능할 수 없을뿐더러 그저 폭력행사가 되고 만다.

　푸코의 생명권력은 삶 자체를 통치할 수 있게 만들며, 그것은 강제력으로 신체에 개입하기도 하지만 인간의 주체성(또는 정신)을 무대로 활약한다. 이로써 사람들의 건강과 교육, 복지는 개입 가능한 영역으로 구축된다. 그러면서 이들 영역에서 삶과 그 욕구를 관리하고 조절함으로써 통치될 수 있는 곳으로 변형되어야 한다. 생명권력의 정치적 합리성은 인간의 욕구와 행복, 욕망을 통치의 영역으로 전환한다. 이를테면, 한 프로그램이 젊은 엄마의 "육아"에 대한 관심을 촉진한다고 하자. 여기서 그녀는 부모임을 자각하고 자녀와의 관계를 우선시하도록 변모한다. 그리하여 모자 양쪽의 이해관심 모두가 충족되어야 한다. 엄마와 자녀의 행복과 자율, 삶 자체 말이다. 이 프로그램에서는 비오스라는 삶의 위상은 조에로부터 분리될 수 없다. 누군가의 욕구와 이해를 그들의 잠재력 실현에 맞추는 것, 이것 또한 사람들을 통치하는 방식이다.

이 프로그램에서 민주주의 통치의 작동 방식을 알고 싶다면, 중요한 질문은 누가 권력을 쥐고 있는가, 누가 권력이 없는가 하는 것이 아니라, 권력이 어떻게 작동하는가 하는 것이다. 누군가가 쥐고 있는 권력의 투명성에 초점을 맞추는 순간 우리는 권력의 실질적인 작동 방식을 놓치게 된다. 우리가 대면할 수 없는 권력은 권력이 무시무시한 것이 아니라, 말 그대로 실체가 없다는 뜻이다. 그러한 권력에 의한 통치와 지배의 실천은 어느 특정 영역에 한정되지 않는다.

중요한 것은 누가 어떤 영역을 통치하는가 하는 것이 아니라, 우리는 어떻게 통치되는가, 그리고 어떤 실천을 통해서 통치되느냐는 바로 그것에 있다. 이를테면 "육아" 프로그램에 작동하는 권력을 통치의 실천이라는 지평에서 파악한다는 것은 가장 절실히 필요한 사람들을 배려나 보호의 대상을 간주하지 않고 정치적 존재자로서 '공공적인 삶'(public life)을 산다는 차원에서 바라보는 것이다. 그러기에 인간이 지닌 잠재성의 실현, 풍부한 가능성을 되찾을 권리, 즉 삶, 육체, 건강, 행복, 욕구 만족에 대한 권리에 정치적으로 반응한다.

자유의 실천

정치는 생명의 보장이나 공통 세계의 정의로는 환원되지 않는 또 하나의 차원이 있다. 그것은 개별적 삶의 공약 불가능한 위상에 대응한다. 이 차원에서 정치는 사람들이 소유할 수 없는 '세계'의 제시(언어나 행위에서의 '현상')를 보고 듣고, 향수하는 공간을 의미한다. 이 차원에서 정치는 이미 공약이 가능한 가치(누구에게나 평등하게 보장되어야 하는 공공적 가치, 정당한 규범)의 정의를 둘러싸고 이루어지는 것이 아니다. 정치는 다른 가치나 삶의 양식을 표현하는 것과 관련된다. 이른바 정치가 온전히 개방적 장으로 전환하기 위해서는 자유가 사려 깊게 행사되어야 한다. 즉 반성되어야 한다. 윤리란 '자유가 취하는 반성된 형태'이다. 이것은 푸코가 '도덕규범'(code moral)과 대비되는 의미에서 '윤리'(ethique)라고 부르는 것이다.

푸코의 윤리는 현실에 극단적으로 주의를 기울임으로써 그 현실성을 존중하면서도 그것을 뒤흔들어버리는 자유의 실천인 듯하다. 철학자에게 문제는, 무엇이 일어날지가 아니라 무엇이 일어나고 있는지를 말하는 것이다. 그것은 현실의 진실과 자유의 실행 사이를 오가는 힘겨운 상호작용이다. 어떤 인물, 어떤 사태는 그 이상의 '무언가'를 내포하게 된다. 푸코의 윤리는 이와 같은 현행성(actuality)의 파악에 기초하고 있다. 이러한 접근은 복종으로부터의 해방과 현재 조건의 변혁을 저 멀리서 설정하는 사태에 빠지지 않기 위해서도 필요한 것이다. 현재의 무기력과 속박의 한가운데서, 그런데도 취약한 지점, 균열, 여러 힘의 선을 가려내어 이윽고 그것을 지적할 수 있어야 한다.

푸코는 저널리스트로서의 철학자임을 스스로 인정하면서 철저히 현행성에 관여하며, 현행성에 수렴되는 태도를 취한다. 푸코가 칸트에 천착하는 것은 이 지점이다. 즉 칸트가 '계몽이란 무엇인가?'에서 정의하는 계몽은 목적이나 기원의 물음과 관련 없는 장소에서 윤리-정치적 사고의 출구를 모색하고 있기 때문이다. 칸트에게 계몽이란 우리를 '미성숙'의 상태에서 해방하는 과정이다. '미성숙'의 상태란 이성을 사용해야 할 영역에서 다른 사람의 권위를 받아들이고 마는 우리의 의지의 상태를 가리킨다. 요컨대 이는 통치를 그대로 받아들이는 의지, 태도를 가리킨다. 문제는 계몽을, 그리고 그것을 위한 불가결한 수단으로서 즉 통치, 권위를 받아들이지 않기 위한 '비판'을 어떤 목적도 전체성도 참조하지 않는 현행성 속에 세우는 일이다.

이와 같은 비판적 태도는 바로 '현재'의 순간에 영원한 그 무엇을 잡는 태도라고 할 수 있다. 그것은 쉼 없이 자기 위치를 틀어, 현재에 너무나도 주의를 기울인 탓에 내일 자기가 어디에서 무얼 생각할지도 정확히 알 수 없을 수도 있다. 현재가 높은 가치를 갖고 있는 것은 그것을 통해 무엇인가를 상상하려는 필사적인 열망, 이 순간의 그것과는 다른 것을 상상해보려는 필사적인 열망, 그것을 파괴해 버리지 않고 그대로 포착함으로써 그것을 변형시키려는 열망과 분리해서 생각할 수는 없기 때문이다. 푸코에게 비판이란 이처럼 전면적인 것이다.[22]

푸코는 계몽을 비판적 태도라 정의한다. 계몽과 비판을 결부시키는 칸트에게서 푸코는 '비판적 태도'의 전통을 발견한 것이다. 그리고 비판적 태도를 그것이 역사적으로 사회의 통치화에서 시작되는 에토스로 파악한다. 즉 비판이 통치화와의 관련 속에서 강조되고 있다. 이 통치화란 "어떻게 통치당하지 않을 것인가?"라는 물음과 별개로 생각할 수 없다. 비판적 태도는 특히나 '통치당하지 않겠다는 의지'의 형태를 띤다. 비판적 태도는 항상 통치에 대한 내재적 거부이며, "다른 무엇과 맺는 관련 속에서만 존재"한다. 즉 "비판은 자신이 명확히 알지도 못하고, 또 스스로 그렇게 되지도 못할 미래 혹은 진실을 위한 수단이자 방법"이다. 여기서 비판은 '신중함(prudential)'과 같다. "비판은 자발적인 불복종이자 성찰을 통한 비순종의 기법이다." 이것은 윤리적인 동시에 정치적인 태도, 사고방식과 같은 그 무엇으로써 아주 간단하게 통치당하지 않으려는 기예라고 할 수 있다.

푸코의 윤리는 자기를 돌보는 방법, 또는 기술의 특징을 말하며 그것은 전적으로 구체적인 삶의 문제, 자신의 삶의 문제를 그 사고의 출발점으로 하고 또 종착점으로 한다. 이 기술은 철저하게 자신을 위한 것이다. 그렇다고 이렇게 구성되는 자아가 완전히 자기중심적인 인간 또는 이기적인 인간의 자아라고 할 수는 없다. "개인들에게 자기가 가진 수단을 써서, 또는

---

22 푸코는 칸트와 프랑스혁명의 연관에 대해 다음과 같이 평가한다. 칸트에게 중요한 것은 프랑스 혁명이라는 사건 그 자체에 있기보다 이에 열광하는 주변 사람들에 있었다. 칸트가 흥미를 느낀 점은 혁명이라는 행위가 아니라, 도리어 여기에 참여하지 않은 사람들에게 혁명이 갖는 의미, 즉 진보에의 열광에 있었다. 왜냐하면 이 열광은, 만인의 자유로운 선택, 정치체의 재구성 가능성을 향해 열린 에토스가 형성된 증표였기 때문이다. 그것은 푸코에게 어떤 경계로도 한정되는 일 없이, 그 자체 말고는 그 무엇도 목적으로 삼지 않는 그런 계기로 파악되어야 하며 이때 팽창하는 집단적 힘은 그 자체로 절대적으로 긍정돼야 할 지평이다. 푸코에게 문제는, 봉기와 그것이 내포하는 집단적 힘이 억압과 테러로 전회되는 데 빠지지 않고 유지될 수 있는 적극적 방법이었으며, 그는 이를 위한 기능 중 하나를 혁명에 열광하는 에토스, 비판의 에토스의 형성에서 찾은 것이다. 실로 이 작업이야말로 비판이다. 푸코는 비판에 대해, 칸트의 부정적인 정의(이성 사용의 한계와 조건의 확정)에서 한 발 더 나아가 적극적인 작동이 되어야 한다고 말한다. "필연적인 제한의 형태로 행사되는 비판을, 가능적인 넘어섬의 형태로 행사되는 실천적 비판으로 바꾸는 것."사카이 다카시 지음·(2011), 오하나 옮김, 『통치성과 자유』, 그린비, 366~368쪽 참고.

다른 사람들의 도움을 빌려, 자기의 몸과 영혼과, 생각과, 행동과 존재의 방식에 일정한 작용을 가함으로써, 자신을 변용하여, 행복과 순수성과 지혜와 완성 또는 불멸의 어떤 상태에 이르고자 하는 기술이다." 푸코의 생각으로는 자아의 기술을 터득한 사람은 무엇보다도 윤리적 인간이다.

사실 그의 자아의 기술에 대한 문제인식에는 바로 타자와의 관계에서 이를테면 정치의 세계에서 그러하고, 사제관계, 남녀관계, 가족관계 등에서 '통어력(governmentality)'을 확보하려는 의도를 포함한다는 것이다. 즉, 이것을 정면으로 바라보고 그것을 인간 현실의 근본으로 인정하는 것이다. 이러한 현실 인식에 의해 자기를 돌보는 기술은 긍극적으로 사회적 에토스에 귀착할 수밖에 없다. "자기를 두고 철저하게 다듬는 일을 하면, 개인의 자유권 행사는 선하고, 명예롭고, 존경스럽고, 기억할 만하고 모범이 될 에토스 안에서 펼쳐지게 된다." 그리하여 자유의 실천과 윤리는 하나로 겹친다.

삶 자체가 권력의 개입 대상이 되는 현대에서 푸코는 말년에 "자기의 삶을 하나의 예술작품으로 한다"는 이념으로 대응한다. 이것은 미학에서의 프락시스의 지위에 대해 응시하면서 '신체'와 '실천'의 의미를 재차 검토한다. 미국의 철학자 리처드 슈스터만은 자신이 제창한 개념인 '신체미학(somaesthetics)'의 관점에서 푸코의 이념에 주목한다. 슈스터만은 푸코가 한 말인 "깊은 사려를 수반해 단련하고, 신체의 중심을 둔 삶의 양식으로서의 철학적 비전"에서 자신이 제창한 '신체미학'과 공통점을 찾아낸다. '신체미학'이 다루는 것은 "그것을 통해 우리가 자기 인식이나 자기 창조를…

추구할 수 있는 다양한 신체적 실천"이다. 신체미학적 훈련의 강력한 예는 유교의 전통에서 발견된다. 공자의 개인적인 성격과 사회생활에 있어서 좀 더 향상된 정신적인 조화로움을 기르기 위한 기예, 제사 그리고 매혹적인 신체적 품행의 강조에서 알 수 있다.

신체적 실천을 이렇게 이해한다면, 푸코가 말하였듯이 자유란 본성으로서 실현되는 것이 아니라 항상 실행되어야 할 것이다. 그것은 자기를 변형시킬 필요를 생기게 하며, 이 자기의 변형을 위해 자기로 향할 필요가 있다. 인간은 자기를 둘러싼 것으로부터 자기 쪽으로 시선을 돌리게 할 것이다. 다만, 시선을 자기로 다시 향하게 한다는 것이 내면으로, 즉 양심의 비밀을 독해하는 쪽으로 향하는 것이 아니다. 알아야 할 사항은 언제나 세계이며, 타자들이며, 우리를 둘러싼 것이라는 점에는 변함이 없다. 자유로운 개인들이야말로 어떤 때는 타자의 자유를 통제하고 결정하고 한정도 하는 것이다. 이것들은 근본적인 부분에서 자기에 대한 자기의 관계나 그것을 통한 타자에의 관계에 근거하고 있으며, 푸코가 자유라고 하는 것은 이런 관계의 총체를 가리킨다.

정동과 다중의 존재양식

산업사회에서 정보화 사회로의 이행에 따른 비물질 노동의 발전으로 산업 생산은 대량생산-대량 소비의 순환 체제 구축을 위해서 더 이상 다른 경제 형태들과 사회 현상들에 대한 자신의 지배력을 확장하지 않는다.

무엇보다도 정보 경제 서비스 부문의 발전에 특징적인 지적 의사소통적 정동적 노동을 자신의 물질적 기초로 삼는다. 달리 말하자면, 생산한다는 것은 사회적 협력을 조직하고 삶 형태를 재생산한다는 것을 의미한다. 비물질노동에서 중요한 것은, 그것이 얼마만큼 내재적으로 그리고 직접적으로 협력적인가, 그리하여 새로운 주체성을 창출하는가 하는 것이다.

현대의 직업은 그 다양함에도 불구하고 거의 모두가 적극적 협동·관계·교육·지속적인 수련 등의 중추적 역할을 포함한다. 이를테면 고객의 의견을 청취하고, 그들과 협상하고, 그들을 훈련시키며, 파트너십을 체결하고, 스스로의 능력을 쇄신하는 일에 가장 많은 시간을 할애하고 중시한다. 이와 같은 의사소통의 형식과 조건 속에서 노동과 소비의 지속적인 혁신, 즉 생산의 협력과 소비와의 사회적 관계의 활성화를 촉진한다. 이렇게 하여 사람들은 스스로 인지능력과 소통 집행자의 형상을 띤 다중(多衆)으로 존재한다. 그렇다면 사회적 노동, 일반지성, 공통적인 것의 생산양식은 바로 다중이 등장하는 장(場)이다. 출현하고 있는 다중은 새로운 생산양식, 즉 자본주의 발전의 새로운 국면의 확립과 밀접히 관련되어 있는데, 여기서는 사회적 협력, 정동노동, 인지노동, 디지털 및 소통 테크놀로지가 지배적이다.

비물질노동의 정동노동

새로운 테크놀로지가 우리의 몸을 구닥다리로 쓸데없는 것으로 만들 것이라는 믿음을 가질 필요는 없다. 오히려 새로운 테크놀로지가 우리에게 더 많은 정보와 감각적 자극을 제공할수록 짜증나고 부담스러운 짐의 위험을 찾아내야 한다. 일반적으로 새로운 도구와 테크놀로지를 사용하면 그때, 몸의 새로운 사용을 포함하는데, 이것은 신체적 긴장, 불편 그리고 무능력이라는 새로운 가능성이 불완전한 몸의 사용에서 기인하기 때문이다. 이런 경우 기능이나 적합성에서 언제나 틀릴 수 있는 그러한 기구들이 행하는 것을 관찰하기 위해서 우리의 정동적 경험에 대한 관심이 필요하다.

근래에는 주체의 사고와 행동에 영향을 미치는 존재의 신체적·생물학적 차원에서 정동이 주목받기 시작한다. 흔히 영향을 주고 영향을 받을 수 있는 신체 능력으로 정의되는 정동은 언어와 담론의 결과로만 환원할 수 없는 신체의 물질성 및 신체적 사고와 행동에 관한 새로운 이론화 작업의 토대가 되었다. 그것은 외부 자극과 신체 반응 사이 그리고 신체 반응과 의식적 지각 사이의 선-언어적(pre-linguistic) 공간에 존재하며, 감정, 의식적 자각, 언어로부터 자율적인 신체의 행동 능력을 드러낸다. 그리고 진실로 우리의 모든 영향을 주고받을 수 있는 능력은 바로 그러한 신체적 과정을 경유한다.

정동과 의식은 잠재적-현실적 회로 안에 있으며 이런 이유로 정동은 잠재적이고 발생하는 것으로 규정한다. **정동은 인간의 내면에서 끊임없이 긍정과 극복의 에너지를 생성하는 강장제로서의 역할을 해야만 한다. 만약 우리가 사물의 잠재적인 측면을 포착하는 배움과 완전성을 향해 움직여야 한다면, 그것은 정확히 정체성이나 고정된 사물을 향한 것이어서는**

안 된다. 누구나가 동일하게 느끼는 방식으로 감각할 것이 아니라 차별적이고 특이한 방식으로 감각하도록 격려해야 한다. 차이는 항상 이 개체화에 중요한 역할을 수행해왔기 때문이다.

근대화 과정을 통해 모든 생산이 산업화되는 경향이 있었던 것처럼, 또한 탈근대화 과정을 통해 모든 생산은 서비스 생산을 향하고, 정보화되는 경향이 있다. 정보화 사회로의 전환은 노동의 질과 노동과정에서의 성격의 변화를 반드시 수반한다. 특히 컴퓨터 모델에 준해 작동하는 노동과정은 서비스 생산에 연관된 언어적·지적 소통 위주의 비물질적인 노동이라고 할 수 있는데 그 비물질노동은 인간 접촉과 상호작용의 정동적 노동이기도 하다. 이를테면 컴퓨터가 우리 삶의 중심으로 이동하면서 기계가 욕망을 충족시키며 그리고 어떤 경우에는 창조하고 이따금 노동력을 절약해 주는 것 말고도 또 다른 능력을 경험한다. 온라인 망은 열정의 고삐를 풀고, 창의성을 장려하고 예기치 못했던 수많은 방식으로 협력하고, 협조하고 공유하며 창조했다.

예전에는 정동적 노동을 여성의 노동이 비중을 차지하던 '친족 노동'(kin work)과 '돌봄 노동'(caring labor)과 같은 용어들로 파악해 왔다. 건강서비스는 돌봄 및 정동적 노동에 의지하며, 연예산업과 다양한 문화산업들도 마찬가지로 정동들을 창조하고 다루는 것에 집중된다. 이 노동은 몸과 관련되고 편안한 느낌, 행복, 만족, 흥분, 열정이 그 생산물이며 손으로 만질 수가 없다. 심지어는 결속감이나 귀속감도 포함하기 때문에 비물질적이다.

비물질노동이 생산한 생산물은 인간의 힘과 지식, 그리고 행동이 만나는 교차점이다. 탈근대의 노동자는 생산과정에서 자율적으로 상호 소통, 협력하면서 비물질적 생산물로서 공통적인 것을 생산한다. 시청각적 생산, 광고, 패션, 소프트웨어 생산, 사진, 문화 활동 등 비물질노동 그것은 필요들, 이미지적인 것, 소비자의 취향 등등에 형태를 부여하고 그것들을 물질화한다. 비물질노동을 통해 생산된 상품의 특수성—정보적·문화적 내용으로서의 그것의 가치에 의해 주어지고 있는 그것의 근본적인 사용가치—은 그것이 소비행위 속에서 파괴되지 않으며 오히려 그것이 그 소비자의 삶의 문화적 환경을 확대하고 변형하며 창조한다는 사실 속에 존재한다.

비물질 노동의 생산과정이 협동 네트워크에서 생산을 수행한다. 더욱이 사회적 협동 방식, 서로 생산적으로 관계하는 방식에 대한 규칙 및 습관은 더 이상 위로부터 부과되지 않고 아래로부터 생산자 간의 사회관계에서 발생하는 경향이 있다. 정동은 개인을 사회의 규칙과 규범에 순응하는 존재로서가 아니라 그것의 논리와 지배력을 교란하는 신체적 잠재성으로 이해한다. 그것은 의식과 규범과 감정에 종속되지 않으면서도 우리의 사고 생성에 매우 적극적 요소로 작용한다는 것이다. 정동은 신체에 의해 단순히 생산되는 것이라 할 수 없으며, 오히려 그것의 성격을 규정하고 그것을 반복하여 구성하고 재구성한다.

우리의 몸과 관계망이 갖고 있는 정동 즉, 생명에너지이자 활력만이 공동체 자체를 탄력적으로 만들고 유연하게 만들고 활성화하는 원천이 된다. 정동은 흐름이자 횡단이다. 정동은 신체에서 예측 불가능한 새로움을 창출하고 생활 경험을 창의적으로 전환할 잠재성을 제공한다. 몸 살림과 마음 살림 등을 통해 정동에 따라 움직이는 법을 체득하려 할 때, 이미 우리의 몸이 정동의 판짜기를 직감적으로, 무의식적으로 수행해왔음을 깨닫는다. 그런 점에서 보면 정동에 있어서 자생성, 자연 치유력, 자가면역, 독립성 등의 자연주의의 신화는 더 이상 불가능하다.

삶의 형태로서 다중

사실 기술·시장·경제적 환경의 지속적인 변화는 집단들로 하여금 경직되고 위계적인 조직 방식을 포기하고, 구성원들의 적극적인 발의와 협동 능력을 계발하게 한다. 이런 종류의 활동들은 삶 속에 자리를 마련하여 사회적 의사소통 속으로 통합하며 다중의 삶 형식으로 살아가도록, 그리고 진화하도록 한다. 즉 생산의 결과가 사회화되는 경향이 있다. 이것을 사회관계의 생산, 궁극적으로 인간의 삶 자체의 생산으로 이해해야 한다. 그 구체적인 예는 개인과 집단의 능력을 증대시키고, 사교성과 상호인정을 조장하며, 자립의 수단을 제공하고, 다양성을 창출하고, 쾌락을 다변화시키는 것 등이다.

사전적 정의에 따르면, 다중은 각자의 정체성을 가지며 개별적으로 행동하고, 특정한 사안에 동의할 때 개별성을 유지하면서 공동으로 행동하는 사람들이다. 즉 다중은 어떤 고정된 본성을 지니고 있지 않으며, 타인과 함께하는 과정을 통해서 그 어떤 주체성이 가변적으로 구성된다는 잠재력을 의미한다. 오히려 특정한 사안에 따라 그 주체의 의미도 결정된다.

그런 점에서 단순히 많은 수의 일반인들을 지칭하는 '대중(大衆)'과는 다르다. 문자 그대로 많은 사람들의 무리를 뜻하는 대중은 수적으로는 거대하지만 본질적으로는 모두 고립되어 있다. 그래서인지 사람이 많으면 많을수록 더욱더 비슷하게 행동하게 되고 더욱더 이질적인 행동을 받아들이지 못하는 경향이 있다.

탈근대에서 다중은 직접적으로 혹은 네트워크를 통해서 지식·정보·소통·정동과 같은 비물질적 노동을 함으로써 새로운 지식·정보·소통·정동과 같은 공통적인 것을 생산하는 주체가 된다. 이러한 주체성의 새로운 생산은 결국은 비물질적 노동의 전개 속에서 표현되는 생태적 투쟁, 즉 생활양식에 대한 투쟁이라고 할 수 있다. 이런 경우 생산한다는 것은 사회적 협력을 조직하고 삶 형태를 재생산한다는 것을 의미한다.

비물질적 생산물들의 총체는 인간의 삶의 환경으로 변형된다. 즉 그것들은 언제나 누구에겐가 보내지고, "이념적으로 의미화하며", 이로써 "의미"의 문제를 제기한다. 우리는 비물질적 생산물과 네트워크로 연결된 지식에 새겨진 내재적 가능성을 발전시키는 데 도움을 줄 수 있는 개념과 지각을 집요하게 찾아내야 한다. 이것이 다중에게 요구되는 핵심역량이다. 미래는 규정되어 있는 것이 아니라 새겨져 있으며, 따라서 해석 과정을 통해 선택 및 추출되어야만 하는 것이다. 새겨져 있는 가능성을 해석하는 과정은 개념에 의해 가능하고 또 형성된다. 해석의 의미는 표현하는 것, 새겨진 것을 내놓는 것이다. 그것은 새겨진 물질적 가능성의 언어로부터 기호와 의사소통의 언어로 번역하는 것이다.

다중은 한마디로 '나 있는 우리'로서 다수의 사회적·정치적 실존 형태이다. 다중은 개별자들의 연결망으로 이루어져 있다. 현대의 다중은 하나의 단일한 계급이 아니다. 현대의 다중은 자신의 계급의식을 구축할 수 없으며, 계급투쟁에서 자본에만 관심을 쏟지 않는다. 그것은 공적인 무대에서, 집단의 행동에서, 공동체의 사태를 처리하는 데 있어서, 하나의 종합된 통일로 수렴되지 않은 채, 운동의 구심적인 형태 내부에서 소멸하지 않은 채 그 자체로 존속되는 다원성[복수성, plurality]의 존재 방식을 가리킨다. 바로 이런 식의 다중으로 존재하기 때문에 다중은 '국가-형태의 위기' 자체에 대해 말하는—항상 국가에 기초를 두었던— '우리, 민중'과는 구별된다.

다중은 국가의 존립과 밀접하게 연관된 민중과도 다르다. 오히려 다중은 국가의 독점적인 의사결정에 모순을 일으키기도 한다. 그 때문에 다중은 질적으로 한껏 다양할뿐더러 정당 간의 커다란 구분에 의해 미리 제약받지 않는 정치적 지형을 더불어 그려나갈 것이다. 다중의 정치적 정체성은 끊임없이 변화하는 정치적 지형 건설에 기여하고, 그들이 우선적이라 여기는 어떤 문제들, 그들이 동조하는 어떤 입장, 그들이 취하는 어떤 논지들에 대한 그들의 지지에 따라 정의될 것이다. 따라서 국가 생활에의 참여는 이제 더 이상 '무리를 이루고', 정당에 약간의 무게를 실어주고, 어떤 대변자에게 더 높은 정당성을 부여하는 등의 방식으로 이루어지지 않을 것이다.

다중이 자신의 표적으로 삼고 있는 것은 기초적인 복종 또는 아무런 내용도 없는 복종이다. 그것은 국가의 통제 능력 자체를 의심하는 것이다. 복종의 의무는 국가의 존재 원인이자 결과이며, 자신의 기반을 구성하기 위해서는 이러한 의무에 의존할 수밖에 없기 때문이다. 다중은 특정 규정에 반대하면서도 모든 명령적 규정 행위의 감추어진 전제조건까지 거슬러 올라가 그것의 유효성을 뒤엎으려고 시도한다. 다중에 대해 마음을 쓰고 있는 사람이라면 누구나, 다중의 존재양식을 어떤 혁명적 본질로부터 도출해 내는 것이 아니라, 다중의 존재양식이 과연 무엇이고 이로부터 무엇이 추출될 수 있는지를 먼저 이해해야만 한다. 다수의 존재방식을 탐구하기 위해서 우리는 관점의 각도를 빈번하게 바꾸어가면서 다중이라는 대륙의 지평을 항해해야만 한다.

다중의 '온 마을'과 정치적 삶

다중의 삶, '온 마을'

다 알고 있는 사실이지만 세월호 침몰이나 천안함 사건에서 이윤보다 생명을 우선시했던 어부들이나 잠수사들은 산업재해에 대한 보상을 적절하게 받지 못했다. 그들이 규정을 어기고 무리하게 작업했기 때문에 국가와 보험회사가 보상금을 지급하지 않았던 것이다. 더욱이 위험한 것은 국가가 '탈규제'라는 명분으로 한때 자신이 책임지던 사회적 영역에서 철수하고 있는 현실이다. 국가는 생명의 가치에 관한 결정 및 생명의 시작과 끝에 관한 결정을 윤리 위원회, 전문가 위원회, 시민 패널의 협의에 위임하고, 또한 과학적 영역과 상업적 이해관계에 넘겨 버린다는 점이다.

공산주의 프로젝트 역시 노동 계급의 국가화로 진행되면서 사회적 역동성을 마비시켰으며 결국 전체주의적 악몽을 낳았을 뿐이다. 이러한 퇴보를 무시하기는 어렵다. 사회주의적 희망이 사라진 이래 정치적 행위는 국가에 의한 정치적 의사결정의 독점에 대해 잠재적으로 모순되는 한에 있어서, 때때로 국가의 주권이 뒤흔들리는 위기의 순간에 자신을 내세우면서 다시금 표면으로 떠오를 수 있다. 마치 억압되었던 것이 자신의 정당성을 입증하기 위해 뒤돌아오는 것처럼 말이다. 이러한 정세하에서 정치적 삶은 "현재의 마비상태로부터 그 정치적 행위를 구출하는 것"이 궁극적인 목표이다. 문제는—자본이나 제국을 파괴하는 것이 아니라—오히려 우리 자신의 역량을 강화하는 것이다.

삶의 내재성으로서 잠재성

이러한 문제인식은 삶에 대한 사유에 있어서 내재적 접근을 허용한다. 삶의 내재성은 이들이 외적으로 현실화되는 삶들과는 판이하다. 삶은 도처에 있으며, 그 모든 순간에 이러저러한 살아 있는 주체와 이러저러하게 살았던 대상에 의해 경험된다. 이때 삶의 내재적 평면은 단순히 현실적으로 존재하는 사물들과 주체들의 총합이 아니다. 내재성의 평면은 모든 주체나 객체를 생산하는 것과 마주할 뿐만 아니라, 이것에 선행한다.

이를테면 사람의 인식과 행동의 시작은 감각에 있다. 사람의 삶이 바깥 세상과의 관계에서 이루어진다고 한다면, 오관에 들어 접촉되는 세계가 모든 것의 시작인 것이 분명하다. 세계는 보고 듣고 냄새 맡고 만지는 것으로써 우리에게 직접 연결된다. 시발점으로서의 감각은 외부 세계와의 관계에만 해당하는 것이 아니다. 우리 자신에 대한 우리의 관계도 감각으로 접근된다고 할 수 있다. 그것은 세계에 열려 있는 감정과 생각의 여러 측면에 이어져 있다. 그렇다면 그때 그가 무엇을 감각한 것일까. 그가 감각한 것, 그의 내부에서 생기한 것, 그것은 분명 어떤 현실적인 것이고, 그가 그때 생성되고 있던 '어떤 것'의 감각이다. 그때 우리의 '존재방식'은 그 자체로 '물어져야 할 문제'를 제기하는 것이다. 그것은 인간 실존 존재에의 열림을 매개한다.

　내재성은 그런 점에서 잠재적이다. 그 잠재성에 있어서 삶은 현실적인 삶들과 마주 보고 있으며, 따라서 현실적인 삶들을 통해서 작동한다. 내재성은 잠재성을 사유하는 행위이다. 내재성은 존재에 있어서 어떠한 형태의 우월성이나 위계성도 부정한다. 이는 모든 것을 하나의 근거, 하나의 초월적 원리로 환원하는 초월성과 대립되며 그러한 초월자를 제거하거나 그것을 무나 공(空)으로 전복시킴으로써 이루어진다. 잠재성은 존재론적 관점에서 생성의 원천이다. 생성을 사유하려고 하는 철학에서 내재성이란 관계에 따라 어떤 것의 본질이 달라진다고 보는 사유방식을 의미한다. 내재적인 사유는 오직 상호 간의 내재적인 관계에 의해 모든 것을 포착한다. 내재성은 어떤 것 안에 있는(in) 내재적인 존재를 지칭하지도, 어떤 것에 대해(to) 내재적인 존재를 지칭하지도 않는다. 내재성은 대상에 의존하지도, 주체에 속하지도 않는다. 내재성의 원리에 따라 접속 가능한 양태들 전체의 장을 '내재성의 장'이라고 말한다. 이러한 원리들로부터 존재 자체가 펼쳐진다. 이것들이 존재의 생산과 구성을 이끈다. 우리가 내재성에 주목하는 바는 내재성이 모든 창조성의 원천이자 그것의 생산성의 관점이다. 내재성은 이미 그 자체로 하나의 삶이라고 할 수 있다.

　잠재성에 대한 논의가 중요한 이유는 하나의 결론을 이끌어내는 것이 아닌 문제제기 그 자체에 주목하기 때문이다. 이때 사유한다는 것은 사물 자체의 본질을 직시하는 법칙을 의미화하는 것이 아니라, 사물의 곁과 가장자리, 주변을 재배열하여 실재를 탐색함으로써 사물 자체가 갖고 있는 문제설정 자체에 대한 관점을 전혀 다른 방향에서 찾게 한다. 그렇다면 신체는 무엇을 할 수 있는가? 이러한 물음은 삶의 내재성에 대해 역량의 모델로 접근하게 한다. 각각 신체와 신체의 상호작용에 대한 역량모델 탐구를 통해 삶의 내재적 지형을 실천적으로 구성하고자 하는 것이다.

왜냐하면 몸은 항상 이미 그 전체로 그것의 환경과 연루되어 있기 때문이다. 그러기에 몸은 하나의 통합된 실체(unified entity)가 아니라 움직이는 많은 요소로 구성되어 있기에 운동적이고 역동적인 관계들로 정의된다. 이러한 운동성의 차원에서 들뢰즈(Gilles. Deleuze)는 말하기를 "몸은 한 신체를 정하는 분자들 사이의 운동과 휴식, 빠름과 느림의 관계, 즉 한 신체의 개별성이다." 그리하여 몸은 느끼면서 움직이기에 자신이 움직인다는 것을 안다. 몸은 움직인다. 그리고 몸은 느낀다. 실제로는 이 두 가지의 일이 동시에 일어난다.[23]

들뢰즈에게 정동은 신체의 행동하는 능력을 증강하거나 감소하는 전개체적인 신체의 힘이다. 정동은 지각되지 않는 역동성을 갖고 있다. 따라서 정동은 이행 그 자체이며 이런 경우 정동은 정동적 영향을 주거나 정동적 영향을 받는 능력이라고 할 수 있다. 이행은 보다 높거나 낮은 존재의 힘으로의 문턱을 통과하는 것으로 느껴지고, 후속적인 마주침을 위한 정동적 준비로서 파악된다. 그래서 정동은 우리를 바꾸고 확장한다. 상황들

속으로 그리고 상황들을 통해 존재성의 한 역량에서 다른 역량으로의 이행의 느낌은 정동적 경험을 특정한 해법으로 완결되기보다는 어떠한 문제적 장을 연다. 이를테면 "도대체 어떤 일이 일어나고 있는 거지?"라거나, "네가 원하는 게 뭐냐?"라는 근원적인 문제제기가 끊임없는 반복을 통해서 거대한 정동의 판 위에서 존재해온 잠재성과 마주치게 된다. 즉 끊임없는 문제해결의 노력을 유발한다. 그로부터 새로이 연결될 수 있는 다른 이야기들, 다양하게 뻗어나가는 행위들과 함께하고자 한다.

우리는 선(善)을 사유해야 하는 궁극적인 이유나 근거가 존재하지 않으며, 참을 사유하고자 하는 의지를 선천적으로 가지고 있는 것도 아니다. 그러한 환경이 내재성이라는 환경이다. 그런 점에서 보면 역량 모델은 새롭고 더욱 강력한 역량을 창조할 수 있는 신체가 지니는 관계성의 배치이다. 이러한 배치는 단지 우연한 합성이 아니라 존재론적 합성이다. 따라서

---

23 예를 들면 축구경기에서 선수들은 끊임없이 움직인다. 그래서 선수들 서로 간의 관계, 공과의 관계, 골대와의 관계 또한 유동적이며, 너무나 복잡해서 계측하기 어렵다. 그렇기 때문에 약호화되고 규제가 잡힌 스포츠에서조차 스타일이라고 하는 어떤 열림이 존재한다. 스타일은 어떤 특수한 별도의 능력과 연합되어 있는 것이 아니라 신체의 변용으로부터 즉 강도와 감각 경험으로부터 시작하며, 그것들의 강렬도를 경험할 수 있는 다른 능력들을 돋보이도록 기능하게 만드는 것이다. 선수를 스타로 만드는 것은 완벽한 기술 이상의 무언가가 있다. 잠재적 힘으로 존재하는 스타일을 현실화시키는 강도들은 감각 능력(다섯 가지 감각들)만이 경험할 수 있는 것, 감각 경험의 감각된 것이다. 스포츠 스타는 경기의 흐름을 바꾸어 변화를 초래할 수 있는 잠재적 장의 내재성에 진입할 수 있어야 한다. 선수는 감각 안에 있는 그리고 감각으로서의 잠재의 장으로 진입하여 자신의 스타일을 실행한다. 이를 위해 스타는 경기 와중에 분리된 지각 인상들을 강렬도에 대한 전반적 감각으로 종합한다. 선수가 감각 안에 있는 그리고 감각으로서의 잠재의 장으로 진입하는 순간 강도는 단순한 물리적인 힘이 아니라 이념/관념의 한 차원, 이념/관념 내부에서 잠재적인 것을 현실적인 것으로 이행하게 만든다. 즉, 강도는 이념을 '표현'한다. 다시 말해 이념이 강도의 옷을 입고 등장하는 개체화 현상이 발생한다. 그런 점에서 개체화는 사유가 감성적인 것으로 돌아가는 행위이다.

내재성에서 본다는 것은 어떤 것의 고정된 본질, 내적인 본질이 없으며, 다만 다른 것(외부)과의 관계에 따라 그 본질이 달라진다고 보는 것을 뜻한다. 이런 이유에서 내재성은 외부라는 개념과 대립하는 게 아니라 정확하게 외부의 사유이며, 또 외부에 의한 사유라고 말할 수 있다. 이제 실천적인 전진을 시작하기 위해서 존재론적인 배치라는 전략하에 정치적인 삶의 현장으로 들어서야 한다. 실천은 존재의 관계들을 아래로부터 구축하면서 위를 향해 움직인다. 그 과정은 사람들에게 용기를 갖게 하고, 새로운 것을 할 의지를 만들며 무엇보다도 그것을 하지 않고서는 안 된다는 신념이 형성되는 순간이기도 하다.

정치적 삶의 현장, '온 마을'

우리 사회는 "잘살아보세"라는 구호 아래 극단적으로 전체주의적이었던 근대화 과정을 거쳤다. 그 과정에서 성장 이데올로기의 유산들은 자본주의적 문화의 가치 지평을 형성하였다. 신자유주의의 논리가 그토록 짧은 시간 안에 우리네 안방을 점령할 수 있었다는 것은 단순히 외환 위기라는 경제적 조건의 변화 때문만은 아니다. 그만큼 우리 사회가 빠른 속도로 근대화 과정을 거치면서 자본주의적 문화의 식민화 논리에 깊이 침윤되어 있었던 탓도 있다. 세계사적으로는 사회주의의 몰락과 함께 단선적인 역사의 진보로 대변되는 고전적 마르크스주의 역사철학과 세계관은 사회적 진화의 복잡성을 설명할 수 없게 되었으며 당연하게도 그것에 기반했던 정치적 사고도 그 시효가 소멸한다.

오늘날 정치적 기획은 바로 이 지점에서 새롭게 시작해야 한다. 정치는 오로지 삶과의 관계 속에서 생겨날 수 있다. '지금, 여기'의 삶에 어떻게 대면할 것인가 하는 문제설정이 되어야 한다. 노동과 자본은 여전히 기본적 개념이며 대립적이다. 그러나 주체화 과정을 상상하려고 한다면 역사적 진화를 주체들 간의 대결영역으로서보다는 '소외'라고 규정되었건 '착취'라고 표현되었건 또는 '억압'이라고 불리었건, 그러한 문제들에 대한 민감한 감수성으로부터 삶을 사고하는 정치가 요구된다. 삶을 사고하는 실천에서 발전되고 실행되는 주체화의 과정에서 진리와 윤리는 아래로부터 발생한다. 정치는 이러한 주체에 의해 발생하는 것으로, 전적으로 주체의 내적 사고의 생산물이다. 그것은 자율적인 주체성 생산의 능력으로 나타난다.

정치는 저 아래, 사소한 것의 전략적 장 안에서 출현한다. 정치는 도처에 있으며 정치가만의 것이 아니라 이미 우리의 생활 한가운데 존재하며 항상 작동하고 있다. 타인의 시선을 모으고 그들의 인정을 받는 경험을 하는 인간은 이러한 경험을 선사한 공동체에 대한 강한 유대감과 믿음을 품게 된다. 우리는 각자의 앞에 펼쳐져 있는 잠재적인 상호작용의 지평 안에서 타인들과 조우하며, 서로의 존재를 인정한다는 신호를 주고받는다. 그럼으로써 그는 자신이 고립된 개인이 아니라 누군가로부터 인정받고 앞으로도 인정받을 수 있는, 공동체의 일원임을 자각하게 된다. 인간의 정치적 욕구 또한 여러 사람의, 함께 행동하고 서로의 모습을 자랑스럽게 보여주고 싶어 하는, 보통 사람의 욕구로부터 단절된 것은 아니었다.

이제는 삶의 현장을 정치적으로 복원하기 위한 프로젝트가 필요하다.

그러한 문제인식은 아프리카 속담 "한 아이를 키우는 데 온 마을이 필요하다"에서 그 어떤 단서를 찾을 수 있다. 아프리카 속담에서 우리는 단순한 생존을 넘어 인간다운 삶을 살고자 하는 열망과 요구를 품게 된다. 그런데 이들이 열망하는 인간다운 삶은 그저 주어지는 것이 아니다. 모욕과 무시와 같은 사회적 인정의 박탈 경험, 그리고 사회적으로 야기된 고통과 불의를 극복하는 과정을 통과해야 한다. 그것은 기존 사회규범의 폐쇄성과 폭력성을 고발하는 것에서 시작하여 결국에는 혐오와 위계로부터 벗어나는 방법을 찾지 않으면 안 된다. '온 마을'에서는 인정 기대와 같은 심층적인 잠재적 욕구들에 규범적 정당화를 시도할 수 있으며 그뿐만 아니라 상호인정의 형태들이 제도화될 수 있도록 어떤 사회적 형태를 부여받는다.

아프리카 속담 속의 '온 마을'은 내재성의 존재론적 의미에서 보면 개별적이고 창발적인 전체라고 할 수 있다. 창발적인 전체는 부분들 간의 매일의 상호작용에서 부단히 생겨나는 것으로 어느 것이든 그것을 구성하는 부분들보다 더 커다란 외연을 갖는다. 그런 점에서 '온 마을'은 하나의 배치로 간주할 수 있다. 그것은 개별적인 독립체이기에 권력을 장악하려는 기존 운동 유형과는 차이가 나는 색다른 움직임이 요구된다. 각기 자신만의 변화율을 가지고 변하는 다양체(multiplicity)의 흐름을 갖고 있기에 다양한 영토화와 탈영토화의 과정이 '온 마을'의 상태에 영향을 미친다. 사람들 사이의 상호작용에서 나오고 이후에는 상호작용을 형성하는 다양한 연대감과 신뢰의 표현들이 '온 마을'을 구성하는 중요한 요소들이다. 그것의 표현들은 물론 언어를 포함하지만 말보다 행동이 더 효과적이다.

'온 마을'의 사람들이란 특정한 정체성을 지닌 집단을 지칭하는 것이 아니다. 온 마을 자체가 새로운 집단을 명명하는 공동체가 아니기 때문이다. '온 마을'은 연대를 활성화하고 의사소통의 신체적 영역을 공유하기에 적합한 공통의 장소로서 하나의 삶의 경험이다. 공통의 장소는 우리에게 풍향도, 믿을 만한 나침반, 특정한 관습의 총체, 말하다/사유하다 같은 특별한 방식을 제공한다. 공통의 장소는 어떤 상황에서든 다수가 끌어내는 공유된 언어적·인지적 능력들에 의해서 지적 협력을 구성한다.

우리는 '온 마을'이라는 공통 공간이 열림으로써 다원성과 다양성을 고양하는 집단적 조직 및 조정 방식을 실험할 기회를 얻는다. 그런 점에서 이 '온 마을'은 다수의 주체성 형성의 조건을 제시한다. 그곳은 대표자를 통하지 않고도 문제점들을 연구하고, 다원적으로 토의하고, 복잡다단한 과정들을 가시화하고, 집단적으로 결정하며, 결과를 평가하는 장이 될 것이다. '온 마을'은 그야말로 '인간적인 규모'의 소공동체 내부에서 사람들이 소통하며 한데 모여 사는 곳이다. 온 마을은 존재론적으로 내재적인 삶이기 때문이다.

'온 마을'의 존재론적 실체

'온 마을'의 존재론적 실체는 다중이다. 현대사회의 일상이 처한 소음과 단조로움이라는 이 두 암초 사이에서, 다중은 사람들의 시간, 서로 교차하는 이질적인 공동체들의 시간, 그리고 각각 고유의 리듬을 가진 문제들의 시간을 따르고 존중하려 애쓴다. 이 리듬들을 서로 반향하게 하고, 강세와 박자들이 잠정적 조화를 이루게 하려고 기도한다. 그것은 다원적이고 주관적인 시간을 표현한다. 우리는 여기서 교향악의 즉흥 연주라는 테마를 다시 만난다. 각 목소리는 조화를 이루고, 서로 화답하며, 시간의 예술인 음악처럼 전혀 있을 법하지 않은 교향악을 만들어낸다.

다중은 사람들 각자가 개별성을 유지한다는 점이 중요하다. 다중이 지닌 각자의 개별성은 고립된 주체 내부에서가 아니라 오로지 사람들 안에서만 하나의 경험으로 배치된다. 인간 개체의 개별성은 이미 습득된 것이 아니라 하나의 잠재성이다. 그것은 출발점이 아니라 도착점이다. 우리 각자는 태어날 때는 이미 사람들 속에 있고 그 환경하에서 '나'라는 개별성을 성취해나가야 한다. 그것은 풍요로운 '우리'를 이루는 것을 목표로 하는데, 그것을 음악적 모델로 비유한다면 즉흥 다성 합창이다. 음악적 모델에 따라 개인들에게 있어서 개별성과 다양성의 폭을 넓히는 작업은 그리 간단치 않다. 왜냐하면 각자는 동시에 1) 다른 단원들의 목소리를 들어야 하고, 2) 다르게 불려야 하며, 3) 자신의 목소리와 타자들의 목소리 사이의 조화로운 공존을 찾음으로써 전체적인 효과를 개선해야 하기 때문이다.

러시아 문화심리학자 비고츠키는 다중의 존재 발생에 대한 이론적 모델을 제공한다. 이미 앞에서 언급된 바가 있지만, 비고츠키는 개체발생영역에서 인간의 발달과정을 두 국면에 걸친 개체화 과정으로 설명한다. 하나는 사람들 속에서 이루어지는 상호과정의 비인칭적 국면이고 그다음으로는 상호과정에 대응하였던 각자의 개인 내 과정으로서의 국면이다. 인간 발달의 개체화 과정을 보면, 첫 번째의 비인칭적 국면이 그다음의 개인적 국면에 대해 내적 환경을 구성한다. 결론적으로 다중의 주체화 과정은 두 국면에 걸쳐 이뤄진다. 이때 주체는 개별적 개체(개인)와 일치하지 않는다.

이 점에서 온전한 개인만을 상정하는 자유주의와는 출발점에서부터 다르다. 주체는 각자의 개인과 일치하는 것이 아니라 자신이 안에 있으면서 항상 타자와 혼돈스럽게 얽혀 있는 비인칭적인 내적 환경을 구성하고 있다. 그리하여 '나'로 존재하긴 하지만 또한 '사람들'이기도 하다. 즉, 결코 재생산될 수는 없는 독특함이기도 한 동시에 또한 익명의 보편성이기도 하다. 이 둘의 뒤섞임은 항상 조화롭지만은 않다. 그 동요의 두 극단이 존재한다는 것을 정서와 정념으로 드러낸다. 사람들은 온 마을이 담아온 공통적 정서라는 디딤돌을 딛고 살아간다. 우리 각자가 '사람들'에서 '그 자신'으로 나아갈 수 있을 때 다중이 사는 '온 마을'로 거듭나는 것이다. 이것이 바로 "한 아이를 키우는 데 온 마을이 필요하다"라는 아프리카 속담의 핵심이다.

'온 마을'은 아이들의 성장과 발달을 함께 돌보는 삶의 방식이다. 이것은 함께 살며 서로 행동과 생각을 나누는 일을 통해 성립한다. 그것은 이웃끼리 사회적 관계를 맺도록 하고, 그렇게 맺은 촘촘한 관계망 속에서 서로서로 돌보도록 한다. 그러한 돌봄은 노동과 작업보다 훨씬 넓은 일종의 사회적 협력의 기반이라고 할 수 있다. 이때 사람들 사이에서 친구들의 우정과 같은 상호세계의 관계적 만남이 성립한다. 친구들은 우정에 대한 경험에 의해 항상 이미 함께-나뉘어 있기 때문이다.

'온 마을'에서 볼 수 있는 사람들의 상호세계는 개인들을 공통점으로 묶는 무리나 어떤 목적에 따라 모이는 결사체와는 다른 것이다. '온 마을'은 사람들 간에는 보이지 않는 일체감과 친밀감이 그 저변에 존재하는 어소시에이션(association)이라고 할 수 있다. association(연합/협동)은 society(이익사회/조직사회)가 아닌 community를 지향한다. 바야흐로 국가가 모든 것을 해주던 시대는 저물어 가고 있다. 커뮤니티는 국가의 빈자리를 사람과 사람 사이의 관계로 메움으로써 그들이 살던 곳에 머물며 독립적 삶을 이어가도록 하는 대안이다. 커뮤니티는 오랜 시간을 두고 새로운 환경과 문화를 차근차근 만들어가는 과정이다. 적어도 우리가 지향하려는 '온 마을'은 새로운 건물이 모여 만들어지는 것은 아니다. 주민들 스스로 익숙했던 생각과 행동을 조금씩 바꿔나갈 때, 즉 다중의 주체성을 성취할 때 비로소 '온 마을'이라는 커뮤니티로 거듭날 수 있다.

'온 마을'의 상호관계는 공통적인 것을 공유하고 의사소통에 의해 구성된 사람과 사람 간의 유대이다. 이때 '공통적'이란 공통의 믿음, 공통의 윤리, 공통의 문화, 공통의 지식, 공통의 복리, 공통의 시설 등이 포함된다. 이러한 공통의 선과 재화를 공유하며 의사소통으로 결합된 사람들의 유대가 성립하는 공간이 '공적 영역(public realm)'이다. 공적 영역에서의 어소시에이션은 우정과 같은 함께 나눔이 정치적 의미를 갖는 관계이다. 왜냐하면 우정은 존재한다는 순수한 사실, 삶 자체를 함께-지각하는 것이기 때문이다. 그것이 공동체가 지속적으로 발전할 수 있는 전제조건이기도 하다. 자유로운 개인들이 어소시에이션을 만들고, 여러 어소시에이션들이 모여서 다시 어소시에이션의 어소시에이션 과정을 이루면서 '온 마을'의 존재론적 실체인 다중의 주체성이 형성된다.

'온 마을'의 세계-내-존재

'한 아이를 키우는 데 온 마을이 필요하다'는 우리에게 이제 익숙한 말이 되었다. 온 마을학교, 온 마을 축제, 온 마을 배움터 등 교육 문화 복지 등의 여러 영역에서 '온 마을'이라는 단어는 곧잘 등장한다. 도시화와 산업화가 진행됨에 따라 사람들의 생활모습이 각기 달라졌고, 사회적 불안정성으로 인해 이웃의 개념 또한 변했다. 어느 누구도 같은 장소에서 누군가를 두 번 다시 만나지 못하게 되었다. 신자유주의 통치체제 등장으로 노동은 불안정화하고 비정규직 노동자들은 자기방어를 위한 어떠한 도구도 박탈당했다. 노동조합의 조직화된 투쟁으로 획득한 사회적 권리인 교육과 건강관리 및 여가 시간에 대한 접근은 급속히 악화하고 있다. 연대의 구조에 대한 어떠한 법적인 보호도 무력화시킨 규제 철폐로 인해 삶의 유동성이 증대하면서 '온 마을'은 불안 사회의 한 대안으로 떠오르고 있다. 아프리카 속담의 재등장은 어떤 면에서 보면 '소 잃고 외양간 고치는' 꼴이 되고 말았다. 이제 우리는 온고지신(溫故知新)의 깨달음으로 아프리카 속담이 주는 교훈을 되새겨야 하는 형국에 처한 것이다.

'온 마을'의 존재 방식, 세계-내-존재

한 동네에 사는 사람끼리 얼굴을 마주치던 시절에는 아이들을 서로 돌봐주고 관심을 갖는 것이 가능했다. 심지어 또래들과 놀다가 끼니때가 되면 친구 집에 가서 얻어먹기도 했다. 그때만 하더라도 사람들과의 관계 맺기, 사회에서 지켜야 할 예의범절과 규칙, 하다못해 놀이 방법에서 장례 의례까지 이 모든 것을 '온 마을' 안에서 배웠다. '온 마을'에서는 개인 상호 간 네트워크가 끊임없이 유지되어야 하고, 연루된 노동은 그 물질적 요소들 중 하나를 구성한다. '온 마을'에는 관계들의 유지를 위한 노동 분업이 존재한다. 엄청난 양의 노동을 수행하는 여성들, 특히 의무에 관한 것이든 자신의 선택에 의한 것이든, 가사행위에 모든 시간을 할애하는 여성들이 있다. 상호작용에서 나오고 이후에는 상호작용을 형성하는 다양한 연대감과 신뢰의 표현들은 '온 마을'의 중요한 요소들이다. 보육은 노동의 문제이자 성 역할의 문제, 공동체의 문제이다. 아이와 함께 보낼 충분한 여가를 보장받고 부부가 함께 아이를 기르고 아이를 데리고 안심하고 돌아다닐 공간이 있어야 제대로 된 보육이 가능하다.

아프리카 속담처럼 아이의 성장에 필요한 것은 어느 한 가지의 정책이 아니라 '온 마을'이다. '온 마을'이 형성되는 과정은 마을 사람들의 역사성에 의존할 수밖에 없으며 나름의 공동체성을 배경으로 갖는다. '온 마을'에서 아이를 보살피는 것은 다양한 형태의 물리적 도움을 제공하는 것뿐만 아니라, 빈번한 대화를 통해 관계들을 유지하는 것이 필요하다. 때로는 어려운 상황에 처한 남의 문제에 귀 기울이고 조언하는 것도 포함된다. 그러한 상호작용에서 아이를 돌보고 키울 수 있는 정서적 유대와 깊은 신뢰의 표현들은 삶의 존재 양식을 일궈내게 한다. 그러한 '온 마을'은 새로운 거주방식이다. 즉 생명과 사회의 최소단위이며 공존, 공생, 공진화할 수 있는 윤리적 거주 단위라고 할 수 있다. 이는 서로에게 깊이 연결된 존재라고 수긍케 한다.

이런 맥락에서 볼 때, '온 마을'은 단순히 인식과 관찰의 대상으로서 거리를 두고 바라보는 것이 아니라 친밀감이 바탕이 된 정서적인 '마음 씀' 혹은 '염려'의 방식이라고 본다. '온 마을'은 개개인의 의지와 정서적 태도 그리고 공동체 구성원 간의 유대감이 강하게 반영된 정서적 공동체이다. 그것은 삶의 방식에 있어서 정서적 믿음과 신뢰, 그리고 친밀감에 기반한 통일/보편성의 한 형태라고 할 수 있다. 그것은 정신적인 의미에서 '마음을 움직여 감동케 한다'라고 할 정도로 '온 마을'은 서로의 말을 들을 수 있을 만큼 충분히 가깝고, 똑바로 서로를 마주 보는 공간적으로 조합된 물리적 신체들, 대화를 유지하는 데 필요한 집중 그리고 당황하게 만드는 돌발 사건들로부터 회복하거나 대화 예절에서 벗어난 행위를 교정하기도 한다.

'온 마을'의 이러한 모습을 바로 하이데거의 '세계-내-존재'라는 용어가 그것의 의미를 잘 표현하고 있다. 여기서 세계는 친숙감과 친밀감 속에서 주어지는 삶이다. 따라서 '내-존재' 역시 공간적인 의미에서 'in'이 아니라 그 어원의 규정에 따라 '익숙하다', '거주하다', '체류하다' 등의 일상적인 의미에 근거한다. '온 마을'은 이러한 세계 또는 세계와의 정서적 일체감 속에 하나로 결합되어 있는 삶의 형식이다. **'온 마을'은 하나의 인식적 대상으로**

보는 것이 아니라 친숙감과 친밀감을 가지고 정서적으로 느끼는 세계라는 데 그 핵심이 있다. 바로 그렇기에 우리는 일상적 삶 속에서는 '온 마을'이라는 세계를 주제화하거나 깊이 의식하지 않는다. 그 세계는 두드러져 우리에게 나타나지 않는다. 단지 느낌 속에서 그림자처럼 주어져 있을 뿐이다. 또한 인간적인 삶의 원초적인 존재 양식이기에 고차원이든 저차원이든 관계없이 모든 인간은 이 속에 젖어들어 자연스럽게 살게 된다.

정동의 미시정치

정동에도 미시정치가 필요하다. 우리의 몸은 무엇이 잘못되고 있는지 잘 알고 있다. 정동정치는 사물과 생명의 결과 가장자리, 주변에서 서식하는 정동의 강렬도에 따라 배치하고 재배치하는 미시정치를 의미한다. 그래서 돌봄, 모심, 살림, 보살핌, 섬김 등과 정동이 동의어처럼 취급되는 이유도 그것이다. 보육 노동에서 보았듯이 정동적 노동은 자본축적과 가부장적 지배의 필수적인 토대로서 견고하게 뿌리내렸다. 우리가 여기서 발견하는 것은 "정동적으로 필요한 노동"이라고 불릴 수 있는 것의 저항이라기보다는 필수적인 정동적 노동의 잠재력이다. 정동적 노동은 산 노동이 삶의 형태를 구성하는 것임을 나타내고, 그렇게 하여 '계속 살아남는 것'으로서 정치는 삶 그 자체의 문제가 되었다. 이렇게 하여 정동적 노동의 삶정치적 생산이 창출하는 해방의 잠재력을 다시 한번 입증한다.

정동을 자본주의의 사회관계 속으로 밀어 넣는 것은 고정된 사회적 위치에 운동을 복원시켜 주체와 사회의 이행·변화·창조의 가능성을 열어놓기 위해서다. 그것은 사회 변화를 추동하는 다중의 주체 행위 역량을 키우는 문화적 실천이다. 무엇보다도 이들 실천은 개인적 이익을 넘어 커먼(the common)을 생산하겠다는 분명한 사회적 목적을 지닌 개인들의 정동적 유대와 협력의 산물인 것이다. 이처럼 정동은 집합적 주체와 사회관계 그리고 사회 자체를 생산한다는 점에서 정치적인 삶의 필수 구성 요소로 간주되어야 할 것이다.

이러한 맥락에서 정동은 커먼주의(commonism) 운동에 중요한 실천적 자원을 제공해 줄 것으로 보인다. 정동이 커먼을 사회-자연 복합체로서 그리고 다중의 새로운 주체성 형성의 기반으로 사고할 수 있도록 하기 때문이다. 이를테면 커먼(이미지, 정보, 지식, 정동, 코드, 사회관계 등)의 생산은 기본적으로 아래로부터의 생명권력의 개방적이고 역동적이며 공유의 수평적 문화를 형성하여 새로운 배치를 형성하는 '온 마을'의 탈영토화 운동을 촉발한다.

우리가 인간들 사이의 그리고 인간과 환경 사이의 정동적 관계에 집중한다면, 커먼스를 만들고 커먼스의 구성원이 되는 우리의 실천은 더욱 풍부하고 완전해질 수 있다. 커먼스는 인간을 합리적 계산에 따라 움직이는 경제적 동물로서만이 아니라, 돌보고, 주고, 제공하는 이로서 평가받고자 하는 욕망에 따라 살아가는 존재로 자리매김할 수 있게 한다. 외부 세계와의 연결성, 유대감, 공존 등을 중시하는 관계론적 존재론에서, 커먼스는 우리의 물질적 자원을 보존하는 것을 넘어서서, 우리의 코나투스를 높이고 우리에게 즐거움을 주는 연대를 향한 노력이 자본주의의 협소한 효용 극대화에 갇히지 않게 하며, 시장 논리의 지배를 극복하는 주체성을 만들어내는 장으로 작용하고 있다.

정동의 정치학은 사회운동의 저항 전략에 새로운 과제를 제기한다. 정동의 잠재력을 내재한 다중은 저항을 통해서 항상 자신들의 자율성을 표출한다. 자율성은 변화, 문제 제기, 수련의 능력을 전제로 한다. 정동은 그것의 내재적인 협력적 성격으로 인해 자본과는 독립적으로 스스로 가치 증식을 할 잠재성을 갖고 있기 때문이다. 사람들 사이의 연대와 협력, 타인에 대한 배려, 그리고 공동체적 삶의 생산 등과 같은 정치적인 삶의 전략은 바로 정동의 내재적 자율성에 토대를 두고 있다. 정동과 활력의 반복적인 투여는 사실상 양육, 돌봄, 보살핌 등으로만 지속가능성을 약속할 수 있는 '온 마을'의 현실과도 부합된다. 결국 돌봄, 모심, 보살핌, 살림, 섬김 등의 정동과정이 선재해야 한 아이의 성장과 발달이 가능해진다고 할 수 있다.

오늘날 정치의 문제는 권력을 잡는 것보다는 다중의 역능을 증대시키는 것에 관련된다. 역능은 가능성을 주고, 권력을 차단한다. 역능은 자유롭게 하고, 권력은 종속시킨다. 역능은 각자의 코나투스 혹은 오토포이에시스 증대에 사용되는 에너지를 축적하고, 권력은 그것을 탕진한다. 인간과 자연, 사람과 사람 사이에서 다중의 역능이 풍부하게 펼쳐질 때 비로소 다차원적 협력이 성취됨으로써 사람들에게 지속가능한 공생의 조건이 마련된다. 궁극적으로 다중이 자신 안의 잠재력을 스스로 지배할 수 있게 될 때, 민주주의가 가능하게 된다. 스스로를 의식하게 되는 날, 다중은 더 이상 계급으로 존재하기를 거부하고, 자신의 정치적인 삶의 구조를 공고히 하는 교육·수련·인적 자질 생산의 전반적 사회화를 제도화하게 될 것이다.

이때 필요한 것이 사랑, 욕망, 정동 흐름의 지도화이다. 지도화에 따라 '그것을 욕망한다' 혹은 '무엇이 되어간다'라는 과정적이고 진행형적인 영역이 먼저 있었다는 점을 알게 된다. 여기서 지도화가 있지 않고서는 제도화를 이룰 수 없다는 점이 드러난다. 제도화는 지도화 속에서 선별되고 추출된 일부를 가시화한 것이지만, 사실상 무수한 지도화 과정이 있어야 하나의 제도화가 기능하게 된다. 지도화는 '온 마을'과 같은 자율적인 사회적인 삶을 재창안하도록 하는 제도 생산을 이루기 위한 초석이 되어야 한다.

그런데 이 모든 것은 개인의 주관성을 효과적으로 참여시키고 동원하지 않는 한 불가능하다. 이것은 인간 그 자체에 대한 새로운 주의를 전제로 한다. 인간의 모든 감성적·지적 자원이 활용되고, 서로에게 귀 기울이고 또 서로를 주목하는 가운데, 범세계적인 상호 접속과 사회적 피드백에 의해 상대방이 이기는 만큼 나 또한 이기는 게임들이 시작된다면, 경쟁은 바야흐로 윤리의 영역으로 자리를 옮길 것이다. 스피노자를 참고한다면, '코나투스' 때문에, 우리는 끊임없이 서로 연대하고 협력하려 하며 그 속에서 즐거움과 기쁨을 얻고 잠재성과 행동할 수 있는 힘을 높이고자 한다. 스피노자 윤리학은 이러한 결합과 협력의 정동 정치가 활성화될 토대를 제공한다.

공통감각의 문화공동체

전통시장이자 시골 장터인 읍내 오일장은 단지 상품의 교환을 위한 공간만이 아니었다. 장은 곧 작은 축제를 의미했다. 장날에는 아이와 어른 모두가 구경거리와 먹거리를 찾아 거리를 어슬렁거리는 만보객이 되었다. 곡마단과 약장수를 보고 풀빵을 먹으며 각양각색의 상품들을 보았다. 다섯 날째 열리는 장은 시간의 주기로도 기능했고, 생활의 리듬이 되기도 했다. 시골 읍내 오일장은 하나의 사례에 불과하지만, 인간이란 본질적으로 다른 사람들과의 관계 속에서 그 존재의미를 갖는다는 것을 잘 보여준다.

공동체의 문화에 관한 모든 문제는 공통감각과 관련되어 있다. 이때 공통감각은 개별적인 여러 감각을 관계 맺게 하고 그 질서를 잡아줌으로써 차원 높은 통합으로 향하도록 작용한다. 그것은 오감 각각이 충분하고 완전하게 발휘되어 전체가 되고, 여러 감각이 전체가 되면서 서로 결부되어 질서가 잡히는 방향으로 나아가는 것이다. 공통감각은 공동체의 상식으로서 삶의 지혜라고 할 수 있다. 이성적 추론과 대비되는 삶의 지혜는 꼭 들어맞는 실천적 판단을 하도록 할 뿐만 아니라 자신이 말하고 싶은 것을 사람들에게 충분하게 전달할 수 있게 한다. 즉 자신의 경험을 공동체의 성원들과 공유할 수 있는 것이다.

예컨대 재래시장은 여러 가지 사태로 인해 소란하다. 젊은 처자에게 야채를 팔면서 조리법을 맛깔나게 설명하는 상인, 할인행사와 '떨이'를 외치는 상인 그리고 덤을 달래며 가격을 협상하는 장바구니를 든 아주머니 등 시장에서는 요구이든 사정이든 서로 말을 섞어야 한다. 그러나 그 모든 과정과 상황이 합의만을 지향하는 것은 아니다. 합의는 하나의 공동체가 존재한다는 것을 전제한다. 재래시장은 아직 나와 타자가 갑과 을이 되어 대결하는 대신 교묘하게 대화하고 협상하는 기술을 시험하고, 경험할 수 있는 세계를 체화하는 곳이다.

재래시장에서 보여주는 그 모든 과정은 각자에게는 의미추구의 과정이다. 물론 기존의 문화가 지닌 집요함은 생각보다 대단하다. 관습적인 규칙들이 우리들의 삶에 막대한 영향력을 행사하는 까닭이다. 아울러 이러한 규칙들은 우리들의 의식에는 포착되지 않는다는 점에서 영향력이 곱절로 커진다. 의식이 포착하지 못한 것을 의식이 의심할 수는 없기 때문이다. 사람들은 집요한 문화의 굴레에 얽매여 살아간다. 그럼에도 불구하고 재래시장이라는 현장에서 추구되는 의미는 감각적 구현으로부터 충분한 자양분을 받는다. 그것은 감각되는 것들이 서로 부딪치고 충돌하는 이견 표출이 가능한 곳이기 때문이다. 즉 이견을 만들어낼 수 있는 행위가 의미추구의 행위이다.

각자의 다양한 의미추구는 지배적 합의의 정치를 지양하고 새로운 감각과 지각의 양식을 구성하는 이견의 장에서 가능하다. 감각공동체는 모두가 동의하는 공동체가 아니라 공동체의 힘이 살아 있는 공동체이다. 랑시에르(Jacques Rancière)에 따르면, 자신의 감각을 개발하고 자신의 말을 할 수 있는 사람들의 자발적 능력이 성취되는 감각공동체의 이견과 뒤섞임 속에 해방의 길이 있다.

의미의 공동체는 삶의 새로운 기술, 공동의 삶의 새로운 형태를 만드는 즉, 기존과는 다른 감각중추에 속하는 문화공동체이다. 새로운 감각중추의 구성은 감각적 수동성과 능동적 지성의 어떤 위계도 보여주지 않는 평등의 장소이다. 좀 더 쉽게 말한다면 감각중추의 가시적 형태는 몸이 세계를 느끼는 방식과 관련된 것이다. 예컨대 우리는 재래시장에서와 같은 세계성의 회복을 통해 사회성·인간성·공동체성의 회복을 꾀할 수 있다. 이때의 몸의 감각은 사교술의 감각이다. 사교술의 목표는 이기는 것이 아니라 궁극적으로 관계를 확장하는 것이다.

일단 감각의 역할은 우리에게 물질적 대상을 인식하게 하는 것보다도 그 효용을 가리키는 데 있다. 우리에게 여러 가지 일이 편리한지 불편한지, 도움이 되는지 위험한지를 따질 뿐이다. 따라서 감각은 무엇보다도 우리를 공간 속으로 이끌어가는 것이다. 본래 개별적인 감각은 어느 것이나 공통감각 안에서 통합되어 작용해야 하는 것이며, 일상적인 지각에도 많든 적든 통합은 이루어지고 있다. 그런 점에서 보면, 공통감각의 작용을 지각이라고 볼 수도 있다. 그래서 공통감각은 우리를 과학으로 향하게 하지 않고 생활세계로 향하게 한다. 한 개인의 생활세계는 그 사람의 사적인 세계로서 존재하는 것이 아니라 그가 다른 사람들과 언어적 상호작용을 수행함으로써 비로소 존재하는, 간주관적으로 공유되는 세계이다. 사회적 상호작용 속에서 개인은 그의 생활세계적인 상황에 상호적으로 공유된 해석을 이끌어낸다. 그것은 공통적인 것을 포착해 각각의 차이를 풍부하게 표현하도록 하면서도 그것들이 서로 잘 어울리도록 하고, 그래서 끊임없이 새로운 차이를 만들어낸다. 그리하여 다양한 '자유의 형태'들을 창안하도록 환경을 조성한다.

문화의 제도화와 행복의 정치학

제도는 국가나 정부의 질서에 속하는 것도, 사회의 질서에 속하는 것
도 아니다. 제도 그것은 가족이며 학교이고 기업이자 직장이고 노동조합
이며, 교회와 사원, 모임이고 연극이며 축구 클럽이나 록 밴드이며 단적으
로 말하면 동네이다. 왜냐하면 이웃과 친구들 역시 하나의 제도이기 때문
이다. 우리는 제도적 지평에서 벗어날 수 있다고 그 누구도 믿지 않는다.
제도들은 개인들을 그들의 국민적 소속에 따라 차이가 나며 부차적으로
는 다른 소속들에 따라 차이가 생기는데, 이것들 중 가장 중요한 것은 가
족적인 소속이다. 우리가 보통 생각하는 집은 가족이나 가족 같은 단위에
의해 선택되고 구성되는 거주지이다. 오늘날 우리가 소중히 여기는 사생
활과 안락함에 대한 관심이 꽤 높아지면서 집이나 거처의 역할이 부각되
고 있다. 가족은 모든 소속 중에서 가장 비자발적이고 최대치의 결속력을
지닌 일차적인 소속이다. 우리는 어딘가에서 태어날 수밖에 없다. 그렇지
않으면 어떤 가족에게 입양될 수도 있다.

그다음으로 직업적인 제도 및 종교적인 제도 등과 같은 매개적 조직들
이 존재해야 하며, 그것은 사람이 생계를 꾸리고 삶을 유지하도록 하는 재
생산의 기능을 한다. 이런 제도들은 제한된 것이긴 하지만 선택의 가능성
을 제공한다. 마지막으로 국민이라는 공동체가 존재한다. 국민은 다른 소
속들을 자기 밑으로 남겨 놓아 전체를 지배하지만 모든 것을 흡수하지는

않는다. 그리고 아마 국민을 넘어서 보편주의적 전망이 존재할 것이다. 이 것은 인류, 인간 종이라는 이념을 위한 상징적이고 상상적인 내용이 될 것이다. 이것은 국경을 초월하는 새로운 무대를 창조할 필요성을 제기한다. 그와 연관된 문제들을 다루려면 경직된 이데올로기적 국가[민족]주의 틀에서 벗어나 현실주의적 유토피아주의 정신을 가지고 제도적인 상상력을 발휘하여야 한다.

제도화를 통해 제도를 서로 다른 이해관계의 조정기구로 보는 것은 인간사회를 역설적으로 치열한 생존 경쟁의 전투장으로 파악하고 다른 한편으로는 인간 생존의 의미의 한계를 왜소한 이기적 욕구에 두는 것처럼 보인다. 마르크스가 주창한 코뮌주의, 즉 자유로운 개인들의 평등한 연합은 먼 미래에 도달할 이상이 아니라 지금 당장 여기에서 실현해나가는 현실운동인 것이다. 자유로운 개인들의 평등한 연합은 생명의 건강한 존속을 위한 필요조건인 것이다. 이런 점에서 보면 인간 상호유대의 확장과 부상으로 우리는 현실의 공통된 문제와 관련하여 순종하거나 공모하지 않으면서도 정치적인 것을 새로 창안하고, 재배치하고, 재구성할 수 있는 전략적 발판을 개척할 수 있어야 한다.

근래 평화운동과 환경운동을 지향하는 곳에서는 무엇보다도 "물질적 가치"로부터 문화적으로 벗어나는 것, 그리고 이에 상응하여 삶의 질 문제에 대한 참여 행위를 점차 확대하는 것이 지배적 관심사였다. 이에 반해 오늘날 다원주의적 현상들에 주목하는 곳에서는 오히려 문화적 소수자가 점차 자신들의 공통된 가치관을 인정받기 위해 투쟁하는 이른바 "정체성 정치"이념에 관한 관심이 지배적이다. 이러한 현상들이 암시하는 것은 장기적으로 관심을 가져야 할 문화적 제도화의 방향이 무엇인지를 우리에게 알려줄 수 있다는 점이다.

행복의 정치학을 위한 실마리는 여기서 찾을 수 있을지도 모른다. 행복의 이념은 세속적인 영역에서 공적 공간을 창출함으로써 성립할 수 있다. 그것은 본질적으로 사회적 상호작용이 주는 그 나름의 고유한 가치를 가진 행복이다. 오늘날 행복의 주체는 과거 어느 때보다 더 크게 확장된 것으로 보인다. 문제는 기업과 각종 언론매체, 국가 정책에 이르기까지 거의 모든 사람이 행복과 웰빙, 힐링 담론을 쏟아내고 있음에도 우리의 삶이 과연 더 행복해졌고 또 행복해지고 있는가 하는 점이다. 수많은 행복에 관한 담론이 실제로는 이데올로기적 기능을 수행하고 있다. 우리의 삶이 과연 더 행복해졌고 또 행복해지고 있는가?

행복에 관한 수많은 담론과 현실적인 상황과의 괴리가 생겨나는 것을 보면서 어떤 민주주의냐를 따지기 이전에 바로 더 많은 민주주의를 위한 조건 자체를 제도적으로 창안하는 일이 중요하다는 것을 일깨우게 된다. 예를 들어 노동시장을 사회화하려는 사회복지권 제정, 옛 서독의 공동결정권, 최저임금제 등 뿐만 아니라 몬드라곤 협동조합, 캐나다의 노동자연대기금, 생산 및 소비조합, 그리고 시장 사회화를 둘러싼 논쟁들과 노동의 인간화를 위한 노동조합의 노력 등의 제도적 성과에 주목할 것을 제안하는 바이다.

이것은 모든 사람이 동료로서 사회생활에 참여하도록 하는 사회질서의 제도화에 관한 것이다. 이 과정에는 재분배, 인정, 대표에 대한 요구를 동등한 참여하는 포괄적 원칙을 적용함으로써 단일한 토론의 공간을 창출한다. 물론 여기에도 중요한 질문이 여전히 남아 있다. 과연 어떤 사람들 사이의 동등한 참여인가? 어떤 사회적 상호작용에 정확히 누가 누구와 동등한 자격으로 참여한다는 말인가? 그럼에도 이런 제도적 돌파구를 통해서 신자유주의를 넘어서는 비전 역시 미래에 실현 가능하다는 진보 과정의 윤곽을 발견할 수 있을 것이다.

해방의 정치가 제도를 발명하지 않으면 자유는 지속될 수 없다. 제도를 통해, 정확히 말해 시민적 제도를 통해 정치적 주체화에 대한 가설이 만들어진다. 법을 포함한 제도 그 자체는 전적으로 폭력적인 것도 또한 전적으로 해방의 역량인 것도 아니라고 보는 것이 적절하다. 제도는 반드시 법적으로 규정될 필요가 없으며, 항상 지위를 지니는 것도 아니다. 이는 때로는 사람들이 시민사회라고 부르는 것이다. 제도 없는 정치 또는 제도 바깥의 정치를 꿈꾸는 것은 정치적 삶을 고민하는 입장에서는 자멸적인 결과를 가져올 수밖에 없다.

민주주의는 언제나 자유와 평등의 단독적인 접합이다. 그것에 대해 발리바르는 근대 민주주의에 고유한 배제에 맞서는 새로운 제도적 양식과 주체화 양식의 발명에 달려 있다고 역설한다. 그에게 민주주의 제도라는 것은 매우 취약하고, 불안정한 것일 뿐만 아니라 소수 엘리트 지배 체계로 흐를 수 있는 소지를 내포하는 것이다. 사람들은 위계질서·권위·대표·전통 등을 통하는 것이 한 집단으로 하여금 분열된 군중보다 더 안정되게 하는 유일한 수단이라고 말할 수도 있다. 그러나 이는 사실이 아니다. 제도의 기술·조직적 배치는, 각자가 그 집단 속에 위치하고 그것에 영향을 주고 모든 사정을 잘 아는 상태에서 평가하게 함으로써 집단의 역동성을 모두에게 가시화시킬 수 있다.

발리바르의 정치에서는 행위자들 사이의 인정과 소통, 갈등의 조절을 가로막는 극단적 폭력의 형태들을 감소시킴으로써 정치적 활동의 공간적·시간적 가능성의 조건들 자체를 생산하는 것을 목표로 삼는다. 박탈, 착취, 부와 소득 그리고 여가에서의 지나친 불평등을 제도화하고 그로 인해 특정한 사람들이 다른 사람들과 동등한 참여하에 상호작용하게 하는 수단과 기회를 누릴 수 없는 그런 사회적 상태를 문제 삼는 것이다. 발리바르는 주체성의 정치가 성립할 수 있는 제도적 환경을 의식하고 있다. "인간 존재자들을 상품의 세계 속에서 마음대로 제거될 수 있고 도구화될 수 있는 사물의 지위로 환원"하는 폭력은 정치를 불가능하게 하는 극단적 폭력이기 때문이다. 신자유주의적인 통치성에 따른 사회적 불평등이 어느 때보다 더 심화되고, 사람들의 삶의 불안정이 증대하고 있는 지금 이 사회에서 필수적으로 민주주의를 창안하는 제도적 방안이 모색되어야 한다.

정치적 삶의 세계 구성

인간의 탄생은 다른 동물의 생식이나 출산과는 질적으로 다르다. 인간의 탄생은 대체할 수 없는 유일한 개인의 출현을 의미한다. 하이데거가 인간은 죽음을 향한 존재라는 사실에서부터 인간 현존재의 고유한 실존 양식을 발전시키려 했다면, 아렌트의 탄생성은 정치적 행위에 새로운 의미를 부여하는 중요한 관점의 전환을 가져온다. 즉 사람이 태어남으로써 새로 온 자, 그리하여 타인들과 전혀 다르게 시작하는 각자의 개별적인 삶에 주목한다.

아렌트에 따르면, 우리는 개인의 생존과 인류라는 종의 보존을 위해 '노동'을 하고, 덧없는 인간의 유한한 삶에 어느 정도의 지속성을 부여할 인공물을 만들기 위해 '작업'을 하며, 이 모든 것을 가능하게 할 정치적 공동체에 참여하는 '행위'를 한다. 존재론적으로 이 탄생성에 인간의 행위능력이 뿌리박고 있다. 새로움은 사람들이 만나 말과 행위로 엮어낸 정치적인 삶의 세계에 대한 신뢰 안에서만 생겨난다. 이 시작할 수 있는 능력을 완전히 경험하는 것만이 인간사에 희망과 믿음을 부여할 수 있는 정치적인 삶이라고 할 수 있다. 그런 점에서 좋은 사회는 개인이나 사회 전체에 대해 미래가 열려 있는 사회이다. 비유적으로 표현하면 그것은 우리가 기꺼이 아이를 낳고 기르고 싶은 '온 마을' 같은 사회이다. '온 마을'과 같은 하나의 세계를 공유할 때 비로소 우리는 마음과 마음의 공감이 일어나는 교감이 성립할 수 있을 것이다.

한 아이의 탄생성

한 아이의 탄생은 온 마을 사람들을 움직이게 한다. 시작한다는 것은 어떤 세계 속에서 사람들이 함께 사는 삶의 한가운데 있을 때 비로소 가능해진다. 앞에서 이야기한 것처럼 인간은 '온 마을'같은 환경에서 태어나야 비로소 시작하는 자로서 성장할 수 있다. 한 아이를 키우는 과정은 불확실한 반복에서만 존재하는 세계의 현상이라고 할 수 있다. **보육과 돌봄의 결과와 의미는 예측할 수 없고 그것의 연쇄는 끝이 없다. 오히려 불확실성 때문에 인간은 시작할 때 비로소 자유를 실현한다. 단순히 자기보존만을 추구하는 삶은 결코 바람직한 삶이 아니다.**

우리가 원하는 삶은 자유를 추구하는 삶이며 무엇인가를 시작하는 삶이다. 그렇다면 사람들은 어떻게 자신의 삶을 시작할 수 있는가? 당연하게도 새로 온 자들에게는 언제나 "너는 누구인가"라는 질문이 던져지기 마련이다. 어쩌면 세상이나 타인과 관계 맺는 과정 자체가 이 질문에 답하는 과정인지도 모른다. 시작부터 나는 너와 나의 관계인 것이다. 단적으로 말한다면 '혼자가 아니라는 느낌'이 사람의 갈등과 고민을 직접적인 행위로 이행시키는 것이다. 이때 사람들 속에서 이를테면 '온 마을'에서나 가능했던 정치적인 삶을 경험할 수 있는 여지가 발견된다.

이렇게 개인은 개별적인 존재인 동시에 관계 속의 존재이기에 그의 행위는 세계를 이전과 다른 모습으로 변형시킬 수 있는 힘을 지닌다. 인간이라는 존재 자체가 개별적으로 모두 다 다르고 복잡할 뿐만 아니라 인간의 행위라는 것은 여러 요소의 우연한 결합에 의해 그 방향이 결정되고, 행위의 의미는 일이 일어난 이후에 타인들의 판단에 따라 결정된다. 그렇기 때문에 비로소 사람들은 정치적인 삶으로 도약하게 된다. 그것은 '온 마을'에서와 같이 온전한 삶을 살 수 있는 '장소에 대한 권리'를 주장함으로써 이전과 다른 삶의 형식을 탐구하는 장소를 조성하게 한다. 정치적인 삶이란 바로 이러한 모습으로, 새로운 시작의 관념과 뗄 수 없음과 동시에 다른 사람들과 함께 살려는 노력에서 비롯되는 활동이라고 할 수 있다. 다시 말해 사람들에게는 오히려 공동의 삶 속에서 다른 사람들과 함께 자신의 삶을 영위하려고 한다는 데서 기존과 다르게 사유할 수 있는 정치가 요구된다.

우리는 타자의 삶을 살 수 없기 때문에 타자의 행위와 말을 보고 들으려고 하는 관심을 가진다. 타자의 현상에 흥미를 갖는 것은 우리가 그 타자가 아니기 때문이다. 미리 결정해버리지 않는 것이, 타자가 '누구'로서 나타나기 위한 조건, 즉 타자의 자유의 조건인 것이다. 자유는 각양각색의 타인들과 삶을 공유하면서 부대낌을 견뎌내고 차이 나는 의견에 기꺼이 응답하는 데서 정치적 의미를 획득한다. 타자에 대한 예측을 포기하는 것이 정치적 삶의 전제조건이다. 예측한다는 것은 미리 결정한다는 의미를 포함한다. 그리고 이런 경우에 정치는 곧 통치를 의미한다. 아렌트가 인간이 공적 영역에서 행위함—담화함, 설득함, 구체적인 행위에 대해 결정함, 그것들을 수행함—을 전거(典據)하는 정치라는 단어는 한 명 또는 그 이상이 다른 사람들을 통치하는 지위를 가리키게 된다. 거의 모든 서구 정치 전통에서 '정치의 본질은 통치적으로, 지배적인 정치 열정은 지배하거나 통치하려는 열정'으로 간주되어 왔다고 해도 과언이 아니다. 지배자들을 전복하려고 확고한 결심을 한 다수의 혁명가들조차 그들의 행위를 위한 길을 트는 것, 즉 말하자면 행위를 속박에서 푸는 것을 상상하지 않는다. 그들은 단지 다른 유형의 통치직을 부과하고자 할 뿐이다.

근대 자유주의 국가의 통치성은 안전의 기능과 역할을 강조했고 현대 국가에서도 안전에 대한 강조가 계속해서 강화되어왔다. 그런데 사람들의 안전을 보장해야 하는 국가가 오히려 삶을 강제하고 처벌하는 사태가 일어나는 문제적 상황이 도래함으로서 비로소 정치적인 삶이 성립한다. 국가주의적 정치의 위압에서 벗어날 수 있는 새로운 돌파구를 개척하려고 한다면 정치적인 삶에 주의를 기울여야 한다. 정치적인 삶은 통치의 형태를 고민하는 것이 아니고 다양한 자유의 형태를 창안하는 삶이다. 삶의 지형이 펼쳐지면서 실천적 힘은 역량이 증가하는 경로를 모색하게 된다. 정치적인 삶의 역량이 커질수록 공동의 선과 자유를 향한 정치체로 나아가게 될 것이다. 그것은 더 이상 국가를 장악하려는 욕망이 아니라 국가로부터 우리 자신을 지키자는, 국가에 대한 속박 자체를 해체하자는 태도—명확하게도 때로는 폭력적인—를 취하게 한다.

공적 영역에서의 정치적 삶과 그것이 갖는 정치적 특성은 "다른 사람들의 현존성"과 "모든 사람들에게 나타남" 가운데 존재한다. 그러나 그것은 잠재적으로 존재할 뿐이며 필연적이거나 영원히 존재하는 것은 아니다. 함께하는 사람들이 사라지면 정치행위도 사라지며, 한 행위가 의미를 갖게 되려면 다른 사람들의 호응과 응답으로서의 행위가 반드시 존재해야 한다. 그렇기 때문에 아렌트가 언급했듯이 공론장은 언어, 관점, 인식을 공유하는 편안한 대화 장소가 아니라, 다양한 복수적 관점들이 서로 환원이 불가능한 차이에 기반하여 자기주장을 하면서 경합하는 장이다.

정치적 삶은 일종의 도약대 역할을 한다. 사람들이 자신들의 삶의 언어로 '온전한 삶은 무엇이고 어떻게 가능한가?'를 물음으로서 새 삶의 조건을 구성해낼 수 있다. 현실이 이전과 다른 모습으로 나타날 수 있다는 것은 이제까지 해오던 익숙한 방식의 행위 양식이 수정되고 현실 자체를 수정할 힘이 생겨난 것이다. 이는 한 사람의 것이기도 하지만 그와 연결된 여러 집단의 것이기도 하다. 이런 점에서 정치적 삶의 의미야말로 앞의 그 속담을 작금의 현실로 소환하게 하는 문제인식이어야 하지 않을까?

공(公)을 재구성하는 공(共)

사람들은 각기 다른 자리에 있어 다른 인격이기 때문에 똑같이 생각할 수도 없고 똑같이 행동할 수도 없다. 서로 완전한 공감을 이룰 수도 없고, 세계의 모든 면모를 알 수도 없다. 인간이 불확실한 세계에 살고 있는 불완전한 존재라는 사실은 경험적으로 알 수 있다. 다른 사람들과의 관계 속에서 개인이 살아가기 위해서는 자신을 둘러싸고 있는 세계가 어떻게 움직이고 있는지, 그리고 다른 사람들은 어떻게 행동하며 살아가고 있는지에 대한 기본적인 감각과 믿음을 갖추고 있어야 한다. 그것은 상식 혹은 공통감각(common sense)으로서 우리들의 생활세계의 기초로서 없어서는 안 되는 것이다.

공통감각의 논리는 생활세계의 논리이다. 예컨대 그리스 도시국가 아테네의 아고라(agora)는 상점, 정부 청사, 법정, 대리석 신전, 재단, 영웅 조각상들이 빽빽이 들어선 광장이다. 이곳에서는 민회, 재판, 상업 등 다양한 활동이 벌어졌다. 삶의 의미화 과정은 장소가 주는 의미와 함께 생산과 순환이 이루어진다. 현장에서의 의미생성활동은 감각의 공동체를 형성한다. 그 과정에서 우리는 서로 부딪치고 교류하며 갈등과 화해를 경험한다. 아고라와 같은 장소는 생활세계가 직접 경험되는 문화적 현상이다.

대체로 자신과 세계는 상호성 속에서 성립하는 상관자이다. 인간의 삶, 생활세계는 "환경에 작용하여 스스로 고치고 새롭게 만들어 나가는 과정"이다. 좀 더 정확히 말해서 생활세계는 그 본질적 부분에 있어서는 바로 공통감각의 지향적 상관자일 뿐이다. 삶의 윤리로서 공통감각은 함께 생성하는 관계를 가리키는 밀이다. 공통 감각에 의해서 우리는 능력들이 선한 본성을 가지고 있다는 이념, 능력들이 서로 일치할 수 있도록 해주고, 조화로운 균형을 형성하도록 해주는 건전하고 올바른 본성의 이념을 포기하지 않을 것이다. 물론 각자는 서로에게 타자로 잔존하지만 특정한 조건에서는 하나의 리듬 속에 함께 활동하고 하나의 공동체를 구성하며 그것을 지속해나간다.

그런데 공통 공간은 공론장과는 다르다. 공론장에서 소통의 주된 목표는 단일한 결론으로 이끄는 문제해결이 아니라 소통 과정 그 자체에서 정의를 증진하는 것이다. 반면에 공통 공간은 사람들이 어떤 목적을 위해 만들어진다. 그 목적은 사적인 수준에서의 대화를 위한 것일 수도 있고, 더 공적인 수준의 토론 모임을 위한 것일 수도 있으며, 의례, 축하의식, 또는 축구경기나 오페라 등의 관람일 수도 있다. 그런 공통 공간은 장소 한정적(topical)이라면 공론장은 장소 초월적(metatopical)이다. 공론장은 부분적으로는 공통의 인식들에 의해 구성된다. 즉 그것은 이러한 인식들로 환원되지는 않지만, 그 없이는 존재할 수 없는 것이다. 그렇다면 공론장이 무엇을 하는가, 아니 차라리 공론장 안에서는 무엇이 이루어지는가. 공론장은 잠재적으로 모든 사람을 끌어들이는 토론 장소이다. 거기에서 사회는 중요한 문제들에 관한 공통 의견(common mind)에 다다를 수 있다. 이 공통 의견은 사람들이 우연히 품게 된 이런저런 관점들의 단순한 총합이 아니라, 비판적 논쟁으로부터 도출된 성찰적 관점이다. 결과적으로 그것은 규범적 지위를 갖게 된다.

칸트는 미적 판단에 보편성을 부여하는 것은 '공통감각'이라고 생각했다. 그것은 좋다, 좋지 않다는 식의 싸움이 항상 이루어진다. 거기서 논리적으로는 결론이 나지 않지만 왠지 모르게 평가가 정해진다. 서로 다툰다고 하더라도 일정한 평가기준이 있다. 그것을 넘어선 아프리오리한 보편성은 없으며 그저 시간적·공간적으로 규정된 공통감각에 의거할 수밖에 없다. 다수의 인간은 공동체 안에서 공통감, 곧 공동체적 감각을 지니며 살고 있다. 칸트에 따르면, 공통감은 무엇이 만족을 주는가를 감정에 의해 규정하는 주관적 원리이지만, 그것은 또한 공동체적 감각이자. 이념으로서 구성원 간에 소통을 가능하게 하고 또 전달이 가능하도록 한다. **공통감각 없이는 인식은 소통될 수 없고 보편성도 가질 수 없다.**

시간과 공간이 감각의 공통 형식이라면, 같은 공간과 같은 시간이라는 조건은 기억과 경험의 공통감각의 조건이다. 같은 장소와 같은 시간을 함께 체험한다는 것은 감각적 공유의 기초 아닌가? 감각의 공유지가 없이 커먼즈와 커머닝을 홀로 어디서 어떻게 형성될 수 있단 말인가. 공감과 소통은 일상의 단절을 극복하고 일상의 정체성을 담보하는 원동력이다. 예를 들어 레오나르도 다 빈치의 그림 〈최후의 만찬〉을 보자. 제자들과 예수가 세계를 이루고 있다. 그들은 공통감각을 공유하는 하나의 문화공동체이다. 그렇다고 하여 물리적으로 그들이 한 몸뚱아리로 연결되어 있지는 않다. 그들 사이에는 공간이 있다.

삶은 개인적이건 사회적이건, 그 사람이 속한 공동체의 풍속이나 신념, 가치, 제도, 사업, 취미, 오락, 놀이 등을 포괄하는 광범위한 경험 전체를 의미한다. 어떤 공동체이든 그것의 바탕을 이루는 정서적 분위기가 사람들 간에 의사소통을 가능하게 하는 공통감각의 문화공동체를 형성한다. 다시 말해서 문화공동체는 공통감각을 기반으로 하여 인간적 삶의 총체적 터전을 구성하는 것이다. 그리하여 언제 어디서 누구든지 공통적인 것을 발견하고 창조할 수 있는 능력이 필요하다. 그런 점에서 공동체의 문화는 개인의 감수성과 비판적 감각, 지식 능력, 창조적 역량 등 각자의 인격 발전에 기여하는 모든 분야의 총체라고도 할 수 있다.

삶에 대한 실존적 검토

사람이 태어나면서부터 훌륭한 '인간성'을 타고난다거나 양육 과정에서 자연스레 '인간성'을 몸에 익힌다고 생각하지 않는다. 단지 사람으로 태어났다고 해서 인간답게 행동하는 것은 아니다. 어떤 경우에 있어서나 개체가 개체로서 존재한다는 것이 단순히 주어지는 것이라고만은 할 수 없다. 그것은 살아 움직이는 삶에 대한 실존적 검토가 전제되어야 한다. 거기서 개인은 스스로의 삶을 하나의 형성적 여정으로 파악할 필요가 있다.

철학자 키에르케고르(Kierkegaard)는 성찰을 위한 혼자만의 시간이 얼마나 소중한지 다음과 같이 표현했다. "고독은 어떤 때는 호흡처럼, 또 어떤 때는 잠처럼 우리에게 생명처럼 필요불가결한 것입니다. 고독에 대한 욕구는 인간 정신 속에 정신이 있다는 증거이며, 또 거기에 있는 정신을 재는 척도이기도 합니다. 단순히 떠들어 대기만 하는 세상 사람들은 고독의 욕구를 느끼기는커녕, 단 한 순간이라도 고독해지면 마치 무리를 떠난 새처럼 이내 죽어 버립니다." 하이데거는 이러한 인간의 개체적 존재 방식을 실존이라고 말한다. 인간 실존의 독특함은, 인간의 '있음'이 각기 나의 존재라는 점이다. 인간의 '있음'의 독특함은 바로 그 개별성에 있다. 이를 달리 '각자성', '각자임'이라고 할 수 있다.

다시 말해 실존이란 각자 자신이 존재함을 말한다. 이제 자기 자신이 문제가 된다. 실존이라는 개념으로 자기 자신을 극단에까지 이의제기하는 것이다. 비로소 인간은 매 순간 질문과 결단을 요구받게 된다. 그러한 실존적 물음과 결단의 요구는 마지못해 싸우는 투사들의 무기가 아니다. 각자는 그것을 기꺼이 떠맡으며 문제의 본질에서 시작되며, 그것에서 벗어나는 길은 꾸불꾸불하고 울퉁불퉁한 길을 관통하면서 거듭 근원적인 의미에서 출발하는 것이다.

인간에게 개체성을 부여하여 그를 한 인격으로 만드는 "정신"은 스스로 사고하는 정신이다. 그뿐만 아니라 자기 자신의 사고와 활동에 대해 조합하고 만들고, 또 어떻게 그렇게 했는지에 주목하는 것, 즉 자신의 행위를 헤아리는 가운데 자신을 아는 존재이어야 한다. 그렇기 때문에 이야기는 도처에 존재한다. 이야기는 우리에게 자신이 생각하거나 행하는 것을 설명하고 정당화한다. 그 이야기는 시선이나 관점에 따라 마음을 현혹시킬 수도 있고 미몽에서 깨어나게 할 수도 있다. 아마도 가장 우려스러운 것은 각자의 이야기가 단지 이야기의 하나라는 사실을 잊고 이를 계시 또는 근원적 진리라고 믿어버리게 될 때이다.

데카르트는 진정한 자유는 명석 판명한 관념에 따라 결정하는 자유라고 말한다. 그러한 자유를 누리는 지적 주체가 된다는 것은 그 자체로 선택능력의 실행이며, 혼란한 관념을 따르기를 거부함으로써 선택의 능력을 나타낼 수 있어야 한다. 게다가 주의력을 통해 지성의 관념들이 더 명확하게 나타나도록 하는 것도 선택의 능력에 달린 일이다. 그러려고 한다면 자신의 행위 속에서 사유하는 존재의 힘을 쓰는 방식에 주의를 기울일 필요가 있다. 거기에 이르는 것은 구체적인 삶의 현상으로서 초월을 향한 끊임없는 자기단련을 요구한다.

랑시에르(Jacques Ranciere)는 소크라테스의 "너 자신을 알라"를 모든 인간의 해방의 원리로 재해석한다. 해방이란 모든 인간이 자기가 가진 지적 주체로서의 본성을 의식하는 것이다. 우리들 각자는 지적 주체로서 자기 자신을 알아야 한다. 데카르트의 "코기토 에르고 숨"은 바로 이것을 말한다고 할 수 있다. 이것은 생각하는 것을 통해 자아를 확인한다. 데카르트(Descartes)에 따르면, "양식은 이 세상에서 가장 공평하게 분배되어 있는 것이다.(……) 잘 판단하고, 참된 것을 거짓된 것에서 구별하는 능력, 즉 일반적으로 양식 혹은 이성으로 불리는 능력은 모든 사람에게 천부적으로 동등하다. 또 우리가 각자 다른 견해를 갖고 있는 것은 어떤 사람이 다른 사람보다 더 이성적이기 때문이 아닌 서로 다른 길을 따라 이끌고, 동일한 사물을 고찰하지 않는 것에서 비롯되는 것이다. 왜냐하면 좋은 정신을 지니는 것만으로는 충분치 않으며, 그것을 잘 사용하는 것이 더 중요하기 때문이다."

그렇다면 데카르트의 코기토를 개체화의 발생론적 접근으로 재구성한다면 어떨까? 코기토는 주체의 진정한 발생을 구성하는 것은 아니다. 그것은 의심하는 주체인 자아의 존재를 가정하기 때문이다. 다만 주체는 자신으로 회귀하면서 의심을 거둘 때(코기토의 발견) 주체의 개체화의 조건을 알 수 있게 해준다. 그 과정은 이러하다. 주체는 의심하는 작용 속에서 자신을 의심의 대상으로 삼기 때문에 여기에 일종의 분열이 존재한다. 그 분열로 인해 거리가 생겨나고 그것의 거리두기는 기억 작용을 일어나게 함과 동시에 인과적 순환성이 작용함으로써 주체의 단일성을 구성한다. 즉 주체는 "나는 의심하기 때문에 존재한다"와 "나는 존재하기 때문에 의심한다"의 순환성이 시간의 흐름 속에서 기억의 작용으로 인해 자전적 형식으로 성찰할 수 있는 여유가 확보된다.[24]

---

24 이것은 데카르트의 글의 특징에서도 드러난다. 『방법서설』에서의 데카르트의 설득력은 그의 엄격한 논리적 사고에 못지않게 서술의 서사적 방법에서 온다. 사실 그의 『방법서설』이나 『명상(Meditations)』의 호소력은 서사와 논리를 겸하고 있다는 데에 있다. 서사는 엄격한 논리보다는 그럴싸한 전개를 통하여 설득력을 얻는다. 김우창 지음(2014), 『깊은 마음의 생태학』, 김영사, 71~72쪽 참고.

우리는 살면서 배워야 할 것이 많다. 그렇다. 사람과 사람이 만나서 서로 말하고 생각하고 행동하면서 삶의 바람직한 방향을 찾아가려고 한다면 우리는 끝없이 배워야 한다. 그래서 행복의 약속은 삶이 다른 길이 아닌 특정한 길을 가도록 방향 짓는다. 고독한 무인도보다는 사람들과 함께 어울려 살아가는 사회 안에서 우리는 좀 더 많은 행복을 느낄 것이다. 우리는 홀로 고립되어 있을 때보다 사회적 관계 안에서 더 자유롭고 유능하게 살아갈 수 있다. 그리고 더 이상 운에 휩쓸리지 않고 자신에게 적합한 관계를 능동적으로 구성할 수 있게 된다.

참고문헌

강미라(2013), 『몸 주체 권력』, 이학사.

강영안(2015), 『타인의 얼굴』, 문학과 지성사.

강학순(2021), 『하이데거의 숙고적 사유』, 아카넷.

김경용(2010), 『기호학이란 무엇인가』, 민음사.

고병권·이진경 외(2008), 『코뮌주의 선언』, 교양인.

고쿠분 고이치로 지음(2015), 박철은 옮김, 『고쿠분 고이치로의 들뢰즈 제대로 읽기』, 동아시아.

권정우·하승우(2015), 『아렌트의 정치』, 한티재.

김선욱(2019), 『한나 아렌트의 생각』, 한길사.

김선희 외(2022), 『디지털 시대의 정체성과 위험성』, 앨피.

김우창(2012), 『기이한 생각의 바다에서』, 돌베개.

_____(2013), 『체념의 조형』, 나남.

김재춘·배지현(2016), 『들뢰즈와 교육』, 학이시습.

김재희(2017), 『시몽동의 기술철학』, 아카넷.

나카무라 유지로 지음(2003), 양일모·고동호 옮김, 『공통감각론』, 민음사.

데버러 럽턴 지음(2016), 박형신 옮김, 『감정적 자아』, 한울.

들뢰즈·가타리 지음(2003), 윤수종 옮김, 『기계적 무의식』, 푸른숲.

레비 R. 브라이언트 지음(2020), 김효진 옮김, 『존재의 지도』, 갈무리.

로널드 보그 지음(2010), 이정우 옮김, 『들뢰즈와 가타리』, 중원문화.

리처드 슈스터만 지음(2013), 이혜진 옮김, 『몸의 미학』, 북코리아.

마누엘 데란다 지음(2020), 유충현 옮김, 『들뢰즈: 역사와 과학』, 그린비.

마루타 하지메 지음(2011), 박화리·윤상현 옮김, 『'장소'론』, 심산.

마르쿠스 슈뢰르 지음(2010), 정인모·배정희 옮김, 『공간, 장소, 경계』, 에코리브르.

마르틴 하이데거 지음(2013), 이기상 옮김, 『존재와 시간』, 까치.

마우리치오 랏자라또 지음(2017), 신병현·심성보 옮김, 『기호와 기계』, 갈무리.

마이클 하트 지음(2006), 김상운·양창렬 옮김, 『들뢰즈 사상의 진화』, 갈무리.

매체철학연구회 지음(2005), 『매체철학의 이해』, 인간사랑.

멜리사 그레그·그레고리 시그워스 편저(2015), 최성희·김지영·박혜정 옮김, 『정동 이론』, 갈무리.

미셸 앙리 지음(2013), 이은정 옮김, 『야만』, 자음과 모음

미셸 푸코 지음(2007), 심세광 옮김, 『주체의 해석학』, 동문선.

바바라 크룩생크 지음(2014), 심성보 옮김, 『시민을 발명해야 한다』, 갈무리.

박승규(2002), 『푸코의 정치윤리』, 철학과 현실사.

박승일(2021), 『기계 권력 사회』, 사월의 책.

박인철(2015), 『현상학과 상호문화성』, 아카넷.

박재주(2013), 『서사적 자아와 도덕적 자아』, 철학과 현실사.

박찬국(2018), 『삶은 왜 짐이 되었는가』, 21세기북스.

브라이언 마수미 지음(2011), 조성훈 옮김, 『가상계』, 갈무리.

_____ 지음(2018), _____ 옮김, 『 정동정치』, 갈무리.

빅토르 델보스·모리스 블롱델 지음(2006), 『스피노자와 도덕의 문제』, 선학사.

사이토 준이치 지음(2009), 윤대석 외 옮김, 『민주적 공공성』, 이음.

샹탈 자케 지음(2021), 정지은·김종갑 옮김, 『몸』, 그린비.

손기태(2016), 『고요한 폭풍, 스피노자』, 글항아리.

송상용 외(2021), 『초연결의 철학』, 앨피.

신병현·현광일(2010), 『포스트모던 조직론』, 다인아트.

신승철(2011), 『사랑과 욕망의 영토』, 중원문화.

_____(2020), 『생태계의 도표』, 신생.

신승환(2008), 『문화예술교육의 철학적 지평』, 한길아트.

_____(2016), 『해석학』, 아카넷.

심강현(2016), 『욕망하는 힘, 스피노자 인문학』, 을유문화사.

심귀연(2012), 『신체와 자유』, 그린비.

안토니오 네그리·마이클 하트 지음(2020), 이승준·정유진 옮김, 『어셈블리』, 알렙.

안토니오 다마지오 지음(2007), 임지원 옮김, 『스피노자의 뇌』, 사이언스 북스.

양창아(2019), 『한나 아렌트, 쫓겨난 자들의 정치』, 이학사.

에가와 다카오 지음(2019), 이규원 옮김, 『존재와 차이』, 그린비.

에른스트 카시러 지음(2012), 심철민 옮김, 『상징 신화 문화』, 아카넷.

여건종(2018), 『일상적 삶의 상징적 생산』, 에피파니.

오토 프리드리히 볼노 지음(2014), 이기숙 옮김, 『인간과 공간』, 에코리브르.

움베르또 마뚜라나 지음(2006), 서창현 옮김, 『있음에서 함으로』, 갈무리.

윤수종(2009), 『욕망과 혁명』, 서강대학교출판부.

윤찬영(2019), 『줄리엣과 도시광부는 어떻게 마을과 사회를 바꿀까?』, 바틀비.

이광식 외(2016), 『현대 기술·미디어 철학의 갈래들』, 그린비.

이기상(2004), 『하이데거의 존재사건학』, 서광사.

_____(2011), 『쉽게 풀어 쓴 하이데거의 생애와 사상』, 누멘.

_____(2013), 『존재와 시간』, 살림.

이남인(2014), 『현상학과 해석학』, 서울대학교출판문화원.

이영준·임태훈·홍성욱(2017), 『시민을 위한 테크놀로지 가이드』, 반비.

이진경(2003), 『철학의 외부』, 그린비.

이진우(2019), 『한나 아렌트의 정치 강의』, 휴머니스트.

이토 마모루 지음(2016), 김미정 옮김, 『정동의 힘』, 갈무리.

이-푸 투안 지음(2011), 이옥진 옮김, 『토포필리아』, 에코리브르.

제임스 윌리엄스 지음(2010), 신지영 옮김, 『들뢰즈의 차이와 반복 해설과 비판』, 라움.

조광제(2008), 『몸의 세계, 세계의 몸』, 이학사.

조안 C. 트론토 지음(2021), 김희강·나상원 옮김, 『돌봄 민주주의』, 백영사.

조 휴즈 지음(2014), 황혜령 옮김, 『들뢰즈의 차이와 반복 입문』, 서광사.

존 라이크먼 지음(2020), 심세광 옮김, 『미셸 푸코, 철학의 자유』, 그린비.

주디 자일스·팀 미들턴 지음(2003), 장성희 옮김, 『문화 학습』, 동문선.

줄리아 크리스테바 지음(2022), 이은선 옮김, 『한나 아렌트』, 늘봄.

질 들뢰즈 지음(1995), 권영숙·조형근 옮김, 『들뢰즈의 푸코』, 도서출판 새길

_____ 지음(2019), 김상환 옮김, 『차이와 반복』, 민음사.

질 들뢰즈·안또니오 네그리 외 지음(2005), 서창현 외 옮김, 『비물질 노동과 다중』, 갈무리.

케빈 켈리 지음(2021), 이한음 옮김, 『기술의 충격』, 민음사.

콜린 고든·그래엄 버첼·피터 밀러 엮음(2014), 심성보 외 옮김, 『푸코 효과』, 난장.

크리스틴 케닐리 지음(2009), 전소영 옮김, 『언어의 진화』, 알마.

클라우스 피아스 외 편저(2018), 안성찬 외 공역, 『매체이론의 지형도 I』, 서울대학교출판문화원.

클리퍼드 기어츠 지음(2009), 문옥표 옮김, 『문화의 해석』, 까치.

티머시 클라크 지음(2012), 김동규 옮김, 『마르틴 하이데거 너무나 근본적인』, 앨피.

테리 이글턴 지음(2018), 전대호 옮김, 『유물론』, 갈마바람.

토마스 렘케 지음(2015), 심성보 옮김, 『생명정치란 무엇인가』, 그린비.

파울로 비르노 지음(2004), 김상운 옮김, 『다중』, 갈무리.

프랑코'비포'베라르디 지음(2021), 이신철 옮김, 『미래가능성』, 에코리브르.

프레데리크 그로 외 지음(2006), 심세광·박은영 옮김, 『미셸 푸코 진실의 용기』, 도서출판 길.

프레드 달마이어 지음(2011), 신충식 옮김, 『다른 하이데거』, 문학과 지성사.

프리초프 카프라·우고 마테이 지음(2019), 박태현·김영준 옮김, 『최후의 전환』, 경희대학교출판
　　문화원.

피에르 테브나즈 지음(2012), 김동규 옮김, 『현상학이란 무엇인가』, 그린비.

피에르-프랑수아 모로 지음(2019), 김은주·김문수 옮김, 『스피노자 매뉴얼』, 에디토리얼.

한국하이데거학회(1997), 『하이데거의 철학세계』, 철학과 현실사.

한국현상학회 기획(2014), 『프랑스 철학의 위대한 시절』, 반비.

한나 아렌트 지음(1996), 이진우·태정호 옮김, 『인간의 조건』, 한길사.

한자경(2013), 『자아의 연구』, 서광사.

현광일(2015), 『경쟁을 넘어 발달교육으로』, 살림터.

＿＿＿(2017), 『교사와 부모를 위한 발달교육이란 무엇인가』, 살림터.

＿＿＿(2019), 『공간 문화 정치의 생태학』, 살림터.

홍덕선·박규현(2016), 『몸과 문화』, 성균관대학교출판부.

홍원표(2013), 『한나 아렌트의 정치철학』, 인간사랑.

황수아(2017), 『하이데거, 어린 왕자를 만나다』, 탐.

황수영(2017), 『시몽동, 개체화 이론의 이해』, 그린비.

참된 삶과 교육에 관한
생각 줍기